职业教育家具设计与制造专业教学资源库建设项目配套教材

家居
卖场管理

周志新　苗雅文　主　编
郝丽宇　臧慧超　张振新　副主编
沈冬敏　赵红霞　张常萍　参　编

中国轻工业出版社

图书在版编目（CIP）数据

家居卖场管理 / 周志新，苗雅文主编. —北京：中国轻工业出版社，2021.12

ISBN 978-7-5184-3660-6

Ⅰ. ①家… Ⅱ. ①周… ②苗… Ⅲ. ①家具—专卖—商业管理 Ⅳ. ①F768.5

中国版本图书馆CIP数据核字（2021）第183151号

责任编辑：陈　萍　　责任终审：李建华　　整体设计：锋尚设计
策划编辑：陈　萍　　责任校对：晋　洁　　责任监印：张　可

出版发行：中国轻工业出版社（北京东长安街6号，邮编：100740）
印　　刷：艺堂印刷（天津）有限公司
经　　销：各地新华书店
版　　次：2021年12月第1版第1次印刷
开　　本：787×1092　1/16　印张：10.5
字　　数：300千字
书　　号：ISBN 978-7-5184-3660-6　定价：49.00元
邮购电话：010-65241695
发行电话：010-85119835　传真：85113293
网　　址：http://www.chlip.com.cn
Email：club@chlip.com.cn
如发现图书残缺请与我社邮购联系调换
200705J2X101ZBW

职业教育家具设计与制造专业
教学资源库建设项目配套教材编委会

前言

家居卖场是整个家居产业零售的重要平台，在未来很长一段时间也将还是如此，但随着市场分布的变化以及卖场的快速扩张，对专业管理人才的需求越来越大，为更好地服务于客户和企业，急需打造一支思想统一、激情迸发、听从指挥、能打胜仗的协作团队。专业的家居卖场管理人才在这一工作中起着举足轻重的作用。

产业的升级和发展离不开专业人才的支撑，黑龙江林业职业技术学院家具设计与制造专业自2007年开设以来，始终与行业、企业保持密切联系，校企合作取得了一定的成果。本教材基于2018年校企共建教育部职业教育家具设计与制造专业资源库中“家居卖场管理”课程进行编写，与市场、行业发展结合紧密，可作为职业院校教材，也可供从业人员参考。

本教材的编写以家居卖场人员职业能力培养及全心全意为顾客服务为核心，将企业的典型工作案例融入其中，突出实践性。采用灵活便捷的二维码形式，融入视频资源，丰富和完善了教材内容，便于读者学习、应用和拓展专业视野。

本教材共分为四个项目：项目一介绍家居卖场人才的招、育、用、留；项目二介绍家居卖场人员形象及店面形象管理；项目三介绍家居卖场日常销售、促销及客户管理；项目四介绍家居卖场安全管理。以项目引领、任务驱动的形式，系统介绍家居卖场管理的基础知识。

本教材由黑龙江林业职业技术学院周志新、苗雅文任主编，郝丽宇、臧慧超、张振新任副主编，赵红霞、张常萍和北京金隅天坛家具股份有限公司沈冬敏参编。具体分工如下：周志新负责编写大纲、项目三以及设计教材体系；苗雅文负责统稿并编写项目一中任务一、二、三及各项目的知识、能力、素质、思政目标；郝丽宇负责编写项目二中任务一以及项目四；臧慧超负责编写项目二中任务二；张振新负责编写项目一中任务四和任务五；沈冬敏负责提供企业技术资料，赵红霞、张常萍负责整理企业提供的技术资料。

在本教材的编写过程中，参考了北京国富纵横文化科技咨询有限公司、亚振家居股份有限公司等企业资料，在此表示衷心的感谢。

由于编者水平有限，书中难免有疏漏及不妥之处，敬请广大读者批评指正。

周志新

2021年8月

目录

项目一

家居卖场团队管理

知识目标

1 掌握家居卖场组织架构；

2 了解家居卖场人员配置方法；

3 掌握家居卖场岗位布置及岗位职责；

4 了解专卖店人员的招聘流程；

5 掌握专卖店人员招聘渠道的分类及其特点；

6 掌握家居卖场新入职员工培训方法；

7 掌握培训师培训及控场技巧；

8 掌握家居卖场人员绩效及人员晋升管理办法；

9 掌握家居卖场留人方法；

10 掌握家居卖场团队建设技巧。

能力目标

1 能够根据店面实际情况提出合理的招聘需求并编制招聘方案；

2 能够完成整个面试工作，选择合适的人员；

3 能够完成面试后的记录及评估；

4 能够合理安排培训时间、地点及课程内容；

5 能够为新员工做入职培训；

6 能够根据店面、人员分配情况布置工作，并制定相应的工作管理制度及编制家居卖场日常管理工作规范文件；

7 能够做好店员工作的安排；

8 能够编制人员流失分析报告；

9 能够激发员工热情，加强团队合作。

素质目标

1 初步建立良好的学习方法和资料收集的方法；

2 培养自我学习意识、团队合作与沟通协调能力、创新意识、服务意识；

3 培养个人职业素养和责任意识；

4 锻炼随机应变的能力；

5 培养学生的思辨能力。

思政目标

1 了解人员招聘时需要遵守的法律法规；

2 树立正确的职业道德，熟悉家居卖场团队管理的各项工作；

3 树立正确的人生观、世界观和价值观。

在企业中，从人才的甄选、培育、任用到挽留，都是部门主管重要的职责。家居卖场店长只有掌握最新的人力资源管理理念以及技能，使选人、用人更能符合企业实际需求，才能优化店面人力发展、激发员工潜能、提升店面运作效率、强化企业竞争力。店长想要组建高效的营销团队必须围绕四个环节展开工作：选、育、用、留。

选——企业各类岗位选人的标准是什么？怎样选择合适的人才？

育——在哪些方面进行人才培养？

用——如何任用、考核和激励员工？

留——如何留住核心人才？如何提升员工的工作满意度？

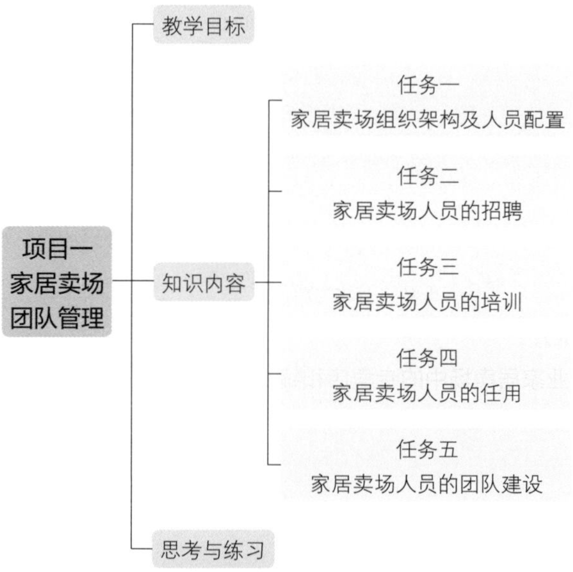

任务一　家居卖场组织架构及人员配置

明确组织架构更有利于对店面工作任务进行分工和协调合作，促进店面管理，从而提升店面效益。根据不同类型店面，考虑其营业情况等针对不同岗位配置人员，在保证店面服务水平的前提下，最大化节省成本，扩大利润。

一、专卖店组织架构

组织架构是组织的全体成员为实现组织目标，在管理工作中进行分工协作，在职务范围、责任、权利方面所形成的结构体系。

（一）专卖店的组织类型划分

组织划分是指一个组织整体的结构，是在企业管理要求、管控定位、管理模式及业务特征等多因素影响下，企业内部组织资源、搭建流程、开展业务、落实管理的基本要素。家居卖场按照其开设的地点、所处的位置可以划分为“独立店”和“店中店”。

1. 独立店

独立店一般和其他店面分开，所有的经营活动都由自己负责。通常独立店租期长，无论是自有物业，还是长期租用，均有效降低了租金成本和风险；面积大，可完整展示品牌理念；营销自由，可随时按照自己的需求开展营销活动；品牌印象突出，独立店可通过橱窗展示、门店设计、内部装修，甚至免费Wifi等多种手段进行品牌推广和建设，自由度非常大。

独立店对品牌方提出了更高的要求，产品品质、设计、售后以及品牌内涵，是否能够独立并完整地提供给消费者，满足消费者需求，决定了独立店能否开设成功。更大、更自由的空间需要配套更强的能力，否则反受其害。随着城市空心化和商业区域的日益分散化、郊区化，毋庸置疑，这也对独立店选址提出了更高的要求。独立店开店又不断关店的现象并不少见。是否开设独立店应基于对自身和品牌的深度考量和权衡。

独立店主要工作包括：卖场运营管理、物业管理、保安管理、后勤管理、售后服务管理、仓库管理等。

2. 店中店

店中店人流精准度高，凡是逛家居卖场的都是有明确需求的顾客；有卖场支撑，消费者信赖度较高，卖场内较好的位置、收银和售后等由品牌卖场统一管理，在消费者心理上形成一定的安全感；参与卖场统一有力度的活动，销量获得提升。

店中店分为两类：专业家居卖场中的专卖店和综合性卖场中的家居专卖店。综合性卖场会承担一部分专卖店的管理工作，一般有统一收银、统一安全保卫工作、统一物业管理（水、电、暖、公共区域卫生及装饰等）、卖场的统一促销宣传。专业家居卖场目前在国内分布较广，如居然之家、红星美凯龙等连锁式经营形式的，更多的是地方自有的大型卖场。除综合性卖场所做工作外，专业卖场还提供以下服务，包括统一送货、统一仓储、统一安装与售后服务、统一品牌推广。相对于综合性商场而言，专业家居卖场具有消费人群购买目的明确、营业面积大、品种全、类型广、分类明确等优势，适合国内各类家居用品销售。

（二）专卖店的组织架构

家居专卖店的特点决定了它的组织管理特点，不同规模的专卖店组织架构不同。对于小型的独立营销店面，人员可能仅有店长、1~2个家居导购员和送货安装人员，这种类型的专卖店很少做职业分工，导购人员必须进行理货、陈列、导购、收银、送货安装、售后等工作。中型的专卖店可能会按照商品的系列、区域划分等来确立其组织架构。较大的专卖店会按照家具的使用区域，如客厅家具、卧室家具、书房家具、餐厅家具等类型来分组，并设立其组织架构。

1. 简约型

简约型组织架构适合于店中店形式的小型专卖店，面积一般不超过200m^2，店长由投资者担任。主要构成有店长、店长助理、家居顾问、销售设计师和临时促销人员，其人员结构如图1-1所示。

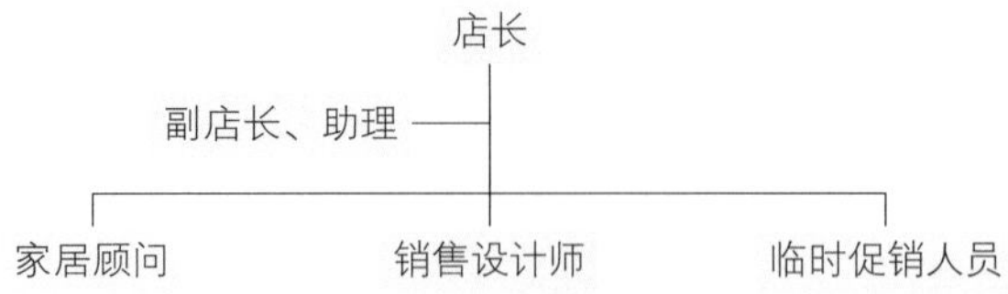

图1-1 简约型家居专卖店的人员结构

2. 终端销售公司模式

以北京锦绣投资有限公司为例介绍终端销售公司的模式，如图1-2所示。董事长是公司的领军人物，直管公司总裁，公司总裁管理四个部门和两个销售中心、一个管理中心。这两个销售中心的构成区别在于其运营方式是独立店还是店中店。管理中心包含几个战略发展部门。部门虽多，但其一直都在各部门的协调合作下有序运行。

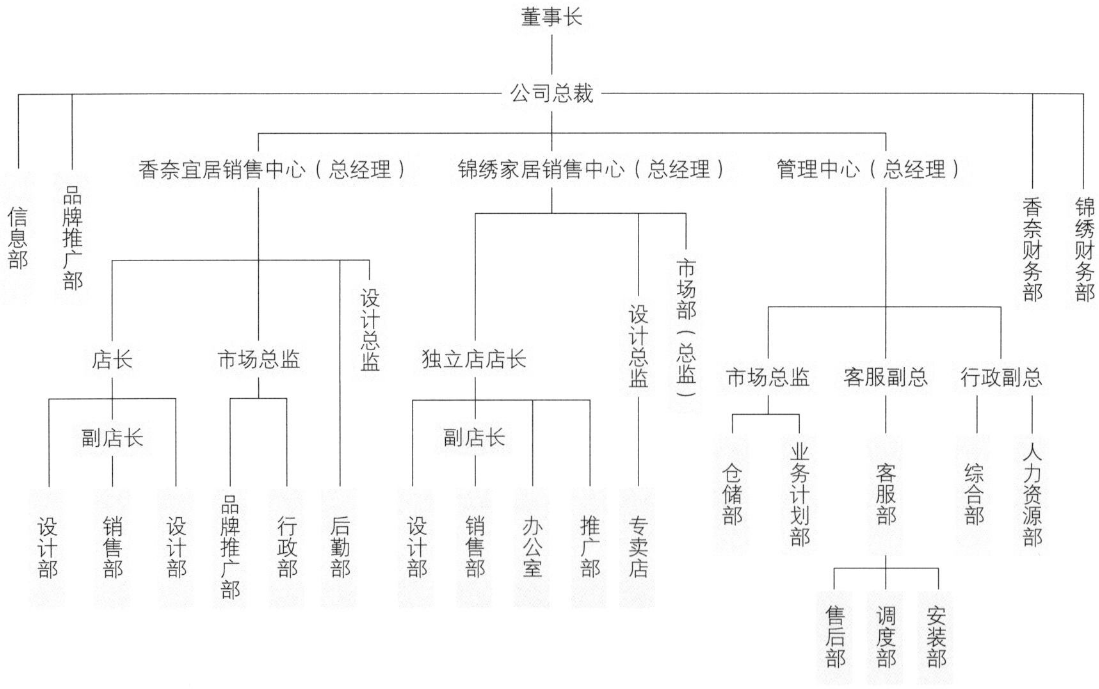

图1-2 北京锦绣投资有限公司管理设置

二、卖场人员配置

人员配置是企业为了实现生产经营目标，采用科学的方法，根据岗得其人、人得其位、适才适所的原则，实现人力资源与其他物力、财力资源的有效结合而进行的一系列管理活动的总称。

（一）人员配置

家居卖场人员配置，主要取决于顾客流量，以及专卖店为顾客提供服务的水平，人员配置与家居卖场类型、规模、季节、成本、竞争对手有直接关系。

如果是独立店，通常顾客购买目的明确，需要反复观看产品，需要的导购人员相应较少；店中店人流量大，在某一时间段人流密集，且顾客购买目的不明确，需要导购人员详细讲解与跟踪服务，顾及竞争对手的情况，需要的人员配置相对多些；专卖店的规模越大，每天、每周和不同季节的买卖起伏越大，需要配置的人员就越多。特别是在节假日及促销等销售旺季，客流量集中，需要配置大量的临时促销人员做导引、宣传工作。为了减少客流量大时顾客等待的时间，提升专卖店竞争力，避免客户流失，同时考虑成本问题，需在招聘时选择高素质员工，并不断提高服务水平与竞争力。

卖场人员的费用占卖场营业额的6%~12%，占企业总费用的30%~50%。因此，只有做好适当的组织编制及人员配置工作，才能有效运用人力资源，充分发挥每个员工的能力。如图1-3至图1-5所示为不同规模组织架构及人员配置参考。

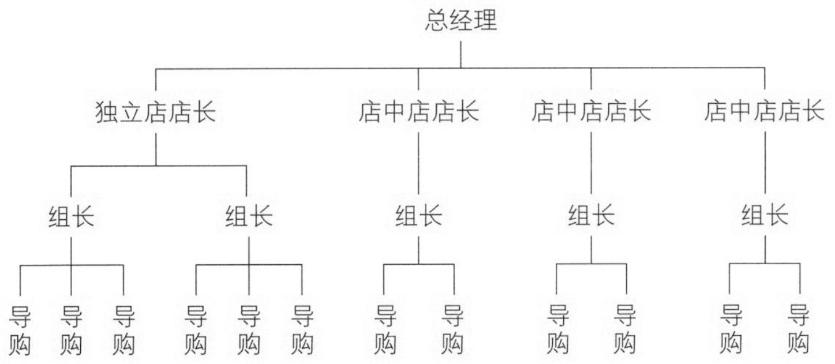

图1-3　A类规模组织架构及配置参考

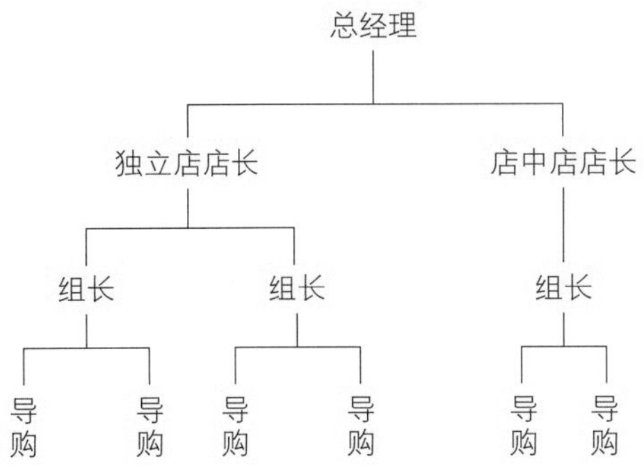

图1-4　B类规模组织架构及配置参考

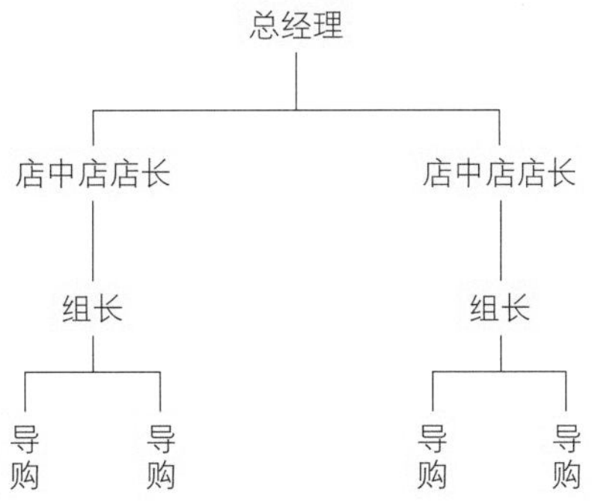

图1-5　C类规模组织架构及配置参考

（二）卖场人员配置方法

卖场人员配置方法分为成本法、利润法、规模法和功能法。

1. 成本法

成本法一般有以下两种计算方法：

总员工数＝总目标销售额 ÷ 每人销售额（1+工资提升率）

总员工数＝目标销售总利益额 ÷ 每人目标销售总利益额

在满足基本需要的情况下，以最低成本进行人员配置。对于以营利为主要目的专卖店，一般常采用这一方法，提倡一人多能，身兼数职。成本法适合已经成熟的店中店，处于推广期的专卖店一般不采用这种方法。

2. 利润法

利润法主要是通过计算找出成本利润比的最低点，从而确定专卖店人员配置情况。专卖店人员太少，影响推广，利润也低，人员太多则费用增加。

3. 规模法

规模法即以专卖店的规模大小决定人员的配置。规模有两个含义：一是面积的大小，一般每100m^2营业面积不少于2名营业员；二是营业状况，冷清的店和热闹的店，顾客数量不同，人员的配置自然也就不同。

4. 功能法

功能法是从各部门职务分析工作量来推算需要的具体人员数，一般适用于独立店的人员配置计算。独立店在人员配置时一般根据导购、收银、清洁、送货、安装、物业、安保等职务需要来配置人员。在人员配置时也应注意各岗位员工的比例关系。

（三）人员配置比例

人员配置比例分为作业人员和非作业人员的比例关系、基本人员与辅助人员的比例关系、管理人员与非管理人员的比例关系、年龄结构比例关系。

1. 作业人员和非作业人员的比例关系

一般在专卖店中从事销售相关工作的人员称为作业人员，即家居顾问（导购员），其他人员称为非作业人员。非作业人员是保证专卖店经营必不可少的人员，但因为其不直接进行销售活动，难以为专卖店带来直接利润，所以这类人员不宜配置过多，多了容易造成机构臃肿，既不利于降低经营成本和提高生产率，也不利于加强经营管理；人员过少则会影响经营管理，影响专卖店的正常运营，因此需要根据具体情况分析非作业人员的具体数量，保持合理比例。

2. 基本人员与辅助人员的比例关系

基本人员和辅助人员都是从事销售的，都属于直接作业人员，但他们在售卖中所起的作用却不相同。家居用品的营销有明显的时间性和季节性，在节假日、促销活动中销量大，工作日销量则一般。专卖店不可能一直按照节假日的人流量来配置导购员，在销售旺季需要大量招聘“临时促销人员”，即辅助人员来补充作业人员的不足。此时需注意辅助人员与导购员的比例，如果辅助人员过少，将大量占用导购员的精力，造成专业能量的流失，影响导购员的发挥；反之，临时促销人员如果配置过多，会造成成本的上涨，利润降低。临时促销人员与导购员的比例关系应该根据卖场的客流量、面积、销售的产品确定。

3. 管理人员与非管理人员的比例关系

管理人员是专卖店经营与管理的重要力量，对于专卖店的运作起着十分重要的作用。家居卖场中不同专卖店一般配置的管理人员也不相同，店中店一般只配置一个管理人员即店长，而独立店一般根据职能配置品牌经理和店长。一定数量的管理人员对专卖店的运营管理工作能起到积极促进的作用，但管理人员数量也要有上限，一般来说不会超过该店面总人员数的15%。如果同一店面中有2个或2个以上管理人员，则必须对其工作进行分工，职责明确，责任到人。

4. 年龄结构比例关系

不同类型的家居用品导购员的适宜年龄不同的。随着年龄的增长、生活经验的增加，导购员能力逐渐提高，30岁左右女性导购员工作效率最高。

（四）人员素质要求

人员素质要求由基本要求、管理人员基本条件、作业人员基本条件三方面构成。

1. 基本要求

基本要求主要体现在性别、年龄、个性、知识与文化程度、经历。性别、年龄方面：对于专卖店来说，对员工的性别、年龄的考虑非常重要，而不同的产品款式，对导购员的性别、年龄的要求也是不相同的。个性方面：一个人的个性也在一定程度上反映了他的潜在能力。这些个人品质可以通过交谈或个人资料查阅以及测试来了解。知识与文化程度方面：销售涉及许多方面，包括心理、商品、日常生活等方面的知识，导购员知识丰富、理解力强是必不可少的条件。工作经历方面：工作经历是考查业务能力可靠的依据之一，可以根据个人特点以及显露出来的雄心、干劲和职业道德来做出评估。

2. 管理人员基本条件

管理人员基本条件包括创造性思考问题的能力、解决问题的能力、协调和谈判能力、团队精神、企业家精神和统驭能力。

在创造性思考问题的能力方面：创造性思考问题的能力是指进行创造思维活动，敢于创新，能辨识事物的发展规律，做到举一反三。在解决问题的能力方面：解决问题的前提是要发现问题，作为一个经营管理者要善于发现问题，特别是专卖店设计与管理作为一个整体，作业流程中各个环节都丝丝入扣。在协调和谈判能力方面：主要是能筛选和整理各种杂乱的信息，能在文字和语言上清晰表达自己的观点，简洁地解释、解决复杂问题，以理服人。在团队精神方面：能以成员或领导的不同身份有效地开展工作。在企业家精神方面：专卖店的管理人员同样必须具有一定的企业家精神，具有目光远大、发现并能把握机会、能负担起突发状况的责任。在统驭能力方面：一个管理者的先决条件就是要有能力建立团队，才能进一步建构企业。但无论管理者的角色如何复杂多变，赢得员工的信任都是首要的条件。

3. 作业人员基本条件

专卖店的职能是执行销售和日常营业，对其作业人员的素质要求较高。专卖店员工直接面对的是顾客，他们的言行代表了企业的形象。从这个意义上讲，员工的形象和服务的效果就显得十分重要。专卖店作业人员基本条件包括树立“顾客至上”的观念、良好的商业道德和扎实的专业知识。

在树立“顾客至上”的观念方面，专卖店的事业是一种以经营大众生活必需品为主业的事业。事业的成功与否取决于顾客的支持和认同与否。

在良好的商业道德方面，商业道德是每个从事商业经营人员所必须遵循的道德准则和基础修养。以优良的服务、文明的语言、整洁大方的仪表与顾客接触。良好的商业道德还包括拾金不昧、见义勇为等社会优良传统。对顾客遗落在店中的物品必须妥善保管，并主动与顾客联系，将物品尽快送回顾客手中。

在专业知识方面，专卖店的员工必须掌握相应的专业知识。收银员、导购员、理货员等专业熟练程度直接影响专卖店的销售效率，而且会给顾客留下深刻印象。

（五）专卖店人员岗位分析

专卖店作为重要的终端模式，必须考虑其是否具备各项营销职能，在运作上能否适应市场战略要求，因此，专卖店不管其规模大小，在人员职能设置中一个都不能少。考虑到大多数店主的实际情况，各职能岗位并不一定要求专人专管，可一人兼顾多个职能岗位，但必须做到每项工作都有指定的人员负责落实，并且有具体工作目标、内容及考核，图1-6为店面控制规范案例。

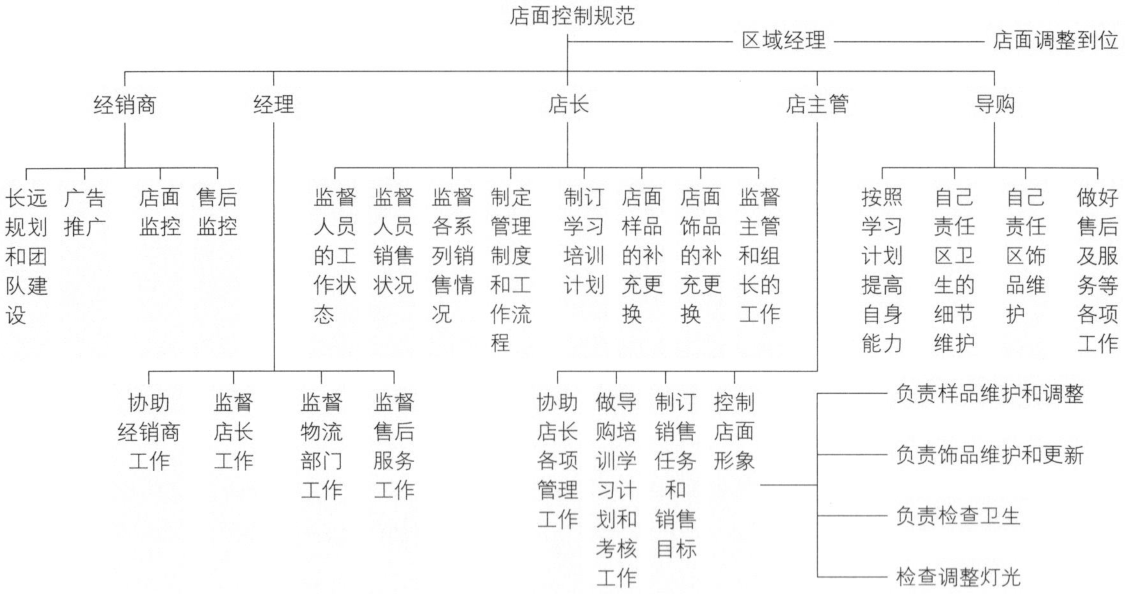

图1-6　某家居店面控制规范

1. 销售经理（区域经理）

销售经理通过确定销售领域、配额、目标来协调销售工作，并为销售代表制订培训项目计划，分析销售数据，确定销售潜力并监控客户的偏好。销售经理应具有较强的组织能力、沟通能力、交际能力、创造能力、商务技能、谈判策略以及管理下属的能力。销售经理具体岗位分析如表1-1所示。

表 1-1　销售经理岗位分析

岗位描述	主抓店面销售任务，进行店面任务分解，制订年工作计划、员工学习计划、新人培养计划；做好销售管理、人员管理，建立一个和谐、有激情、创新的销售团队，确保销售任务全面完成
岗位职责	✧ 制订全年销售任务及完成计划； ✧ 各店面各阶段销售情况分析； ✧ 各销售人员销售数据分析； ✧ 针对销售过程中存在的团队及人员问题进行纠错、改进； ✧ 各店面的日常经营、管理、指挥、调配； ✧ 提升店面服务质量； ✧ 明确专卖店各岗位的职责； ✧ 传达各项规章制度及公司精神； ✧ 配合公司做好工程单； ✧ 确保店面形象符合公司的要求，维护形象； ✧ 以身作则，加强团队建设； ✧ 确保账、物的准确，配合财务部盘点工作； ✧ 协调各部门之间的关系； ✧ 做好店面主管及导购员的培养工作

续表

任职要求	✧教育程度：大专或以上学历； ✧主修科目：家居卖场管理、家具营销、家居配饰等相关； ✧工作经验：相关工作经验3年以上； ✧技能条件：对该行业有较深刻的认识和个人见解，稳重、成熟； ✧年龄范围：25~38周岁； ✧性别要求：不限； ✧身体状况：男身高1.70m以上，女身高1.60m以上，五官端正、体格健康

2. 店长

家具店店长是家具店面的管理人员，是家具导购员的直属上级，具体岗位分析如表1-2所示。

表1-2　店长岗位分析

岗位描述	协助销售经理的日常工作及开展市场工作。协助销售经理制订店面年销售任务，进行店面人员任务分解，制订年工作计划、员工学习计划、新人培养计划、市场营销策略等。平常主要工作：店面管理、人员管理，建立和谐、有激情、创新的销售团队
岗位职责	✧统筹制订每月销售计划和任务分配； ✧协助落实产品促销和效果追踪； ✧洞察周边环境，带领所属人员及时调整销售策略； ✧协助店铺同事，合理分配工作，培养有潜力员工； ✧定时向上级提交店铺销售报表及客户状态分析报表； ✧负责员工日常考勤监督； ✧负责对员工着装、士气与精神面貌进行检查； ✧负责对员工服务规范进行监督； ✧负责监督员工目标完成进度； ✧负责店面形象日常维护与管理； ✧负责店铺内外环境卫生的检查与监督； ✧负责店铺突发事件的处理； ✧负责店内防火、防盗等安全控制与检查； ✧负责店铺每日/周/月销售计划的制订，并分解到班组、个人及时段，并监督完成； ✧负责店铺促销活动推广与执行，活动结束后组织店员进行总结分析； ✧参与店内促销活动推广与策划，活动结束后与店员一起进行总结与分析； ✧负责不断研习提高店铺销售业绩的方法，并带领员工勇于实践； ✧对当天发生的主要事情进行记录，并及时处理和总结报告； ✧建立顾客资源档案
任职要求	✧教育程度：大专或以上学历； ✧主修科目：家居卖场管理、家具营销、家居配饰等相关； ✧工作经验：相关工作经验3年以上； ✧技能条件：对该行业熟悉，懂电脑专业软件及财务知识，善于沟通； ✧年龄范围：20~35周岁； ✧性别要求：不限； ✧身体状况：男身高1.70m以上，女身高1.60m以上，五官端正，体格健康

3. 店长助理（组长）

店长助理要全面协助店长处理店内事务，全面整合各方面资源，提高销售业绩，并在店长不在的情况下保证店面的正常运作，担负起店长的责任，具体岗位分析如表1-3所示。

表1-3　店长助理岗位分析

岗位描述	辅助店长工作，依据专卖店相应团队目标任务进行工作，处理店内的日常事务及管理工作，负责顾客投诉现场处理和记录，核查每天营业状况和员工考勤制度规范，参与专卖店促销和品牌推广政策。当店长不在时，肩负店长的一切职责，店长助理至关重要
岗位职责	✧依据专卖店相应团队目标任务进行工作； ✧主持日常售卖的服务督导程序检查和维护； ✧负责顾客投诉现场处理和记录； ✧负责核查每天营业状况和员工考勤制度规范； ✧负责协助营业店长统筹月度营业计划实施与评估； ✧负责检查申领、在售、陈列存放商品数量情况； ✧负责专卖店设施与推广展示的匹配和调整； ✧参与专卖店促销和品牌推广策划； ✧归纳竞争对手信息和顾客反映及拟定报告； ✧复核申领、在售和专卖店的单据审批手续； ✧督导专卖店的安全防范和规整事项； ✧协助店长处理人事行政事务和文化方面的演练； ✧参与对员工的培训和教育的实施； ✧提高自身的能力素质和专业管理水平
任职要求	✧教育程度：大专或以上学历； ✧主修科目：家居卖场管理、家具营销、家居配饰等相关； ✧工作经验：相关工作经验2年以上； ✧技能条件：对该行业了解和熟悉专卖店运作，有责任感； ✧年龄范围：20~30周岁； ✧性别要求：不限； ✧身体状况：男身高1.70m以上，女身高1.60m以上，五官端正，体格健康

4. 家居顾问（导购员）

导购通常是一种长期行为，从某种意义上来说，导购员是处于某一特殊环境的业务员，是直接面向顾客的终端业务员，具体岗位分析如表1-4所示。

表1-4　导购员岗位分析

岗位描述	一般负责顾客接待、商品整理及介绍、开单等店面服务工作。导购员在专卖店里要保持优质服务、站立服务，在接待顾客时要面带微笑，热情亲和，主动介绍相关商品的特点、性能、价格等情况，使顾客充分了解商品，对顾客提出的问题要耐心解答，掌握顾客的心理活动，阐明产品对顾客的益处，做好顾客购买商品时的顾问

续表

岗位职责	✧依据专卖店相应团队和个人目标进行工作； ✧按照专卖店营业流程进行日常服务； ✧负责商品的陈列、摆设、整理和补货； ✧负责每日申领、销售货品的清点和查对； ✧负责专卖店岗位的秩序维护和安全防范； ✧负责分派系列产品的推介和宣传推广； ✧熟悉产品知识和服务技巧； ✧负责专卖店岗位区域的"6S"管理； ✧协助店长进行日常服务； ✧留意收集和反馈信息； ✧参与专卖店的服务改善事项； ✧恰当处理顾客意见和协调关系； ✧提高自身岗位服务素质和学习技能知识； ✧完成店长临时交代的店场工作
任职要求	✧教育程度：大专以上； ✧主修科目：家居卖场管理、家具营销、家居配饰等相关； ✧工作经验：2年以上，相关工作经验1年以上； ✧技能条件：对专卖店服务行业有认识，善于沟通； ✧年龄范围：20~30周岁； ✧性别要求：不限； ✧身体状况：男身高1.65m以上，女身高1.60m以上，五官端正，体格健康

5. 设计师

家具设计师是根据室内空间的使用性质、所处环境和要求，结合制造工艺及美学原理，设计各类家具产品的专业设计人员，具体岗位分析如表1-5所示。

表1-5　设计师岗位分析

岗位描述	设计师是主要针对定制类家具专卖店而配置的人员，其需要掌握熟练的设计技能和与客户交谈的技巧。对于设计师一般要求要掌握一定的专业知识，如家具的款式设计、功能设计与部件设计，并根据研发需求完成相应部件的工艺设计与组装设计。还要熟悉对应材料的特点，熟练运用各类设计软件。要不定期走访市场，并通过网络收集、参加展会等多种方式和渠道，了解并掌握家具产品的市场信息
岗位职责	✧负责意向客户的方案沟通及确认，为客户讲解展厅相关产品的风格、性能及产品内涵价值，协助店面签单事宜； ✧负责全屋定制家具的设计，为客户制订其购买产品的设计方案，报价核算； ✧负责下单客户的合同审定，并标注客户特殊需求； ✧负责订单客户的装修进度跟进，及时安排初尺、复尺工作； ✧配合安装环节，现场指导设计图纸顺利施工； ✧完成上级或公司领导临时安排的其他工作
任职要求	✧教育程度：大专以上； ✧主修科目：家具设计、工业设计相关专业； ✧工作经验：2年以上，相关工作经验1年以上； ✧技能条件：熟练操作CAD、Office等软件，会绘制效果图者优先；在家具厂、家装公司从事过家具设计工作者优先； ✧年龄范围：22周岁以上； ✧性别要求：不限； ✧身体状况：男身高1.65m以上，女身高1.60m以上，五官端正，体格健康

6. 仓管员

仓库管理员（仓管员），顾名思义就是通过对仓库物品的管理发挥好仓库的功能。随时掌握库存状态，保证物资设备及时供应，充分发挥周转效率，具体岗位分析如表1-6所示。

表1-6　仓管员岗位分析

岗位描述	仓管员应定期对库房进行清理，保持库房的整齐美观，使物资设备分类排列，存放整齐，数量准确。做好仓库的安全工作，并按时检查，消除仓库的火灾危险隐患。在货品验收合格办理进库手续后要认真摆放，不得发生因摆放不当而造成的变形、变质和霉烂等问题。出库时必须办理出库手续，依据出库单发放货物
岗位职责	✧依据专卖店相应团队和个人目标进行仓管工作； ✧负责购进货品的收、发、存、验和整理； ✧负责已批准退、换、补的商品数量、规格型号的查对； ✧负责提供库存的盘点数据和预报说明； ✧负责对供应商单据的签核和记账； ✧负责对仓存货品的日常“6S”管理； ✧负责定期对仓存货品的清查和上报； ✧提供存储期过长或滞销货品的信息； ✧兼顾供应商提供广告推介品的保管； ✧配合购销员做好先进先出的信息反馈； ✧参与购销平衡和新货品评估； ✧提高自身的专业技能和责任感
任职要求	✧教育程度：中专或以上学历； ✧主修科目：会计或物控类； ✧工作经验：5年以上，相关工作经验3年以上； ✧技能条件：对行业有认识，懂计算机及会计知识，勤奋、有责任感； ✧年龄范围：25~30周岁； ✧性别要求：不限； ✧身体状况：男身高1.65m以上，女身高1.55m以上，五官端正，体格健康

7. 促销员

促销是一种特定活动时间内的短期行为，促销员一般是做促销活动时临时聘请的，并且往往是活动结束人员自动解散，双方很难有系统的沟通，具体岗位分析如表1-7所示。

表1-7　促销员岗位分析

岗位描述	在销售旺季或节假日为应对销售高峰会临时雇用促销员，促销员的主要作用不是直接销售，而是协助店员做一些辅助工作
岗位职责	✧依据相应团队和个人目标进行工作； ✧按计划负责商品的专卖店展示和促销； ✧负责新产品的现场推广和服务演示； ✧负责每日促销商品的摆放、整理和核对； ✧负责关联的配套商品售卖介绍； ✧了解顾客的意见和反馈； ✧协助导购员的售卖服务工作； ✧参与对专卖店商品的月终盘点和核对； ✧参与处理顾客投诉并解决问题

续表

任职要求	✧教育程度：大专毕业以上； ✧主修科目：家具类相关； ✧工作经验：有社会工作经验即可或在校生表现出色； ✧技能条件：对专卖店服务有认识，善于沟通； ✧遵守导购员的售卖服务纪律； ✧遵守专卖店促销的营业程序和安全维护； ✧维护专卖店形象和职业操守； ✧年龄范围：19~25周岁； ✧性别要求：不限； ✧身体状况：男身高1.65m以上，女身高1.58m以上，五官端正，体格健康

8. 安装人员

安装人员是指接受安装任务后负责家具安装、问题处理的人员，具体岗位分析如表1-8所示。

表1-8 安装人员岗位分析

岗位描述	安装人员要熟悉所安装商品的品名、规格、产地、型号，进而准确无误安装，在安装过程中应注意爱护周围物品，安装完毕后要有效清理安装现场，保持产品干净、整洁
岗位职责	✧负责家具的安装与拆卸； ✧为顾客上门安装； ✧为顾客提供安装的有关知识； ✧按客户订单有计划地安排送货及安装，不消极怠工； ✧保障公司货车及各项工作的安全； ✧协助仓库管理员做好每天的备货工作； ✧完善售后服务工作
任职要求	教育程度：中专以上； 主修科目：家具类相关； 工作经验：相关工作经验2年以上； 技能条件：具有一般家具安装及维修经验，善于沟通，具备良好的个人素养及职业道德； 年龄范围：20~40周岁； 性别要求：不限； 身体状况：男身高1.65m以上，女身高1.58m以上，五官端正，体格健康

9. 售后服务人员

售后服务人员是指在商品售出以后所提供的各种服务活动的工作人员，具体岗位分析如表1-9所示。

表1-9 售后服务人员岗位分析

岗位描述	在追踪跟进阶段，与销售人员、安装人员采取相应的配合，对部分顾客产品问题进行相应的维修、维护。最终，通过售后服务来提高专卖店的信誉，扩大产品的市场占有率。因此，售后服务是专卖店产品终端运行的重要支撑

续表

岗位职责	✧收集所有与客户有关的信息资料，以便根据信息及时做出相关处理，并进行存档备案； ✧指导客户产品使用方法及注意事项等事宜； ✧与销售部协调，定期拜访客户，了解客户的使用情况和新的要求，并做好客户拜访记录表； ✧与客户交流时，应热情、细心了解产品发生问题时的状况，提出解决问题的方法； ✧售后服务人员在接到客户的售后服务需求通知后要做好信息登记工作，包括对方的详细联系人、联系方式，在售后人员出发之前，应仔细分析产品问题以及提供参考解决方案，并带全相关资料及客户服务回单； ✧在售后过程中，应及时确认产品的状况，考证前期分析问题是否恰当；如果不相符合，应及时与有关人员商讨，争取尽快提出解决方案； ✧负责解决方案实施，同时做好售后记录； ✧每一次的售后服务都要有客户产品问题及处理方法的详细记录，记录必须按月整理成册存档，交一份到技术部存档； ✧在售后服务中发现的问题要及时汇总，与技术部、质检部、生产部讨论，提出恰当的解决方案，以便技术部门及时改进
任职要求	✧教育程度：大专以上； ✧主修科目：家具类相关； ✧工作经验：有社会工作经验即可或在校学生表现出色； ✧技能条件：熟练使用Office等办公软件，对专卖店服务有认识，善于沟通； ✧年龄范围：19~25周岁； ✧性别要求：不限； ✧身体状况：男身高1.65m以上，女身高1.58m以上，五官端正，体格健康

（六）店长自我认知

店长是一个专卖店的灵魂，店长的工作能力及领导能力直接影响整个专卖店的业绩，店长需要从经营者的立场综合、科学地分析店铺运营情况，全力贯彻经营方针，执行品牌策略，全力发挥店长的职能。

1. 店长的角色

店长作为店面的主角，首先要认清自己的角色定位，才能明确工作范围和职责所在，发挥自己的才能。

代表者——店长代表整个店铺的形象。店长是店铺所有者的代理人，对外处理跟主管部门、商品供应商、顾客等之间的关系；对内又是店员的代言人，因为店长首先是店内的一名员工。

经营者——指挥店员高效工作，对店铺经营的各项数据进行分析，在满足顾客需求的同时创造一定的经营利润，并对各项工作做出正确决策。

管理者——控制和运用店铺的相关资源，管理店内营业活动并实现营业目标。

协调者——协调解决店铺出现的各种问题，使工作顺畅。

培训者——培训店员的各项技能，提升整体素质，激励店员不断创造效益。

2. 店长一日工作流程

作为一名店长，应掌握专卖店的工作流程，做好本职工作，起到模范带头作用。不同家居卖场的专卖店，营业时间也会有所不同。但其营业流程一般都分为营业前、营业中和营业后三部分。表1-10为专卖店店长一日工作流程。

表 1-10 专卖店店长一日工作流程

时间	工作项目	工作重点
8:00-9:00	晨会	布置主要事项
	员工出勤情况确认	出勤、休假（病/事假）、人员分班、仪容仪表及工作挂牌检查
	卖场、卖场情况确认	①商品清洁卫生情况检查 ②卖场仓库检查 ③收银员、找零金、备品及收银台、服务台的检查
	昨日营业情况检查	①来客数 ②营业额 ③订货数 ④送货
9:00-10:00	开门营业情况检查	①各部门人员、商品、促销品就绪 ②店门开启、地面清洁、灯光照明
	各部门作业计划定点确认	①促销计划 ②商品计划
10:00-11:00	营业追踪	①营业额未达销售计划的原因分析与改善 ②销售状况分析
	商品追踪	①缺品确认追踪 ②商品展示与陈列确认
11:00-12:30	卖场库存状况确认	库存品种、数量及管理情况
	营业高峰情况掌握	①各部门商品销售情况及促销活动效果 ②人员协调与支援
12:30-13:30	午餐	交代指定人员代为负责专卖店管理工作
13:30-15:30	竞争店调查	与同地段竞争对手营业情况比较（来客数、促销情况、整体销售情况等）
	部门会议	各部门工作协调
	其他任务	如新进人员在职训练等
15:30-16:30	计划及报告撰写与准备	①人员变化、请假、训练、顾客意见等 ②月、周计划，营业会议等
	营业额确认	各部门人员、商品、促销等情况
	卖场巡视	专卖店、人员、商品的清洁卫生
16:30-18:00	营业问题追踪	①商品问题的跟踪与处理 ②顾客所反映问题的落实 ③营业检查
18:30-20:00	指示代理负责人接班或加班	交代晚间营业注意事项及有关事宜

任务二　家居卖场人员的招聘

招聘是在合适的时间为合适的岗位寻找到合适的人选。人员选拔和招聘工作是一个复杂、系统又连续的程序化操作过程，要寻找具备适合的技能、具有劳动愿望，且能够在企业相对稳定工作的员工。

人员甄选的基本原则

一、招聘选人原则和办法

招聘是店面配置的一个重要过程，想要招到符合需求、业务能力强的员工，招聘时的选人原则和人员甄选时的基本办法显得尤为重要。

（一）招聘选人原则

做好人员甄选工作，除了要有一套行之有效的选拔方法和测评技术之外，还必须遵循一定的原则和标准。具体来说，人员甄选一般包含六大基本原则。

1. 因事择人

选拔人才一定要从实际需要出发，以空缺岗位的基本要求为准则，根据人力资源规划、工作分析和职务说明书以及工作人员的资格要求来甄选人才。坚持因事择人的基本原则，才能更好地实现事得其人，人适其职。反之，为了安排人而增设一些不必要的职位，必然会造成职位虚设、人浮于事、办事效率低等情况。

2. 人职匹配

每个职位都有自己特定工作性质、职责、内容、权限、规范和对任职者的资格要求，每个成员也都有各自的素质条件、个人意愿、职业理想。因此，在甄选人员的时候，尽量系统思考、全局谋划，在职位要求和员工能力之间寻求平衡点，实现员工个人与职位要求相匹配。

3. 平等竞争

平等竞争原则是指通过考试竞争和考核鉴别，确定人员的取舍。在人员甄选过程中，平等竞争是基本原则。只有对所有的竞争者采取一视同仁、公平、公正、公开的考核手段，才能让真正的“珍珠”从“瓦砾堆”中脱颖而出，从而保证被录用人员的质量，为企业发展起到助推的作用，同时树立良好的组织形象，提高组织吸引力。

4. 用人所长

人无完人，都有各自的长处和短处。但却可以很好地在组织中搭配使用，实现良性互补。在人员甄选中要特别注意克服“求全责备”的思想，不要抱怨挑不到满意、合适的员工，那是缺乏发现他们身上长处的眼光。用人之道不在于如何减少人的短处，而在于如何充分发挥人的长处。

5. 德才兼备

从古至今，在选拔人才方面，“德才兼备”一直是公认的标准。“德”所涉及的主要是工作的责任心和能否为团队努力服务的思想态度，“才”是为团队服务的能力和本领。两者统一于素质这个本体，甄选过程就是要突出人员的整体素质，坚持德才兼备。

6. 宁缺毋滥

如果甄选出来的员工德才不足以胜任职务工作，那么不仅不能做出应有的贡献，反而会增加额外的负担，如招聘成本、人力资源重置成本、员工离职带来的机会成本等，个别员工甚至会给企业带来一定的经济损失或名誉损失。因此，在甄选员工过程中应树立宁缺毋滥的思想。

（二）人员甄选的基本办法

人员甄选的常用方法分为六大类：简历或申请表筛选、笔试、面试、心理测验、情境模拟、评价中心技术。

人员甄选的基本办法

1. 简历或申请表筛选

在员工招募阶段，可以通过内外部招募渠道收集求职者的个人简历或统一的申请表。然后按照基本要求和标准，进行初步筛选。在当前绝大多数的招募环节中，都会设置初步筛选阶段，通过初步筛选可以为接下来的测评缩小范围。

2. 笔试

笔试是一种与面试对应的测试，是以填写的方法考核应聘者学识水平和能力的重要工具。它是指在控制的条件下出题来考核应聘者的基本知识、专业知识、记忆能力、逻辑推理能力、文字表达能力、综合分析能力等素质和能力的差异。

3. 面试

面试是通过书面或面谈的形式来考查一个人的工作能力。依据不同的分类标准进行分类：根据提问种类的不同分为结构化面试和非结构化面试；根据对面试控制方式的不同分为个别、小组、成组、会议面试等；根据面试次数的多少分为一面、二面、三面等；根据面试内容分为行为面试和情景面试。面试流程包含准备、引入、提问和收尾四个阶段。

4. 心理测验

心理测验可分为：智力测验、能力测验、成就测验、职业性向测验和人格测验。智力测验是考核应聘者学习和适应环境的能力。能力测验主要测验某方面能力。成就测验往往用来鉴定一个人经过学习和训练后知识和技能的高低。职业性向测验可总结为六个维度：现实型、研究型、艺术型、社会型、企业型和常规型。人格测验有广义和狭义之分，广义是指外貌，狭义是指兴趣爱好、态度、情绪等。

5. 情境模拟

情境模拟可分为：公文筐测验、无领导小组讨论、角色扮演三个方面。公文筐测验：简单来说就是面试者让应聘者批阅公文，来测验其决策、文字表达、计划领导等能力。无领导小组讨论：这是对一组面试者展开的测试，在规定的时间内根据给出的题目进行讨论，测试应聘者主动性、口头表达、抗压等能力。角色扮演：扮演一个管理者角色来处理日常的事务。

6. 评价中心技术

一般是借助多种选拔手段以提高做出正确决策的可能性。通常会成立一个小组，对应聘者进行面试。评价中心的测试复杂又全面，往往用于选拔高管型人才。

二、卖场人员的招聘流程

狭义的招聘侧重招聘的实施阶段，主要包括招募、筛选以及录用三个环节。从广义上讲，人员招聘包括招聘准备、招聘实施和招聘评估三个阶段。此处主要从广义的招聘上讲。

（一）招聘准备阶段

招聘准备阶段必须明确以下问题：是否一定要进行招聘？如果是，那么哪些岗位需要招聘？哪些岗位要严控招聘？每个岗位需要招聘多少人？通过外部招聘还是内部招聘？根据岗位工作分析和任职资格体系，要清楚招聘岗位有什么特征和要求，明确这些岗位对应聘者的知识、技能等方面的具体要求。在做好上述工作的基础上，结合内外部环境制订可行性高的具体招聘计划和招聘策略，同时拟订招聘工作详细计划。在招聘的准备阶段主要完成以下几项工作：分析招聘需求、明确招聘策略、组建招聘团队、制订招聘计划。

1. 分析招聘需求

招聘需求是招聘工作的内在驱动力和原动力，合理的招聘需求是招聘工作顺利开展的前提。

（1）招聘需求来源

企业的招聘需求通常包括三个方面：企业发展战略要求、业务部门发展需要和人员自然流失的补充。

当店面有招聘需求时，需填写员工需求清单，如表1-11所示。根据店面的岗位设置、实际工作量以及人员流动情况拟订人员招聘计划。如有人员增补需要，应确定具体岗位与实际需求人数，并填写增补申请书。

表 1-11　员工需求清单

需求部门				需求岗位		
申请日期	___年___月___日			到岗日期要求	希望到岗日期___年___月___日 最迟到岗日期___年___月___日	
招聘类型	□新增人员　□离职补充　□其他					
招聘原因						
部门招聘人员需求清单						
岗位名称	需招聘人数	编制人数	现有人数	紧急程度	建议特殊待遇区间	是否符合新限规定
						□符合　□不符合
						□符合　□不符合
						□符合　□不符合
岗位精述						
主要职责						
任职资格	基本条件					
	必备知识					
	必备技能					
	能力要求					
	素质要求					
	价值观要求					
人力资源部审核意见	人力资源总监（签字/日期）：					
审核意见（1）	□招聘需求合理 □无法确定，需要组织评审 □不合理 审核负责人1（签字日期）：					
审核意见（2）	□招聘需求合理 □无法确定，需要组织评审 □不合理 审核负责人2（签字日期）：					
……	……（请根据审核把控环节增减审核人）……					
招聘审批	审批负责人（签字/日期）：					

（2）岗位分析

对招聘岗位（职位）的准确理解是招聘工作顺利进行的关键，岗位是企业的基本管理单元，只有做好关键岗位或目标岗位的工作分析，才能让招聘工作深入企业核心业务流程中。在进行岗位分析的过程中，专卖店店长与人力资源部协作完成，以确保岗位分析符合企业管理实际需要。工作分析的直接产出是针对企业各类岗位的《岗位职责说明书》，如表1-12所示。

表1-12　岗位职责说明书

<table>
<tr><td>岗位名称</td><td></td><td colspan="2">岗位类别</td><td></td></tr>
<tr><td>岗位设置目的</td><td colspan="4"></td></tr>
<tr><td>岗位汇报关系</td><td>直接上级</td><td></td><td>直接下级</td><td></td></tr>
<tr><td rowspan="3">岗位主要管理目标</td><td colspan="4"></td></tr>
<tr><td colspan="4"></td></tr>
<tr><td colspan="4"></td></tr>
<tr><td rowspan="5">岗位职责工作标准</td><td>岗位职责</td><td>工作标准</td><td colspan="2">岗位依据制度（流程）</td></tr>
<tr><td></td><td></td><td colspan="2"></td></tr>
<tr><td></td><td></td><td colspan="2"></td></tr>
<tr><td></td><td></td><td colspan="2"></td></tr>
<tr><td></td><td></td><td colspan="2"></td></tr>
<tr><td rowspan="4">岗位考核指标</td><td>考核指标</td><td>权重</td><td>评分计算方式</td><td>考核数据来源</td></tr>
<tr><td></td><td></td><td></td><td></td></tr>
<tr><td></td><td></td><td></td><td></td></tr>
<tr><td></td><td></td><td></td><td></td></tr>
<tr><td rowspan="13">岗位任职资格</td><td rowspan="4">基本条件</td><td>学历要求</td><td colspan="2"></td></tr>
<tr><td>专业要求</td><td colspan="2"></td></tr>
<tr><td>工作经验</td><td colspan="2"></td></tr>
<tr><td>职业认证</td><td colspan="2"></td></tr>
<tr><td rowspan="4">必备知识和技能</td><td>专业知识</td><td colspan="2"></td></tr>
<tr><td>专业技能</td><td colspan="2"></td></tr>
<tr><td>培训经历</td><td colspan="2"></td></tr>
<tr><td>专业积累</td><td colspan="2"></td></tr>
<tr><td rowspan="2">能力要求</td><td>管理能力</td><td colspan="2">管理技能、创新和决策能力等</td></tr>
<tr><td>交际能力</td><td colspan="2">交往能力、人际关系处理能力等</td></tr>
<tr><td>素质要求</td><td>胜任素质</td><td colspan="2">潜在特质，包括领导力、影响力、成就导向、抗压能力及团队合作精神等</td></tr>
<tr><td>价值观要求</td><td>价值观</td><td colspan="2">个人价值观、求职动机等</td></tr>
</table>

续表

岗位职业发展通道	向上晋升路径				
	平级可调岗位				
	向下调整路径				
岗位权利	① ② ③				
其他要求	工作条件	□正常工位	□独立办公室		
	考勤要求	□固定考勤	□弹性考勤	□免考勤	□其他约定
编制人		审核人		审批人	
编制日期		审核日期		审批日期	

根据需求清单和岗位职责说明书制订招聘计划，如表1-13所示。

表1-13　人员招聘计划表

部门	招聘岗位	招聘数量	员工类型	岗位类型	希望到岗日期	最迟到岗日期	任职资格要求	需求是否评审	其他要求
审核意见		人力资源总监（签字/日期）：							
审批意见		总经理（签字/日期）：							

招聘岗位：公司规范的岗位名称；岗位类型：分为关键岗位和普通岗位两种类型，对于“紧急优先”的关键岗位需要，应制订关键岗位招聘计划；招聘数量：需要的人员数量；员工类型：主要分为正式员工、实习生、顾问或者劳务人员等；希望到岗日期：正常情况下用人部门希望的到岗日期；最迟到岗日期：如果超过最迟到岗日期，可能严重影响用人部门的业务开展；任职资格要求：按照公司规范的任职资格要求列入，以此作为招聘的关键信息；需求是否评审：对于人员需求比较大的，可单独召开用人部门人员需求评审

会；其他要求：用人部门提出的其他要求，例如希望采用的招聘渠道等。

2. 确定招聘策略

明确招聘需求后，要从本店面的实际出发，制订相关的招聘策略，它是制订下一步详细招聘计划的指导思想和行动指南。在确定招聘策略时，要着重思考这样几个问题：我们何时需要招聘人？招聘什么样的人？通过何种方式能够招聘到这些人？将以什么样的代价招聘到这些人？这些是明确招聘的关键所在。具体来说，招聘策略要注意明确以下几点：地点策略、渠道策略、时间策略、宣传策略和招聘备选方案设计。

（1）地点策略

地点策略是指确定招聘工作的空间范围。为了获得需要的合适人才和尽量节省成本，招聘时必须选择合适的地理位置，可以根据招聘的数量、质量、结构层次等要求选择招聘范围。在初定招聘地点策略时，一般本着合适和节约的原则，全面考虑潜在应聘者找工作的行为、企业的位置、劳动力市场状况等因素，以便做出综合系统的决策。通常在全国乃至世界范围内招聘企业的高级管理人才或专家，在跨地区市场上招聘中级管理人员和专业技术人才，在招聘单位所在地招聘一般工作人员和技术工人。

（2）渠道策略

渠道策略是招聘策略中的主要部分，是指采用何种途径或方式招聘人员，即应聘者的来源渠道以及企业应采取的招聘方法都应根据供求双方不同情况而做出合理的选择。根据招聘的来源，企业招聘通常可以分为内部招聘和外部招聘。内部招募是向企业现有员工传递有关职位空缺信息，吸引具有相应资格且对有关职位感兴趣者提出申请，通过筛选，合格者以提任或调任的方式安置到相关职位，其来源主要有下级职位人员的晋升、同级职位人员的工作调换和上级职位人员的降职；外部招募即面向组织外部征集应聘者，以获取人力资源的过程。企业内部招聘和外部招聘对比分析如表1-14所示。

表1-14 企业内部招聘和外部招聘对比分析

对比要点	内部招聘	外部招聘	备注
人才选择范围	窄	广	企业有很大的选择空间
员工晋升机会	多	少	晋升机会能促进流动率的下降、工作满意度的提高及工作效率的提升
对应聘者了解程度	非常了解	不太了解	内部提拔的人知根知底，但是内部提拔人才的缺点或短板也很明显
招聘成本	低	高	例如通过猎头挖高级人才的成本会非常高
近亲繁殖	有	无	
用人分歧	多	少	与领导的威信相关，会产生明争暗斗的问题
企业竞争力	不容易改变	容易改变	借助外部人才力量，推动企业管理变革
新思想和新方法	少	多	外部招聘员工会给企业带来新思想、新观念、新技术、新方法、新的外部关系，使得企业更具有生机与活力
选错人的风险	低	高	俗话说“知人知面不知心”，虽然人才甄选技术很多，但外部人才甄选仍比较困难

内部招聘分为三种：第一种工作张榜法，也称为公告法或布告法，是内部招募最常见的一种方法，可将包含空缺职位性质、职责和要求等内容的告示张贴在内部公告栏里；第二种技能档案法，是利用现有人员技术档案中的信息筛选合适的员工，以填补相应岗位空缺的一种常见方法；第三种主管推荐法，是指主管人员推荐其熟悉、合适的候选人来应聘空缺岗位，以供人力资源部门和用人部门进行下一步的甄选，这也是内部招聘的一个有效方法。

外部招聘分为四种：广告招聘、人才招聘会、校园招聘和猎头公司。

广告招聘是当今应用较广泛的一种招聘方式。借助广播、电视、报纸、网络等媒介向社会公众传递空缺职位等相关信息，是能够在较大范围内迅速通知潜在求职者了解岗位空缺的办法。常见招聘网站如表1-15所示。

表1-15　常见招聘网站

序号	中文名	网址	网站特征
1	中华英才网	www.chinahr.com	三大主流招聘网站之一
2	智联招聘	www.zhaopin.com	三大主流招聘网站之一
3	前程无忧	www.51job.com	三大主流招聘网站之一
4	一览英才网	www.job1001.com	专业人才
5	数字英才网	www.01hr.com	专业人才
6	中国人才热线	www.cjol.com	综合性专业招聘网站
7	应届生	www.yingjiesheng.com	大学生求职网站
8	大街网	www.dajie.com	校园招聘
9	应届毕业生	www.yjbys.com	大学生求职网站
10	58同城	www.58.com	中低端人才
11	赶集网	www.ganji.com	中低端人才
12	猎聘网	www.liepin.com	高端人才
13	举贤网	www.juxian.com	高端人才
14	拉钩网	www.lagou.com	专注于互联网
15	微才网	www.5lweicai.com	综合性垂直招聘

人才招聘会实际上可以分为两类：一类是公司举办的专场招聘会，适合于欲招聘大量人才或面向特定群体招聘。另一类更为常见，是由人才交流中心、劳动市场等外部机构组织的由多家用人单位参加的非专场招聘会。通过参加大型的人才招聘会来招聘需要的人才，以填补岗位空缺，是很多用人单位较为常见的一种招聘形式。

校园招聘从本质上来说仍属于现场招聘的一种具体形式，只是与一般的现场招聘会不同的是其招聘对象是具有特定性的，主要是指各类高校毕业生。我国每年有大量毕业生，形成了一个庞大的专业人才供给市场。

猎头公司实际上是一种就业代理机构，但由于其操作方式和服务对象的特殊性，经常被看作是一种独立的招聘渠道。猎头公司作为一种特殊的职业中介，和一般的招聘相比，服务对象具有特殊性。

掌握各招聘渠道后，就可以选择适合自己的了，如专业技术人员和中层管理人员可在大学毕业生中招聘；办事员和生产工人则可以借助职业介绍所招聘；销售人员、专家等则可以通过广告招聘。当然，为了节省开支和时间，还可采用员工引荐的方式。在确定渠道策略时，要考虑到招聘渠道的经济性和可行性。还要注意所选择的招聘渠道要符合实际情况，要具有现实意义上的可操作性。企业常见招聘渠道优缺点对比如表1-16所示。

表1-16　企业常见招聘渠道优缺点对比

招聘渠道	主要优点	主要缺点	备注
网络	网络是信息时代的主流招聘渠道。企业可以快捷、海量接收求职者的应聘信息，提高简历处理的效率	不能控制应聘者的质量和数量，海量的冗余垃圾信息搜索会加大招聘工作的压力（需要掌握信息过滤技巧）	各种人才
媒体广告	目标受众接收概率高，还可以提升企业在当地的知名度，可以有效宣传企业的业务，有一举多得功效	会吸引到很多不合格的应聘者，延长招聘的周期，另外，费用比较高	各种人才
人才招聘会	传统的人才招聘方式，企业和应聘者可面对面初步交流	受到展会主办方宣传推广力度的影响，求职者的数量和质量难以有效保证	各种人才
校园招聘	提高企业在院校的知名度，为企业储备人才提供更多机会，招聘费用相对较低	应届生缺乏经验，培养成本高，流动性大	应届生
人才市场	招聘速度较快，费用较低，效率较高，适合招聘基层人才	人才中介服务质量不高，中介对中高级人才基本没有吸引力	基层人才
内部推荐	招聘针对性强，招聘效率高，招聘成本低	易“近亲繁殖”，形成派系，组织决策时缺乏差异化的建议，不利于管理创新和变革	各种人才
外部推荐	由熟人推荐，人才素质较为可靠	招聘效率低，不适合招聘企业急需人才	中高端人才
猎头	招聘过程隐秘，能在短期内快速、定向寻找企业所需要的高端人才	招聘成本高（通常为被猎成功人员年薪的20%~30%）	高端人才

（3）时间策略

时间策略是为了确保新聘人员准时上岗，是确定在什么时间开始进行招聘工作最为合适的策略。出现职位空缺后，确定每个招聘步骤可能占用的时间，以便明确填补空缺职位需要花费的全部时间；设置一个实际的时间线，从希望实际在职和从事生产的那一天开始进行倒算；雇用一个符合要求的员工的时间目标一经确定，就要与空缺岗位可以等待的时间进行比较。在招聘过程中，需要掌握和运用好时间策略，从时间上对整个招聘活动进行合理把握，使得企业能在需要的时间内获得人力资源。

（4）宣传策略

宣传策略是企业在进行招聘活动时必须要关注的重要策略之一。这是因为一方面招聘工作受企业形象和声誉的影响，另一方面招聘工作本身也直接影响企业的形象和声誉。企业在组织招聘活动的时候，应尽可能借此机会进行宣传活动，吸引应聘者。这要求企业做到：向求职者传递准确、有效的信息（如薪酬、工作类型、地点、晋升机会、企业文化与发展前景、劳动安全与保障等），可以通过实际工作预览方式实现。

人员招聘是企业向社会展示形象的机会，因此，应该密切地与人才及媒介沟通。在招聘过程中应创造尊重知识、重视人才的氛围，给社会以良好的印象，增强吸引力。

（5）招聘备选方案设计

招聘的成本比较高，因此企业在招聘之前应认真考虑备选方案，包括兼职员工和临时工、员工租赁和策略性外包等。

3. 组建招聘团队

招聘团队是为了完成招聘任务而在一起工作的正式组织，一般都是临时组建，有的企业有常设的招聘机构。招聘团队既是招聘工作的承担者，也是人才质量的检验者。

（1）招聘团队职责划分

招聘团队包括部门主管人员和人力资源管理专业人员两部分。

部门主管人员（直线人员）需承担如下工作：列出特定工作岗位的职责要求，以便协助进行工作分析；向人力资源管理解释对未来员工的要求以及所要雇用的人员类型；描述出工作对人员素质的要求，以便人力资源管理人员能够设计出适当的甄选和测试方案；同候选人进行面谈，做出最后的甄选决策。

人力资源管理专业人员需承担如下工作：在部门主管人员所提供资料的基础上编写工作描述和工作说明书；制订员工晋升人事计划；开发潜在合格求职者来源，并开展招聘活动，力争为企业聚集一批高质量的求职者；对候选人进行初步面试、筛选，然后将可用者推荐给部门主管人员再考虑。

（2）合格招聘人员的基本要求

招聘人员必须满足一定的基本要求，如具备良好的个性品质和修养，具备相关的专业知识、丰富的实践经验、良好的自我认知能力，善于把握人际关系，熟练运用各类面试技巧和人员测评方法，有效控制招聘各个环节，公正、客观评价应聘人员。

（3）招聘团队组建的原则

招聘团队的组建原则是知识互补、能力互补、气质互补、性别互补和年龄互补。

①知识互补：不同知识结构取长补短，互为补充，丰富招聘团队整体的知识深度和广度，易于对不同知识结构的人员进行考评。

②能力互补：招聘团队要为企业招聘各个岗位的员工，如果招聘团队中有的人懂生产、有的人精通销售、有的人了解办公室工作，不同能力的人组合在一起，则有利于招聘不同岗位的员工。

③气质互补：不同的招聘者具有不同的心理特征和气质，将不同气质的考评者组合在一起，可消除招聘工作中由于某一种气质类型员工的心理偏差或者成见而造成的误差。

④性别互补：不同的性别有不同的长处，而且性别互补可以避免招聘过程中的性别歧视，有利于正确评价人才。

⑤年龄互补：年龄的差别体现了精力、知识、经验、处理问题的方式、思维方式等方面的差别。因此，不同年龄的招聘者组合在一起，更能客观地对不同年龄阶段的应聘者进行正确的分析，把招聘工作完成得更好。

4. 制订招聘计划

招聘计划就是根据招聘需求和策略的基本思想和要求，将岗位空缺的目标变成对相关求职者数量和类型要求的具体化工作，常见招聘计划书如表1-17所示。一个完整的招聘计划应包括招聘人数、招聘人员素质要求、招聘信息发布时间和截止日期、招聘渠道、招聘费用预算、招聘工作组成员构成、招聘广告设计等众多内容。一般来说，它是建立在以低成本招收高质量、适合企业的人才为标准的基础上的。

表 1-17 招聘计划书

招聘岗位	招聘渠道	选拔程序	选拔考官	招聘周期	
营销总监秘书	办公室内部提拔	初试	招聘主管	三周内到岗	
	社会招聘	简历筛选			
招聘条件/选拔标准	计算机操作测试				
知识	中文专业	口语能力测试			
经历	高级秘书经历	复试	人力资源经理	招聘预算	
技能	计算机、口语	半结构化面试		广告	
能力	沟通能力	小组讨论		加班	
	分析能力	压力面试		测试	
	敬业精神			专家	
	文字能力	决策面试	营销总监	场地	
	亲和力	面试		其他	
	应对压力的能力			合计	
制表人		经理签字		人力资源总监签字	

（二）招聘实施阶段

实施阶段是整个招聘活动的核心，也是关键的一环，要经历招募、筛选和录用三个阶段。

1. 招募阶段

招募阶段的重点就是运用各种渠道将招聘信息发布出去，以吸引求职者。常用手段包括：通过网站等渠道发布招聘广告，向内部员工公开招募信息，针对关键岗位向猎头进行职位介绍等。

（1）准备招聘信息

招聘信息发布主要是人力资源部根据招聘计划选择招聘方式，并及时在相关媒体上对外发布招聘信息。发布招聘信息的范围很广，不限于招聘广告，也包括公司的宣传册、内部的工作张榜、宣传刊物、宣传视频等。在准备招聘信息时，应注意以下几个方面的问题。

第一，招聘信息应具有全面性。招聘信息中应将所要招聘人员的条件和资格说明清楚，需要的是具有一定技能要求的应聘者，不是所有人员，以便求职者根据招聘条件进行自我评估，否则就会使筛选过程复杂化。招聘主要内容包括企业的基本情况，招聘职位详细情况，招聘人员基本要求，报名方式、时间、地点和报名时需携带的证件或材料以及其他注意事项。

第二，招聘信息应具有针对性。招聘信息应将企业具吸引力的地方传达给求职者。了解什么样的信息对于求职者来说具有吸引力，并将其最具吸引力的地方通过各种方式传达给求职者，例如提供有竞争力的薪酬福利、有计划的专业技术培训、良好的职业晋升通道等，都是吸引应聘者的信息。

第三，招聘信息应具有客观性。招聘信息一定要客观真实，不要夸大其词。当今人才竞争日趋激烈，有些用人单位为了吸引更多的优秀人才，在发布招聘信息时往往“报喜不报忧”，片面宣传对自己有利的信息，这种做法可能会暂时将求职者吸引到企业，但从长远来看很难真正留住他们。所以，招聘信息一定要客观、真实。

（2）发布招聘广告

提高招聘的成功率对企业节省招聘成本大有益处，一份好的招聘广告至少能达到两个目的：一是吸引人才，二是宣传企业形象。所以，企业在设计与发布招聘广告信息时，应当紧紧围绕这两个目标进行。

招聘过程事实上也是对企业形象与业务进行有效宣传的过程，招聘广告的设计原则与其他广告基本类似，应符合以下四项基本原则。

第一，吸引眼球。一则好的招聘广告必须能吸引应聘者的眼球，企业在招聘特别重要的紧急岗位工作人员时可采用独特的与众不同的招聘标题，确保对应聘者产生足够的吸引力。

第二，引起兴趣。为了使求职者对招聘职位产生浓厚的兴趣，企业在设计招聘内容时，岗位招聘信息的表述要生动、形象，必要时可加入一定的幽默元素。

第三，激发应聘欲望。一则好的招聘广告应能让应聘者产生应聘的欲望，珍惜机会，马上付诸行动，投递简历。

第四，留下记忆。不管看到广告的应聘者是否采取了行动，一则好的招聘广告应能在他们的记忆中留下深刻印象，以便将来有机会再投递简历。

除上面几条外，招聘广告还要做好风险防范，如公示录用条件、规避就业歧视问题等。

2. 筛选阶段

通过有效的简历筛选，初步选出一部分求职者，形成“求职者备选库”；将招聘工作转移到人才测试和评估，常用的测试手段有面试、笔试以及模拟情境测试等。结合评判结果对照工作岗位要求和报酬标准来衡量求职者与所应聘岗位的匹配程度。

（1）简历筛选

很多招聘人员认为简历筛选是一件很简单的事情，并且搜索简历也是一件非常枯燥的事情。事实上，简历筛选绝非想象中那么简单。

筛选简历时需要掌握搜索的关键技巧。首先，要明确职位要求，将职位要求按照重要性排序，排列出哪些要素是必要的、哪些要素是可选的、哪些要素是加分项，按照对技能要求的不同程度（精通、熟练、熟悉、了解等）设置关键词，按照不同“关键词”的优先级进行搜索；其次，采用快速定位目标群体的搜索方法，以“同行业企业名称+职位名称”为关键词进行搜索，或者直接以职位名称为关键词进行搜索即可；再次，从小范围开始，逐步放宽搜索条件，扩大搜索范围，寻找简历匹配点，如名称与职位匹配、格式规整、内容逻辑描述清晰、照片正式规范，重点查看主要工作职责部分，查找与招聘职位的契合度，而不限于参与程度和具备相关技术技能、获得过相关奖项、参加过相关培训等；最后，确定简历过滤关键要素，如图1-7所示，包括求职意向不明确、信息缺项、跳槽过于频繁、逻辑不清、简历信息过于简单或过于冗杂等。

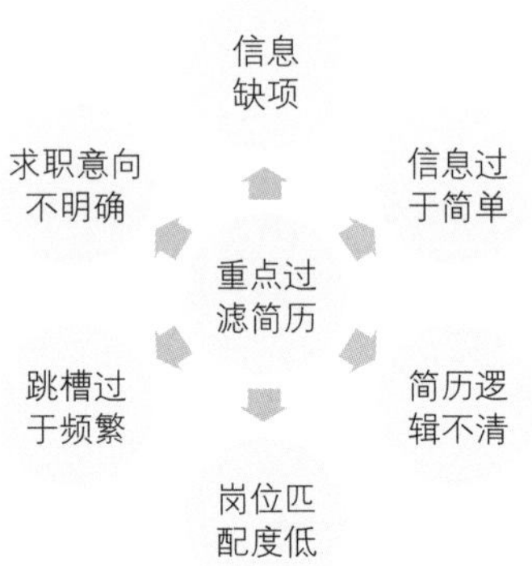

图1-7 简历过滤关键要素

人员测评甄选和录用

在简历筛选过程中，应有效确定匹配度问题，可参考以下几个关键要素：从硬性条件（学历、专业及岗位相关工作经历等）、软性条件（在同等竞争对手中对相关任职经历、年龄和资历、职业稳定度的要求等）以及其他条件（待遇要求等）三方面查看简历关键信息；从工作内容、专业深度、职业稳定度、职业空档期和岗位与工作内容的匹配性几个方面查看简历工作内容；通过简历看求职者职业进取心、简历投递频率、简历内容和个人性格、逻辑思维能力、工作跨度等。

简历筛选的核心目的是判断求职者的专业资格和工作经历是否符合职位要求。首先人事部门进行初选，如不符合要求，直接过滤掉，如符合要求，可以将简历打包给用人部门继续筛选。在用人部门继续筛选简历过程中，主要有以下两个关键把关点：第一，分析求职者需求职位与部门岗位要求是否一致；第二，用人部门根据岗位特点继续深入筛选，过滤掉不符合要求的人。用人部门筛选简历后，可以让招聘人员通知被选中应聘者，并组织初试。

（2）预约和面试组织

建立规范、高效的面试流程，对于保障面试质量、提高面试效率至关重要。企业面试流程包括面试计划、面试通知、初试、复试等。其中，不同类型的岗位（职务）面试层不同，关键职位（务）的面试比普通岗位更规范、更严格，目的是保证面试质量，企业面试流程如图1-8所示。

面试计划 ➡ 面试通知 ➡ 初试 ➡ 复试

图1-8　企业面试流程

第一步，面试计划。俗话说“凡事预则立，不预则废”，在企业组织面试前，人力资源部人员要推动落实面试计划（实施方案）。首先要确定面试方式，常见的有结构化面试、非结构化面试、混合面试、非引导式面试、压力面试、经验考查、学识面试、潜力面试、主题演讲、案例分析、情境模拟、现场操作、文件处理、无领导小组讨论法，不同面试方式对比如表1-18所示，具体面试计划实施方案审批表如表1-19所示。

表1-18　　不同面试方式对比

面试方式	方式概述	适用范围
结构化面试	严格按照问题清单规定，按顺序发问，按标准格式记录应聘者的回答	工作经验等客观因素的考查
非结构化面试	无固定的问题清单，事先确定关键问题，根据面试情况随时发问	对于能力、素质、学识等主观因素的考查
混合面试	对于较客观的要素采用结构式提问，对于主观能动性因素的考查采取非结构式提问	对多数应聘者均可采用
非引导式面试	主试人与应试人随意交谈，无固定题目，无限定范围，意在考查应聘者的知识面、价值观、风度，了解其表达能力、思维能力、判断力和组织能力等	中、高级管理人员的招聘
压力面试	面试者在面试过程中有意识地对应试者施加压力。针对某一事件进行一连串发问，直至应试者无法回答，甚至激怒应试者都可以	对心理素质要求较高的特殊岗位员工的招聘
经验考察	主要考查应聘者既有的工作经验和工作成果，判断其是否适合所聘职位	从社会招募操作人员、技术人员和管理人员

续表

面试方式	方式概述	适用范围
学识面试	主要考查应聘者对基础知识和专业知识掌握的深度和广度，如与笔试方式联合使用效果更佳	对于专业技术人员和应届毕业生的招聘
潜力面试	不侧重应聘者既有的学识和经验，而侧重考查其在新职位上的发展前途和工作潜力	对于应届毕业生的招聘
主题演讲	现场演讲方式，主要针对需要现场演讲的岗位	考查个人思维逻辑和语言表达能力
案例分析	针对实际案例，应聘者需要提供问题解决思路	考查应聘者的知识掌握情况、分析问题能力、沟通能力等
情境模拟	设定一种模拟情境，应聘者扮演某个角色，在具体模拟活动中完成指定任务	考查应聘者的能力、素质等
现场操作	在实际工作环境中完成一项具体操作	考查实际动手能力，例如生产人员操作机器的能力
文件筐处理	考查实际文字工作处理能力	对于中级管理人员的招聘
无领导小组讨论法	通过应聘者的行为考查其领导能力、组织能力以及沟通协调能力	中、高级关键管理人员的招聘

表 1-19　面试计划实施方案审批表

面试岗位		岗位级别	□普通　□关键
计划面试日期		面试地点	
面试组织人员			
初试	人力资源部初试安排：笔试　测试　初步筛选后提交业务部门初试		
	业务部门面试官：		
	业务部门甄选方式：□结构化面试　□现场操作　□情境模拟 □无领导小组　□主题演讲　□文件筐处理 □案例分析　□其他方式＿＿＿＿		
复试（业务部门）	面试复试官：		
	业务部门甄选方式：□结构化面试　□现场操作　□情境模拟 □无领导小组讨论　□主题演讲　□文件筐处理 □案例分析　□其他方式＿＿＿＿		
复试（人力资源）	□背景调查　□学历查证　□薪酬谈判　□其他＿＿＿＿		
终试（可选）	是否需要总经理或管理层副总面试：□需要　□不需要 计划安排面试官： 计划安排日期：		
计划制订人		制订人（签名/日期）：	

第二步，面试通知。面试通知原则上先采用电话沟通方式，通过倾听判断求职者的真实求职意向，询问、探究求职者的求职强烈程度和基本情况，简要沟通职位信息并判断职位匹配度，在应聘者承诺可来企业面试的情况下与其确认面试时间和地点，最终给面试人员发正式文件告知详细的面试时间、地点和需要带的资料，如学历、学位证书等。可以有效过滤不符合条件的人选。

第三步，面试准备。面试前，要对应聘者的简历进行详细了解和分类，根据不同人员的面试流程提前与相关人员协调，安排面试场所和布置环境，确定面试所用题目，合理安排面试时间，针对一岗多人或一人多岗的特殊情况准备预案。

面试题目的设计和选择对面试质量有决定性影响。面试题目设计的基本要求包括通用问题与个性问题互补、面试问题要有针对性和差异性、笔试和面试相结合，要重点突出且必须具有可评价性，经典面试题目如表1-20所示。

表1-20 经典面试题目

序号	面试题	考查目的
1	请您用2~3分钟简单做一下自我介绍	引入式问题，主要考查应聘者的语言表达能力，如果超时表达，可初步证明应聘者缺乏时间观念等
2	您认为自己最大的优点和缺点分别是什么	知人者智，知己者明，考查应聘者对自己是否有一个客观的评价和认识
3	您做××工作很多年了，请您详细介绍一下做此工作的一些经历和具体操作细节	只有对具体工作细节了如指掌，才能体现应聘者的实际工作经验
4	请您详细介绍您在目前公司工作中最得意和最有成就感的一项工作，您是如何做到的	观察面试者表情是否真的感到自豪，如果表情机械证明可能存在问题，要“打破砂锅问到底”
5	简要介绍一个您曾经遇到过的技术（或管理）难题，您是如何解决的	考查分析决策能力和沟通能力
6	简要谈谈您对我们公司业务的理解，您认为我们公司是什么样的	考查应聘者面试前是否认真研究公司的业务，如果没有认真研究，则说明应聘者面试缺乏目的性
7	您怎么看待我们所处的这个行业	认同行业才能认同企业
8	说说您选择我们企业的主要原因	考查回答是否有吹捧的成分，如果不符合实际，要慎重考虑应聘者是否有“溜须拍马”的一面
9	您认为这份工作最重要的是什么	团队意识高于一切
10	您缺乏经验，如何能胜任这项工作	学习能力决定提升空间
11	您说一下我们为什么要录用你	考查心理承受力
12	您希望与什么样的上级共事	考查对方喜欢与什么类型的人共事
13	在工作中，如果您的意见与上级不一致，您会如何处理	考查沟通能力
14	在心情不好的时候，您是怎么自我调节的	判断个人情商

续表

序号	面试题	考查目的
15	请举一个您人生中最失败的经历	我们需要积极乐观的人
16	您有什么业余爱好？都有哪些朋友圈	判断性格类型，朋友圈决定个人的眼界和性格特点
17	您的未来职业发展规划是什么	职业长期稳定性判断
18	您个人的价值观是什么	有信仰，人生才有动力
19	您喜欢什么类型的企业	判断应聘者喜欢的企业文化是否与本企业相符合
20	您打算跳槽的主要原因是什么	跳槽原因是否合情合理，要选择忠诚度相对比较高的人
21	请问您还有其他问题吗	面试收尾工作

除此之外，面试题目要简练准确，问题要有针对性和明确的意图；设计的问题要有针对性、可操作性，也要有灵活性和求实性；试题要有启发性，在选择案例时要有代表性和典型性；情境化面试题目要具有典型性，难度适中并且主题突出；所有面试题目要互补，谨防交叉重复测试。

面试销售设计师

第四步，初试。初试过程可由用人部门和人力资源部招聘主管共同完成。初试的侧重点包括以下两个方面：一方面，业务部门初试的重点在于从职业资格、专业知识、工作经验、专业技能、从业能力、可培养性等角度对应聘者进行测试；另一方面，人力资源部门初试的重点在于保证面试流程的规范性，要重点审核面试登记表和网上电子简历内容是否一致，组织必要的测试（笔试等），验证学历的真实性。此外，可重点考查应聘者和企业文化的匹配度，必要时做相关专业化的测试等，为用人部门提供专业化意见。填写《面试初试评价表》（表1-21），面试官达成一致意见后，备选人员可进入复试环节。

表 1-21　面试初试评价表

应聘人员姓名		应聘职位	
所在中心		所在部门	
面试官		面试日期	
面试环节	□人力资源初试　□用人部门初试　□公司高管初试　□其他		
人力资源部 初试测评	学历证书：□真实有效　□虚假信息停止面试 专业要求：□符合任职资格　□部分符合　□不符合 工作经验：□符合任职资格　□部分符合　□不符合 礼仪仪表：□优　□良　□中　□差 初试笔试得分：__________　阅卷人：__________ 初试结论：□推荐用人部门初试　□停止复试 人力资源部初试人员（姓名/日期）：		

续表

	评价维度	评价要点	评价结果
用人部门初试面试评价	基本条件	学历和专业要求	□优　□良　□中　□差
	专业知识	从业经验、岗位经验、行业知识基础	□优　□良　□中　□差
	专业技能	岗位关键技术、知识、能力要点的掌握情况	□优　□良　□中　□差
	能力要求	沟通与表达能力、工作态度与积极性、团队合作意识等	□优　□良　□中　□差
	素质要求	包括领导力、影响力、成就导向、抗压能力及团队合作精神等	□优　□良　□中　□差
	价值观	个人价值观和企业文化认同度	□优　□良　□中　□差
	……	……	……
	可培养潜质	职业潜质和发展方向	□优　□良　□中　□差
用人部门初试结论	面试官结论：□满意，希望确保录用　□基本满意，可以备选 □不太满意，需要再考虑　□不满意，回绝 面试官（签字/日期）：		

第五步，复试。通过初试的人员即可进入复试环节，为了保证面试质量，确保面试评价的独立性，原则上复试面试官的职务要高于初试人员。在面试者已经通过初试的基础上，确定复试的面试官、复试方案（复试甄选方式、复试时间和复试地点）。

复试面试官填写《面试复试评价表》（表1-22）后，组织面试官对所有复试人员的成绩进行排序，并做好录用沟通，招聘负责人要与所有通过复试的应聘者沟通薪酬待遇问题，再和所有复试面试官沟通，以确定招聘人员性价比，最终确定拟录用人选（按照优先级）并报公司总经理审批。

表1-22　面试复试评价表

应聘人员姓名		应聘职位	
所在中心		所在部门	
复试面试官		面试日期	
面试环节	□用人部门复试　□公司高管复试　□其他		
复试采用甄选方式	□结构化面试　□现场操作　□情境模拟　□无领导小组讨论 □主题演讲　□文件筐处理　□案例分析　□其他方式		

续表

评分类型	评分维度	具体项目	分数权重	评分规则	实际得分
复试评分维度	必备知识	专业知识	30%		
	必备技能	专业技能	30%		
	能力要求	管理能力	10%		
		交际能力	10%		
	素质要求	领导力、影响力、成就导向、抗压能力及团队合作精神等	10%		
	价值观	个人价值观	10%	主要考查面试员工是否满足企业价值观要求、个人求职动机是否端正等	
复试评分	面试官对应聘者复试评分________分				
复试面试官复试结论	复试结论：□满意，希望确保录用　□基本满意，可以备选 □不太满意，需要再考虑　□不满意，回绝 面试官（签字/日期）：				

按照复试计划，复试面试官要进行复试甄选，以便深入测评应聘者的知识、技能等是否符合任职资格要求。复试甄选要根据不同的人员类型使用不同的测评技术。例如现场演讲、情境模拟、案例分析、无领导小组讨论、文件筐处理以及评价中心技术等。

根据进入最终复试的所有应聘者的综合情况，包括薪酬期望等条件（是否符合公司薪酬职级待遇体系），和面试官一起对复试人员进行最终排序。

在复试过程中，业务部门重点把关应聘者行为举止、性格品质、教育背景和专业、沟通能力、应聘动机和可培养潜质等专业素质和专业能力，而人力资源部门重点把关任职资格、专业知识、工作经验和资历经验匹配度等方面。

3. 录用阶段

新员工录用是一个择优录取的过程，企业在录用新员工时有必要制定清晰的录用评价准则，规范录用审批流程，充分做好录用的各项沟通工作，确保人才录用质量符合企业的要求。

（1）人才录用方法

针对不同的面试现场，基于任职资格分人才甄选（评测）模型（图1-9）和员工录用评价模型，其录用方法也不尽相同，可采用以下几种方法。

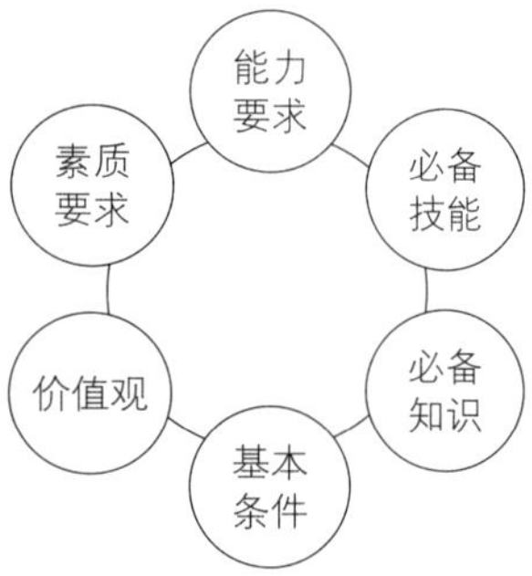

图1-9　招聘关键考查维度

①民主评价法：所有面试官针对备选人员做充分的沟通，最终达成共识。该方法是企业最常用的录用方法，优点是决策高效，缺点是量化不够，特别是对于有重大分歧的应聘人员不太适用。民主评价法适合分散和关键招聘岗位，大批量岗位招聘要有明确的过滤筛选规则。

②量化评价法：企业对应评价维度模型制作不同类型人员的《招聘评价表》，要清晰定义不同类型人员的分数权

重和评分原则，以便筛选合适的人选。这种量化评价法适合大批量的招聘和面试，在面试人员数量多的情况下（例如校园招聘等），制定统一的评分量化准则，可提高面试和招聘录用的效率。《新员工面试评价表》参考范例如表1-23所示。

表1-23　新员工面试评价表

评分类型	评分维度	具体项目	分数权重	评分规则（范例）
符合基本条件的评分维度	基本条件	学历要求	5%	在基本要求基础上，低一级扣1分
		专业要求	5%	专业对口=满分，类似专业=4分，专业不对口=1分
		工作经验	5%	满足最低要求=5分，差一年扣1分
		职业认证	5%	满足最低要求=5分，差一项扣1分
	必备知识	专业知识	20%	
	必备技能	专业技能	30%	
	能力要求	管理能力	5%	
		交际能力	5%	
	素质要求	胜任素质	10%	
	价值观	个人价值观	10%	主要考查应聘者是否满足企业价值观要求、个人求职动机是否端正等
不符合基本条件的评分维度	不符合上述基本条件中________要求，采用“一票否决制”，面试评分为零分，直接淘汰			

（2）新员工录用决策

①福利待遇水平确定：人力资源部根据公司薪酬分配方案、同地区同行业的薪酬水平、应聘者甄选过程中测评结果，拟定应聘者试用期、转正后的福利待遇水平。

②签订劳动合同：人力资源部制作劳动合同，并与应聘者沟通，协商一致后，双方签订劳动合同。

③新员工试用及培训：帮助新员工了解公司概况、规章制度及企业文化，掌握工作岗位相关信息。

④试用期满考核：态度、主动性、积极性等非量化指标通过考查其行为间接考核，考核流程、内容、指标和评价标准应对新员工公开，再考核其执行、合作能力和工作绩效。

⑤正式录用：由人力资源部确定正式录用人员名单，向新员工发放员工正式录用通知，并为每一位新录用的正式员工建立员工档案。

（三）录用评估阶段

录用评估是招聘工作的最后一道工序。评估就是对招聘过程的每个环节进行跟踪，以检查招聘在数量、质量以及效率方面是否达到标准。

判断招聘效果：主要看空缺的岗位是否得到了填补，雇用人数是否符合招聘计划。衡量招聘的质量：短期内，主要根据求职人员的数量和实际雇用人数的比例来确定招聘的质量；长期计划，就要根据接受雇用的人的流失率来判断招聘的质量。衡量效率的重要指标是费用，可以用多种方式对费用进行分析，如较常用的指标是计算每一个人的平均费用。

任务三 家居卖场人员的培训

家居卖场人员培训包括各专卖店的店长到公司总部接受专业的培训和公司总部派专业人员到各专卖店对导购员、营业员进行培训，常见培训内容如表1-24所示。

表1-24 专卖店常见培训内容

培训项目	具体内容
开业前培训	✧ 介绍公司概况及公司的组织架构； ✧ 公司业务的介绍； ✧ 从业心态培训； ✧ 职业生涯规划培训； ✧ 介绍专卖店的形象及摆场的有关知识
岗位培训	✧ 导购员的仪容、仪表、语言、行为培训； ✧ 岗位职责培训； ✧ 完成岗位所要达成的目标； ✧ 制订完成目标的计划
产品知识培训	✧ 介绍家具制作材料的基本知识； ✧ 介绍公司家具的制作材料； ✧ 介绍公司家具的设计理念； ✧ 介绍公司家具的类型与种类； ✧ 介绍公司家具的制作流程； ✧ 介绍公司家具的款式； ✧ 介绍家具油漆的种类及颜色； ✧ 介绍家具的维护和保养知识
销售技巧培训	✧ 公司家具市场定位； ✧ 与客户沟通技巧； ✧ 洞察客户的购买动机； ✧ 为客户提供建议，达到促销效果
客户服务意识的培训	✧ 售前树立客户服务意识； ✧ 售中贯彻客户服务意识； ✧ 售后保持客户服务意识

一、员工培训计划书编制

员工培训是企业人力资源管理的一个重要模块，是现代企业培养高素质人才、挖掘员工潜力、增加人力资本存量的必要途径之一。

（一）培训的作用及意义

一个企业要想在现代社会的竞争中立于不败之地，就必须重视对员工的培训，培训具有以下作用及意义。

1. 使新员工尽快地适应其工作岗位

新员工有两种类型，一类是刚刚走出校园的毕业生，另一类是来自其他企业。对于前者而言，他们面临的将是一个完全新鲜和陌生的环境，不同的企业文化将影响他们对职场的判断和认知。而对于后者，可能面临的是两种企业文化的激烈对撞。研究发现，新员工在刚到企业的过渡期内（通常是三个月到半年），将会依自己对企业的感受和评价来选择自己如何表现，决定自己是要在公司里谋发展，还是将其作为跳板。一般那些以追求双赢为己任的企业应当通过系统的定向培训尽快地消除新员工的种种担心和疑虑，让他们全面而客观地了解其工作环境、企业氛围及新工作所需要的知识与技能。

2. 提升员工业绩

员工个人拥有更多的知识和技能，就能够承担更多的工作和更大的责任。通过培训，可以提升员工的工作业绩。经过培训的员工往往可以掌握正确的工作方法，纠正错误或不良的工作方法，其直接效果必然是促进工作质量和生产效率的提高，与此同时，各种损耗可以得到有效降低。此外，还可减少事故的发生。

3. 形成共同的价值观，加强凝聚力

一个企业人才队伍建设一般有两种：一种是靠引进，另一种就是靠自己造就。企业应不断进行员工培训，向员工灌输企业的价值观，培训良好的行为规范，使其能够自觉地按规定工作，从而形成良好、融洽的工作氛围。通过培训，可以加强员工对企业的认同感，加强员工与员工、员工与管理人员之间的凝聚力。

4. 提升员工专业技能

员工培训的一个重要方面就是岗位培训，其中岗位规范、专业知识和专业能力的要求被视为岗位培训的重要目标。人员上岗后也需要不断进步，参加更高层次的技能升级和职务提升等方面的培训，使各自的专业知识、技能达到岗位规范的更高标准，以适应岗位的需要。员工培训工作显得尤为重要，实践证明，这也是达到预期目标的一条有效途径。

5. 提高员工工作积极性

员工培训是一项重要的人力资源投资，同时也是一种有效的勉励方法，例如：组织工作突出的职工参观先进企业，鼓励职工利用业余时间进修并予以报销费用等。据有关调查，进修培训是许多职工重视的一个条件，因为薪酬对于技术、知识型员工的激励是暂时的，他们更重视的是得到更好的发展。

6. 是建立学习型组织的最佳手段

学习型组织是现代企业管理理论与实践的创新，是企业员工培训开发理论与实践的创新。企业要想尽快建立学习型组织，除了有效开展各类培训外，更重要的是贯穿“以人为本”提升员工素质的培训思路，建立一个能够充分激发员工活力的人才培训机制。成功的企业将员工培训作为企业不断获得效益的源泉。学习型企业与一般企业最大的差别就是永不满足地提升产品和服务的质量。

7. 增强员工的归属感和主人翁责任感

就企业而言，员工培训越充分，对员工越具有吸引力，越能发挥人力资源的高增值性，从而为企业创造更多的效益。培训不仅提高了职工的技能，而且提高了职工对自身价值的认识，对工作目标有了更好的理解。培训能促进企业与员工、管理层与员工之间的双向沟通，增强企业向心力和凝聚力。文化是企业的灵魂，它是一种以价值观为核心对全体职工进行企业意识教育的微观文化体系。企业管理人员、普通员工认同企业文化，不仅会自觉学习、掌握科技知识和技能，还可增强主人翁意识、质量意识、创新意识，从而培养敬业精神、革新精神和社会责任感，共同塑造优秀的企业文化。

（二）培训的原则

培训分为五大原则：系统性原则、理论与实践相结合原则、全员培训和重点提高原则、因人施教原则、效益性原则。

1. 系统性原则

通过投入一定的资源，转化为市场需要的产品和服务。相应地，其管理活动也是一个庞大的系统工程，包含若干个子系统，如生产系统、销售系统、人力资源系统等。人员培训作为人力资源系统的子系统，员工培训工作是一项长期、战略性的工作，是一个全员性、全方位的贯穿员工职业生涯始终的系统工程。

2. 理论与实践相结合原则

在员工培训的过程中，应根据生产经营的实际情况和受训者的特点开展培训工作。在培训的过程中，既要讲授专业技能知识和一般的原理，提高受训者的理论水平和认知能力，同时要帮助其解决发展中存在的实际问题，提高整体效益。

3. 全员培训和重点提高原则

全员培训是指有计划、有步骤地培训所有员工，以提高全员素质。但是全员培训也不等于平均培训，培训要有所侧重，即重点培训技术、管理骨干，特别是中上层的管理人员。对于年轻、素质较好、有培养前途的人员，更应该有计划地进行培训。

4. 因人施教原则

培训与开发具有很强的针对性。因此，在组织培训与开发的过程中，要本着从实际出发，根据企业和员工的实际需要来组织培训与开发活动。在培训的人员中，有的是普通员工，有的是管理者，他们的工作性质、绩效贡献不同，因而能力要求和工作标准也不同。因此，开展员工培训要充分考虑到受训对象的层次、类型，针对不同文化水平、不同工作性质和岗位要求，设计不同的培训内容和培训方式。

5. 效益性原则

现代人力资源观念把对员工的培训与开发看成是企业的一种投资行为。既然是投资，就需要考虑回报问题，即培训开发的产出效益。员工培训是人、财、物投入的过程，包括培训材料、师资费用和有形的协助手段等直接投入，以及管理者和受训员工的时间成本和培训期间的生产损失等间接费用。因此，当培训与开发提高员工的工作效率、提升组织生产服务质量、提升组织的竞争力所产生的经济效益高于培训投入费用时，才是有效的。

（三）培训的方法及分类

员工培训的方式方法多种多样，不同的方法适用于不同的个人、不同的问题，其产生的效果、花费的成本也各不相同。

专卖店人员的入职培训

1. 培训分类

由于培训对象、培训内容、培训方式的不同，员工培训就变得多种多样。按培训内容分，知识培训是发源较早、实施较普遍的培训，一般主要指为了确保员工能更好地融入企业、胜任本职工作，对员工所进行的有关岗位和企业知识的培训。按培训对象分，员工培训可分为新员工培训、专业技术人员培训、管理人员培训和一般员工培训等。按培训时间安排分，员工培训可分为在岗培训、脱产培训、业余培训。按培训实施机构分，员工培训可分为企业内部培训和企业外部培训。企业内部培训包括在企业内部场所或企业自租用的场所，由企业内部人员作为培训师进行的培训以及聘请外部专家根据企业要求在企业培训基地进行的培训；企业外部培训是指企业外包给社会培训或教育机构为本企业员工进行的培训，包括由企业付费的学历教育。在实施外部培训的过程中，企业的培训管理部门要参与培训计划的设计，并与承办培训的社会机构保持密切联系与配合。

2. 培训方法

企业培训方法多种多样。教师授课法，属于传统模式的培训方法，也称课堂演讲法，指培训师通过语言表达，系统地向受训者传授知识，期望这些受训者能记住其中的重要观念与特定知识。案例分析法，是培训师为学员提供一个以事实为依据编写的典型案例，让学员结合培训内容、个人知识和经验进行分析和讨论，找出解决问题的方法，或点评案例中的某个方面。角色扮演，就是提供一组情境，让部分学员来担任角色，通过表演去体验他人的感情。敏感性训练，是通过学员在共同学习环境中的相互影响，改变自我的感情和情绪，进而改变个人和团体的行为。

电子化学习，简单地说，就是以在线学习或网络学习为主的一种全新学习方式。

在人力资源培训与开发中，影响培训方法选择的因素主要有学习目标、可利用时间、所需经费、学员数量、学员构成和相关科技知识。学习目标对培训方法的选择有着直接的影响；由于各种培训方法所需要时间的长短不同，所以培训方式的选择还受时间因素的影响；有的培训方式需要的经费较少，而有的则花费较高，因此需考虑到企业组织与学员的消费能力和承受能力；学员人数的多少也影响着培训方式的选择；员工本身所具有的知识和层次，也会对培训方式的选择有着重要的影响；有的培训方式需要相关的科技知识或技术工具予以支持，所以科技支持也是影响因素之一。

（四）培训计划书编制

培训计划书编制就是在分析培训需求和确定培训目标的基础上做出的对培训对象、培训师、培训内容、培训方式、培训时间期限、培训预算、考核方式和效果评估的预先系统设计。

1. 培训对象

人力资源培训与开发的培训对象，可依照层级（垂直）与职能（水平）加以区分。按层级分，大致可分为普通操作员级、主管级及中高层管理级；按职能分，培训又可以分为生产系统、营销系统、质量管理系统、财务系统、行政人事系统等项目。在组织、策划培训项目时，首先应该确定培训对象，然后再确定培训内容、时间期限、培训场地以及授课老师。

2. 培训师

培训师就是培训学员的老师，培训师质量是培训工作质量的关键。一般来说，培训师主要有内部培训师和外部培训师。内部培训师是指来自企业内部的人员，可以是企业的专门培训人员，也可以是临时指定的培训人员（如部门经理）。采用内部培训师的优点是他们比较了解企业的特点以及企业的文化等，对企业需求反应较快，费用较低，但是存在因与学员过于熟悉而不能很好地作为他们的榜样的弊端。外部培训师是指从企业外部聘请的培训老师，来源渠道包括高校、政府机关、培训机构或咨询公司等。与内部培训师相比，外部培训师具备更专业的培训知识，懂得更多的培训方法。但是外部培训师对受培训者的情况了解不够深入，费用较高，对企业培训需求掌握不够精确。

3. 培训内容

入职培训内容包含以下几点。第一点，对组织的介绍：主要讲解公司简介，如发展历程、发展理念、经营范围、主要产品等。第二点，对工作的介绍：如工作规范、工作设施、安全规则、办事习惯等内容，以及有关岗位的职务说明、工作描述和工作部门的业务政策。第三点，对发展前途与成功机会的介绍：员工的直接主管应该亲自或派资深下属对新员工进行培训，让员工充分了解未来的发展方向，树立自我发展目标。第四点，对品牌文化认知培训：在行业内被广泛认同的是品牌建设的四段里程，即：品牌知名、品牌认知、品牌联想、品牌忠诚。其中，品牌认知度是品牌资产的重要组成部分，是衡量消费者对品牌内涵及价值的认识和理解度标准。品牌认知是公司竞争力的一种体现，有时会成为一种核心竞争力，特别是在大众消费品市场，竞争对手提供的产品和服务的品质差别不大，这时消费者会倾向于根据品牌的熟悉程度来决定购买行为，因此作为专卖店人员要充分了解品牌文化。第五点，产品知识培训：销售员、业务员要随着企业新产品的不断推出，对系列产品知识进行详细的了解，产品知识培训是培训工作的一项重要内容。培训内容的设计就是根据培训需求分析的结果，确定到底是需要改变员工工作态度、改善工作意愿，还是开发员工的专门技术、技能和知识，抑或是企业文化的传授。

家居专卖店人员的技能培训包括管理技能和销售技能培训。管理技能培训包括九型人格沟通技巧、人力资源管理、危机处理技术、团队管理、压力管理、礼仪行为、领导力、执行力、岗中培训、各体系推行培训、高绩效管理、创新思维、物控管理、质量管理、现场管理等；销售技能培训包括九型人格沟通技巧、市场策划、销售团队及个人认知和技巧、销售渠道（分析、管理、建立）、销售心理学、营销人员的压力管理、营销人员减压管理、合同法等。

4. 培训方式

培训中涉及的方法很多，如讲授法、研讨会法、案例分析法、行为示范法、工作轮换法、角色扮演法等，可以根据培训内容的需要选择一两种方法为重点、多种方法变换组合的方式，使培训效果达到理想状态。

5. 培训时间期限

培训时间期限就是培训开始和结束的时间，以及这期间的总时间。一般而言，由培训目的、培训场地、培训老师和受培训者的能力及上班时间等因素而决定。一般新入职人员的培训可在实际从事工作前实施，培训时间可以是一周至十天，甚至一个月；而在职员工的培训，则可以以受培训者的工作能力、经验为标准来确定培训时间的长短。

6. 培训预算

培训预算是指企业在员工培训过程中所发生的一切费用，包括培训之前的准备工作、培训的实施过程以及培训结束之后的效果评估等各项活动费用。无论何种形式的培训都需要相应的经费保障。在培训计划的制订过程中，应对培训的费用进行初步的预算。通常一次的培训费用构成大致如下：受培训人员的工资；受培训人员的交通、餐饮及其他开支；受培训人员因参加培训而减少的工作损失；购买或租赁器材、场地、教材及训练设备的费用；负责培训的管理人员和主管人员的工资和时间以及外聘老师的酬劳等。

7. 考核方式

根据培训目标、要求等，选择合适的培训考核方式，常用考核方式有以下几种。

（1）培训评估

依据培训的目的和要求，运用一定的评估指标和评估法，检查和评定培训效果。

（2）抽样评估法

抽样调查，依据评估的项目，对若干局部或个体培训教学活动效果进行剖析。

（3）测验评估法

以口试或笔试的形式进行考试、考核，评定分数等。

（4）调查评估法

评估主体深入培训实践中，面向参加培训的领导、管理者、老师、学员做调查，或查阅培训工作的有关总结、报告，听取管理部门及大家的反映，以取得可作为评估的资料、证据。

8. 效果评估

一般来讲，经过有效培训，新员工都能逐渐地认可公司，并很快地进入工作角色。不过，在实践中，一些公司的新员工培训内容充实，形式多样，但效果却不尽如人意。主要原因是效果评估环节出了问题。要做好培训评估工作，必须注意以下几个方面：

第一，培训一定要考核，且要有淘汰机制。

没有考核、没有淘汰机制的培训，会使新员工没有学习压力，容易得过且过，甚至滥竽充数。例如，某公司的做法比较好，他们会在试用期后让新员工进行自身评估，同时也让其他同事对其进行评估并与其沟通，使其明白自身能力的“短板”。

第二，分阶段进行培训效果评估。

不能等到培训最后才知道培训的效果不理想。分段进行效果评估，对不合格者还可以进行补充培训。

第三，对培训效果评估要全面。

可以从公司级培训、车间或公司业务培训、专业课、实习等几个维度（按照实际需要赋予不同的权重）进行评估。

第四，评估的方式可灵活多变。

可采用柯氏四级评估方法，前期可多采用反映评估，了解新员工对培训的满意度；后期可多采用学习评估，通过笔试、现场操作、模拟演示等方式了解新员工对知识、技能的掌握程度；必要时还可采用行为评估，即了解培训后的新员工在工作上的应用情况等。

二、专卖店人员的在职培训

（一）业务经理的在职培训

业务经理的选拔主要从店长中来。在终端为主的时代，专卖店的店长会越来越像厂家的业务经理，厂家的业务经理会越来越像专卖店的店长，两种销售人员的通用性会越来越强。业务经理训练由四个管理项组成：售前管理训练、售中管理训练、售后管理训练、文化管理训练。只有在这四项训练都考核过关后，才能成为一名真正的业务经理，独自负责一个区域的销售工作和市场拓展工作。

业务经理的训练主要有售前管理训练、售中管理训练、售后管理训练、文化管理训练。训练内容非常琐碎，无规律可循，训练的过程就是工作的过程。对业务经理的训练，重点不在工作的方法上，因为业务经理是从促销员、店长助理、店长一步步成长起来的，对工作方法已经非常熟悉，对管理手段也非常了解。所以，对业务经理的培训，更多的要放在对产品文化、企业文化的理解和塑造上。听起来这是一件十分困难的事情，不知道从哪里做起。其实，问题并没有想象中那样复杂，只要将促销员、店长助理、店长的培训考核工作做好了，业务经理的培训和考核就是顺理成章的事情了。拥有好的促销员、店长助理、店长，就不愁没有好的业务经理。

（二）店长的在职培训

在专卖店中，店长才是真正的“导购员”，是核心的销售力量。一般来说，对一名店长的培养时间少则1年，多则2~3年。

对于店长的选拔和培养，我们有更为严格的训练机制，对店长人选给予重点考量，确保按需培养。店长的培养需要因人而异、因事而异。因人而异是指针对不同类型的销售人员采用不同的培养方法；因事而异是指针对不同的产品类别培养适合的销售人员。

1. 诚实教育

事实上，所有的销售过程，从技能上讲就是不断获得客户信任的过程。我们经常发现这样的现象，某个销售人员的销售技能有些平常，甚至可能比较差，但是正是由于他的平常，反而能够赢得客户的信任，从而获得很好的销售业绩。赢得客户信任是销售的最高境界，这是一种理念，也是一种技能。真诚、实在的销售状态是可以进行有效选择、训练的。一个合格的店长，不仅要对顾客诚实，更需要对企业诚实，这就是我们常说的忠诚度，培养忠诚度比培养销售能力更为关键。它是一项特别的工作，除了要加强日常的思想教育以外，还要加强对店长的督导工作，并制定相应的奖罚机制。

2. 经营管理教育

一个合格的店长最直接的体现就是营业额的提升，所以要培训店长的经营能力。如何才能盈利？比如通过调查顾客的购买单价，作为以后收集、采购商品或调价的数据参考；通过客流量的多少进行适当的人员分配等。同时培养店长卖场运作能力，如商品的陈列做到新颖、独特又不失本貌；音乐播放既能渲染气氛，又不影响购物环境；促销既能吸引顾客购买，又要把握好尺度。卖场运作是店长真正能力的体现，他必须协调好每个员工的工作，杂而不乱，乱而不惊。最好还能培养店长的行政能力。能够公正、公平处理员工之间的关系和进行正确的业绩评估，从全局出发，根据员工的性格特点进行科学分工和严格督导，激励员工的工作热情，灵活、冷静地处理突发事件，这是店长必须具备的基本能力。

3. 果断决策教育

很多客户都不太喜欢内向而且优柔寡断的销售人员，“痛快”是顾客的消费需求。果断不只体现在办事的态度上，更重要的是体现在对于关键问题的把握。在急需销售员决断的时候，无论是好还是坏，都需要给客户一个明确的答复，但是我们的销售人员经常采用“拖”的策略，直到将事情拖到无法处理为止。

4. 服务理念教育

市场上，同宗的店面很多，不同宗的店面更多，服务不好，直接导致营业额的下降，对店长来说，除了硬件必须过硬外，软件首推服务，店长必须牢固服务至上的思想，从而提升整个店面的服务水平。服务是另外一个门面，一个人的服务质量出现问题，可能会影响整个店面的形象。现在重要的是创新服务。

5. 团队精神教育

一个店面的运营和成长，也要靠团队的力量来完成。作为店长，首先要以身作则，用实际行动带领大家，以严谨的工作作风塑造良性竞争的工作氛围，激励员工为了店面的未来齐心协力，同舟共济。

（三）设计师的在职培训

设计师培训应包含设计师的专业知识、设计师的形象与谈吐以及与客户沟通能力等。

1. 设计师应具备的专业知识

工艺知识：即每道工序的施工工艺；建材知识：如板材、地砖、墙砖、集成吊顶、水管、电管、电线等主材与辅材知识；空间知识：即对客户户型的空间分析，通过分析达到合理分割与利用；流程知识：即开工到竣工的每项工作的进入与衔接；搭配知识：即后期配套主材、家具与室内风格把控等。

2. 设计师的形象

一个细节往往会决定客户对你的印象，特别是初次见面的第一印象。男设计师不染夸张发色，不留夸张发型，尽量使自己着装与形象干干净净，得体大方。女设计师要做到穿着干净整洁，不留长指甲，不过于时尚，在女客户面前更要注意，切勿浓妆艳抹，特别是年轻女客户很容易排斥此类设计师。

3. 与客户沟通的情况分析

要学会了解、分析客户。不同客户的价值取向和消费实力不同，以及每个房子用途都不一样。设计师只有具备分析能力，平时多看多想，增加自己的阅历，才能做到与各类客户沟通时游刃有余。

4. 要学会快速手绘平面图

在量房时，设计师一边要量尺寸，另一边可能还与客户沟通，为了争得有限的时间，通常就需要快速完成量房，而快速量房的第一步就是手绘平面图，清晰地标记尺寸，通常为了确保放图时不会出错，建议设计师手绘平面图尽量画大一点，字迹清晰。同时也可以在业余时间提升自己的手绘效果图能力，在量尺过程中能快速表现自己的想法和创意。

（四）导购员的在职培训

导购员的培训计划包括以下六项：培训目标、培训内容、培训时间、培训场地、培训方法等。

1. 培训目标

（1）增长知识

导购员肩负着与顾客沟通产品信息、搜集市场信息等任务，因此，必须具有一定的知识层次，这是培训的主要目标。

（2）提高技能

技能是导购员运用知识进行实际操作的本领。对于导购员来说，技能的提高不仅仅在于具备一定的销售能力，还有家居产品的介绍、演示、洽谈、成交等多方面技能的提高，还应包含市场调查与分析的能力。

（3）认同企业文化

企业文化是家居企业长期以来形成的经营理念、价值观念和文化环境，通过培训，使家居企业的文化观念渗透到导购员的思想意识中，使导购员热爱家居企业，热爱家具销售工作，能始终保持高涨的工作热情。

2. 培训的内容

（1）销售技能和推销技巧的培训

一般包括推销能力（推销中的聆听技能、表达技能、时间管理等）、谈判技巧，如重点客户识别、潜在客户识别、访问前的准备事项、熟悉客户的方法、展示和介绍家居产品的方法。要提升自身素质，作为一名优秀导购员，要有较强的沟通能力以及扎实的行业知识和产品知识。

（2）家居产品知识

导购员在向顾客介绍家居产品时，必须对家具产品知识十分熟悉，尤其是对自己所销售的家居产品。具体内容包括：本企业所有的家居品牌、产品属性、材料、包装及简易维护和修理方法等。

（3）市场与产业知识

了解家居行业与宏观经济的关系，以及随宏观经济环境的变化如何及时调整销售技巧等。

（4）竞争知识

通过与同行业竞争者的比较，发现家居企业自身的优势和劣势，提高家居企业的竞争力。

（5）家居企业知识

具体包括：企业的历史、规模和所取得的成就；企业优惠政策、产品运输费用、产品付款条件、违约条件等内容。

（6）时间和销售区域管理知识

导购员怎样有效做出计划，减少时间的浪费，提高工作效率；销售地图的正确利用、销售区域的开拓和巩固等。

3. 培训的时间

既要保证培训的效果，又不能过分地影响企业的正常业务，由家居企业按照实际情况自行决定。

4. 培训的场地

专业的家居培训基地、正规家居培训室，具有音响系统、白板、白板笔等培训设施。

5. 培训的方法

（1）讲授法

非常适合口语信息的传授。可同时培训多位员工，培训成本较低。

（2）个案研讨法

提供实例或假设性案例让学员研读，从个案中发掘问题、分析原因、提出解决问题的方案。

（3）视听技术法

运用投影、幻灯片及录像进行培训。

（4）角色扮演法

给受培训人员一个故事让其演练，让其有机会从对方的角度看事情，体会不同感受，并从中修正自己的态度和行为。

（5）户外活动训练法

利用户外活动来增强团体协作精神，增进团体之间的有效配合。

任务四　家居卖场人员的任用

企业在做好人员招聘与培训后的重要环节便是人员的任用，到底该用哪些人，这些人该怎么用，适才适用、适用适所是用人的关键，企业应倡导公开、公平、公正的用人环境，搭建“人尽其才”的用人平台。为了让员工更好地发挥聪明才智，为他们建功立业创造最佳的环境，放手让他们去施展才华，为其搭建施展空间的平台至关重要。借鉴现代科学管理方法，努力使对人才的考核和测评定量化、具体化、制度化，建立科学的考核、考试和测评体系及方法，从而实现人员任用的民主化、科学化。

一、店员日常管理工作规范

管理的第一要素即是管人，也就是要根据人的心理和思想规律，通过尊重人、关心人、激励人来改善人际关系，充分发挥人的积极性和创造性，从而提高劳动和管理效率。在卖场日常工作中，店员日常管理工作规范是为确保店面有效运营而制定的相关制度，从总体来看，主要包括仪容仪表要求、言谈举止要求、服务过程具体要求三个方面。其中仪容仪表要求包括接待礼仪、电话礼仪、迎宾礼仪、着装仪容、表情言谈、饰物佩戴等；言谈举止要求包括接待顾客的站姿、恭候顾客的站姿、礼貌用语等。店面服务中，容易做到的是服务设施与设备等硬件，难做到的服务中的“软件”，而这些“软件”才是影响服务最重要的东西。服务管理的重点，也在于这些“软件”的管理与提升。服务过程具体要求包括专卖店营业前操作要求、营业中辅助工作要求、营业结束准备操作要求等。

店员应严格遵守员工日常管理工作规范，上班不迟到、不早退、不无故请假、没有特殊情况不随便调班或公休，需要调班或公休者应事前请示店长或经理并获得批准；热情待客、礼貌服务，主动介绍产品，做到精神饱满、面带微笑、有问必答，无顾客时要保持良好的心态，整理产品、学习产品知识或互相交流销售技巧；每天对店内需要清洁的地方按要求进行彻底清扫，做到任何地方均明亮无灰尘。卫生清扫工具应统一放置在顾客目光触及不到的地方，并做到清扫工具的清洁。下班时，切断电源，锁好保险柜和门窗，做好防火、防盗工作；每月定期填制销售明细表，便于月底销售统计。查看库存表，了解现有的产品和近期主推款式，对产品性能和优势有更多的学习，并针对库存的产品进行有针对性的销售；努力学习产品知识，全面提高专业技能及娴熟应用销售技巧；深入领会服务理念，引导顾客参观展厅，详细、热情介绍相关产品特点，要求专业、系统、自信，主动协助店长完成销售工作；服从上级工作安排，努力完成下达的销售指标。

二、店员的奖惩管理

为了充分调动员工的积极性，有效的奖惩是必不可少的，但是对店员无论是奖励还是惩罚，都要讲究方式和方法。

在奖惩过程中，应注意奖惩目的、奖惩原则、奖励方式、奖励程序、处罚方式、处罚步骤等几方面。

（一）员工奖励

员工奖励可采取多种方式，物质方面可以考虑绩效工资、项目奖、年终奖、加薪、提成等，职业方面可以考虑晋升、表彰、授权、培训、宣传等。对员工进行奖励时要遵循以下五大准则：

①奖励那些在日常工作中考虑企业长远目标，能够提出店面具体问题和对应解决对策的员工。

②奖励创新者，而非一味墨守成规的人。无论是销售、设计还是服务技巧等方面都需要员工不断创新和完善，因此应该支持员工创新的热情和意识。

③奖励工作中有成果的员工，而非忙忙碌碌者，忙碌并不代表结果的优秀，要鼓励那些通过正确、精简的方法快速获得结果的员工，而非所谓的复杂忙碌化。

④奖励多做少说者，只有将任务落到实处才能促进企业的发展。

⑤奖励忠诚者。给员工持续不断的培训，让其施展自己的才华，并且提供安定的工作环境和良好的待遇，达到员工的心理预期。

（二）激励方式

不同人的喜好与追求不同，奖励员工时要从其个人的实际需求出发，才能起到最大化的激励作用。有的需要领导的认同，有的需要荣誉，有的需要假期，有的需要实际的物质刺激等，所以奖励员工的最优方法就是给予他们想要的东西。作为管理者，需要更细心体察，了解员工各自不同的需求，以便为他们创造条件，激励他们实现更高的目标。采用何种方式激励员工，应视他们的情况而定。

（1）升迁的机会

多数员工都希望在工作中有晋升的机会，没有前途的工作会使员工产生不满，最终可能导致其辞职。

（2）有趣的工作

热爱一项工作是做好这项工作的前提，许多员工把这一点排在许多要素的前列。不同的工作对不同的员工有不同的吸引力，因此，管理者应判断员工的能力大小和兴趣方向，认真负责地为员工选择和安排更适合的工作。

（3）公司的赏识

员工们不仅需要自己归属于员工群体，而且还需要归属于公司整体，是公司整体的部分。所有员工都希望得到公司的赏识，甚至需要与他们的上级领导一起研究工作，直接从领导那里了解企业生产经营情况。

（4）开放的管理

让员工全面了解企业的发展计划及努力方向，才能激发他们的工作热情。一个公司要想快速发展，就必须将企业经营理念和发展目标明确化，把企业发展目标转化为员工的使命。员工越了解企业目标，使命感就会越强，企业的向心力才会越大。大部分员工都会期望企业和管理者都是开放的，能不断为他们提供与工作内容有关的重大信息。

（5）更大的权力

企业的成长要靠员工的努力，管理者要充分信任员工，放权给他们，才能培养他们独立工作的能力。授权不仅仅是封官任命，管理者在向下属分派工作时，也要授予他们权力。

（6）正面的回馈

管理者有责任对下属的工作给予正面的回馈，以加强他们的自信。为了充分调动员工的积极性，必须使他们相信他们的努力会使工作富有成效。

（7）必要的培训

支持员工参加职业对应的相关培训，如岗位培训或公司付费的各种学习班、研讨会等，有助于减轻员工疲惫情绪，降低工作压力，提高创造力。

（三）店面奖励的使用方法

在员工表现出色时，毫不吝啬地公开给他表扬和掌声，让他积极争取更好的成绩，成为众人学习的榜样，更可借此鼓励其他下属。例如，采用所谓“集点数”的方式，员工表现越出色，所得到的点数就越多，换的奖品也就更好。还可以制作一个点数排行榜，让表现出色的员工上榜。

奖励中的“不要”。店面要运用奖励手段激励员工继续做出贡献，就需要在做奖励计划时避免华而不实、例行公事或不符合实际的方法。其实，奖品的价值并不在于它花费不菲，而在于它代表的感情，奖品不是意味着得到贵重的实物，而是为了增强员工的自豪感。不要在员工精神状态不佳时开始一项奖励计划。如果薪酬太低、店铺工作环境很差，单纯一个奖励计划一般不会使员工改变看法，因为奖励计划根本无法解决最关键的问题。

（四）实施奖惩管理的注意事项

1. 奖励比惩罚更有效

心理学家认为奖励比惩罚更有效，惩罚只能让人知道做哪些事是错误的，而奖励不仅可以让人知道做哪些事是错误的，还可以让人知道怎样做是正确的。作为管理者，应该正视员工的错误，关键是如何采用恰当的方式使其改正。现在的很多店面，很少会想到如果某项工作员工做得很好应该如何奖励，想得更多的是员工犯错误时如何去惩罚。奖励比惩罚更有效，因为奖励会增加员工的积极性，能起到尽其所长的作用。

2. 店长应掌握纠正错误的正确方法

如某店面早会正在进行，一位新员工迟到了，他试图悄悄从后面溜进队伍而躲过店长的视线，但还是被发现了。店长没有训斥或批评他，反而赞扬他知道为迟到而感到羞愧，说明了他对早会制度的尊重。这位店员接受了这份特殊的“奖励”后再也没有迟到过。

3. 获悉店员犯错事件后调查研究

切忌凭自我想象和道听途说，解决问题时应思维敏捷而冷静，切记不要把个人情感牵扯其中。纠正错误时，避免公开指责，不要在员工犯错时展示你的权势。谁人无过，要给予员工在错误中学习、改正的机会。

三、店员业务分工计划

在店面的日常工作开展过程中，要充分做好员工业务分工计划，明确业务职责，了解对应的业务范围。对于计划，主要是做好业务分工计划和具体作业内容分配工作。

1. 业务分工计划

在编制业务分工计划时应从以下几方面考虑：

（1）做好预测

根据周边环境、竞争对手情况、节假日等预测不同时间段可能的销售额、顾客人数和销售数量。

（2）制订业务计划

根据预测制订周、月度工作计划，其中要考虑订货、盘点等工作量，以及相关周期性等问题。

（3）制作店员出勤安排表

店长如何做好门店分工

根据业务计划掌握适当的工作量和店员的工作安排，在此基础上制作周和月的出勤安排表。

（4）对店员工作进行合理安排

为保证正常营业，把订货、补充产品、接待顾客、销售、提供服务、设计等工作合理分配给员工，具体包括何种工作、工作量、在什么时间内完成、安排给何人。

（5）明确下达操作指标

制订分工计划后，通过操作指示来明确每项工作的具体操作规程，例如如何进行产品的补充等。操作指示表一般按不同部门填写。

2. 具体作业内容分配工作

作业分配的目的在于使员工在预定的时间内完成店铺的销售计划。作业的类型按不同的性质可分为例行性作业与变化性作业。店长在进行作业分配时，需要先制作一个重点作业一览表，以便进行人员工作的分配，具体如下：

（1）例行性作业

引导、接待顾客以及计算报价、产品介绍、设计方案讲解等每周的固定例行作业。

（2）变化性作业

主要指促销、排面变更等活动，由店长依个案制订作业计划。

（3）制作重点作业一览表

将目前店面每日、每周、每月实际执行的作业汇总成表，估算实际执行所需要的时间，再统计制作成表。

（4）人员分配

店长在规划好作业量之后，需安排

具体人员执行对应作业。

四、员工激励的原则

所谓激励，是指通过调整外在因素调动内因，从而使被激励者的行为向提供激励者预期的方向发展的过程。激励是一个引导行为的过程，激是诱发动机，励是强化行为。

自20世纪50年代以来，针对激励的研究就非常多，这些研究主要从两个不同的思路展开：一是在经验总结和科学归纳的基础上形成的管理学激励理论；二是在人的理性假设基础上，通过严密的逻辑推理和数学模型获得的经济学激励理论。前者主要是对人的共性分析，基于管理者调动生产者积极性的需要；后者主要是以人性假设为基础，以利润最大化或效用最大化为目的。激励是调动人们积极性、创造性的一种好方法，作为企业领导的一种有目的的激励行为，是有规律可循的。一般可遵循以下原则：

1. 实事求是原则

企业领导激励操作的过程就是根据客观实际需要，施以相应刺激和鼓励，从而调动人们的积极性，达到激励的效果。这就要求企业领导坚持实事求是的原则，不断满足和引导人们的实际需要。只有符合社会生产方式发展的客观要求，反映人们的社会关系的历史趋势，才能真正既肯定和满足人的合理需要，又调整和规范这种需要，使其朝着正确的方向发展，成为促进人发展的必要的社会形式。也只有这种激励，才具有合理性、现实性和科学性。

2. 适时适度原则

任何事物都有质的规定性和量的规定性，而“度”是质与量的统一，是一定事物保持自己质的数量界限。在事物的质所能容纳的量的活动范围内，能够恰如其分地体现和最好地满足人们实际需要的量，即最佳适度量。企业领导在激励操作过程中，必须掌握适时适度原则，追求最佳适度，也就是我们常说的“掌握火候”“恰到好处”“注意分寸”等。例如尊重员工的自尊，从正反两方面鼓励他们，让他们看到自己的重要性，并在他们表现良好时给予鼓励，这些都是很重要的。不过虽然不吝于夸奖下级，却绝不能让他们陶醉于荣誉里，也绝不能让他们觉得只要这一次表现得很好，就可以不必在乎以后的工作成绩，还是要让他们有持之以恒的工作心态。

3. 公平合理原则

人们的工作动机和积极性既受所得绝对报酬的影响，还受相对报酬的影响。当个体把他的报酬与贡献的比率同他人作比较时，如果等同，则认为公平合理并感到满意，从而心情舒畅，努力工作，否则就会感到不公平、不合理，从而影响工作情绪。公平合理原则要求企业领导必须对下属的贡献（所有投入）给予恰如其分地认可。如有不恰当之处，就会使下属有不公正的感觉。另一方面是下属个性接受的各种东西——交换关系的结果即报酬，也必须得到个人的承认。

4. 有益性原则

激励是对人们良好行为或成果的积极、肯定的信息反馈，其目的在于促使人们保持和增强这种行为，加快人的自我发展和完善，创造出更大的效益。激励的这一规定性决定了其有益性，有益性表现在两方面：其一表现在激励前（考核奖励对象），其二表现在奖励后（检查激励效果，两者应该是统一且全面的。

5. 物质激励和精神激励相结合原则

为了搞好激励，必须充分认识和重视执行物质激励和精神激励。首先，物质激励和精神激励各有侧重，应因时、因事、因人制宜。在两种激励相结合时，必有主有辅，对此，要灵活掌握，不可机械、固定地予以规定。精神激励是一种高层次激励，能起到平衡的作用，控制和调节人们对物质的追求。某些人在精神激励下，可以放弃某些物质方面的奖励。但是对大多数人来说，如不满足他们最基本的物质需要，仅靠精神激励是难以调动其持久旺盛的积极性的，所以要适时适当选取。其次，注意人们对物质奖励和精神奖励的新要求，不断改变和发展激励的形式内容，依照不同时间、不同年龄层人群给予不同的激励。最后，改变精神奖励颁发的单一性和照顾性，提高精神激励的效率，要让获得精神激励者周围的人员尽量也感受到激励带来的荣誉感。

任务五　家居卖场人员的团队建设

一、团队建设概述

团队建设的重要性

（一）团队建设的重要性

团队建设的好坏，象征着一个企业的后继发展是否有实力，也是这个企业凝聚力和战斗力的充分体现，建设一支优秀团队需要以下几点：优秀的组织领导、共同的事业愿景、清晰的团队目标、互补的成员类型、合理的激励考核和系统的学习提升。

1. 优秀的组织领导

团队建设要想组织有力，使团队成员拥有较高的忠诚度，优选一个大家都认可的团队领导者是至关重要的。团队中的领导者应具备以下素养：首先，品德高。一个优秀的人需要拥有良好的品格，成为团队的精神领袖，可以带领大家克服困难，迎来一个又一个成功。其次，能力强。要保证团队成员的同心同德，让大家愉快共赢地工作在同一个有效的平台，那么要求选出的管理者应具备突出的能力，要在能力、业绩上比别人优秀，而不是仅仅在学历上超越下属。最后，多领导，少管理。作为一个团队领导，通过组织授权是团队建设与管理的基础，让权力下放，让员工更多地去施展各自的才华，创新发展，才是企业有序发展的关键。

2. 共同的事业愿景

一个团队能否一起走得更远，归结于这个团队是否有共同的愿景，也就是团队信念，这种信念能促使大家一往无前。共同的事业愿景，包括以下几方面：首先，找到团队存在的价值和意义。作为团队成员，要在阶段时间内思考团队的发展可以给社会带来什么价值，具有什么意义。其次，实现团队分工与责任。为了达成企业的事业愿景或者使命，团队成员要有各自的组织分工，要明确自己所承担的责任，齐心协力，才能更好地达成长远规划。

3. 清晰的团队目标

团队确定了明确的愿景后，要想更好地去实现，作为团队负责人，还要进一步规划与落实团队的目标。先制订经营目标，如销量目标、行业地位目标、品牌建设目标，甚至利润目标等。其次，团队成员个人的利益目标，团队目标是个人目标的根本，为了更好地实现团队目标，团队成员的利益目标也不可缺少，它是实现团队目标的根本保障。

4. 互补的成员类型

要想保证组织团队的有效、有力，成员的组成非常关键，互补型的成员类型才是“黏合”团队组织的基础。包括以下两点：一是团队成员的个性互补，团队成员的性格类型应该为强、弱、柔的互补。二是能力互补，要有各类能力的人才组合在一起，才能更有力量，通过各种能力的配合展现出更大的力量。

5. 合理的激励考核

一个团队组织要想保持持久的动力与活力，就必须引入竞争机制，同时一个团队从不稳定到稳定发展过程中，必须通过激励考核，优胜劣汰，奖优惩劣。包括以下方面：一是建立合理而有挑战性的薪酬考核体系。在具备竞争力的前提下，按贡献大小予以合理分配。二是团队组织建立阶段，要多奖励，少惩治。三是团队成长、成熟阶段，要多规范，用制度管理与约束成员。

6. 系统的学习提升

创造一个学习型的团队。第一，要打造学习型团队，保持决策的先进性，才会实现“大企业的规模，小企业的活力”。学习型团队一定是自上而下的，成员每一个人都要有学习的动力与渴望，让学习成为企业的“驱动力”。第二，打造学习型个人，团队要想方设法为每一个人提供学习和成长的平台，通过培训及日常学习营造一个良好的学习氛围，从而由个人促进整个团队的发展。

（二）团队建设的原则

团队建设不是盲目的，建设过程一般遵循以下六项原则：确定团队规模，完善成员技能，合理分配角色，树立共同目标，建立绩效评估与激励体系，培养相互信任情感。

1. 确定团队规模

团队成员应控制在12人以内，如果团队成员很多，会妨碍交流与讨论，难以形成凝聚力和信赖感，所以要想搭建一个高效成功的团队，人数应控制在一定的规模。

2. 完善成员技能

高效团队一般需要具有技术专长的人，具有发现问题、解决问题和决策技能的人，具有较强人际关系的人等不同类型能力的人。作为管理者应提升团队成员在这几个方面的能力，通过不同方面技能的培养与施展，达到团队成员优势的互补，提升团队的综合能力。

3. 合理分配角色

合理分配角色具体可以分为以下几个类型：

①行动导向型：负责执行团队任务活动，为团队的完成者、执行者、形塑者；

②人际导向型：负责协调团队内、外部人际关系，为团队的协调者、资源调查者、团队工作者；

③谋略导向型：负责提供创意与专家智慧，为团队的监察员、创新者、专家。

通过适才适所，把个人偏好与团队角色要求适当匹配，使团队成员各尽其能，方能形成卓越的高效团队。

4. 树立共同目标

共同目标能够为团队成员指引方向，提供动力。目标一方面可使成员个体提高自身水平，另一方面也可使团队群体充满活力。它激励着每一位成员默默地为团队奉献着自己，推动着每项任务的完成。团队能力归根结底仍是个人能力的体现，每个人的能力是在集体中的运用，个人的领导能力、组织能力、团队精神、身体素质可以发挥到极致，从而促使共同目标的实现。

5. 建立绩效评估与激励体系

对于表现出色的团队，除了根据个体的贡献进行评估和激励之外，组织和管理者还应考虑以群体为基础进行绩效评估、团队激励及其他方面制度的制定与变革，从而强化团队的奋进精神，提升全员工作热情。

6. 培养相互信任情感

在团队成员之间表明你可以既为自己也为别人的利益工作，用语言和行动来支持自己的团队，表明指导你决策的基本价值观是一贯的，并且开诚布公，说出你的感受，让大家互相了解彼此的真实感受，培养信任感。

（三）团队建设的发展周期

企业的发展具有一定的周期：前期靠愿景，中期靠团队，后期靠客户。企业爆炸式增长的前提离不开高效的管理团队，我们经常提到团队，那么一个团队的发展周期又是如何呢？团队建设的发展周期一般要经过以下五个阶段：形成期，激荡期，凝聚期，收获期和休整期。

1. 形成期

团队成员由不同动机、需求和特性的人组成，此阶段的团队缺乏共同的目标，成员之间的关系还未完全建立起来，同时成员之间缺乏一定的沟通。此阶段，团队的主要任务如下：一方面，初步构成团队的内部框架。在团队成立伊始，团队的内部结构框架主要包括团队的任务、目标、角色、规模、领导、规范等，这些都是在团队的组建期设定的。另一方面，建立团队与外界的初步联系。包括建立起团队与组织内部其他工作集体或职能部门之间的信息联系和相互关系，以及团队与组织外部的联系和协调关系。

2. 激荡期

团队经过组建阶段以后，隐藏的问题会随着时间的推移逐渐暴露出来，此时团队的建设就会进入激荡期，为获得相应的利益，成员之间偶尔会产生矛盾。激荡期包括成员与成员之间、成员与环境之间、新旧观念和行为之间三个方面的激荡。在激荡期间，团队会产生成员之间的激荡（冲突），此时，成员应理智对待各种冲突，有关工作的任务目标、工作指导、工作行为等方面的问题都应暂时搁置一边，讲明“冲突不如合作”的道理，在冲突与合作中寻求平衡。成员与环境之间的激荡，如成员与组织技术系统之间的激荡、成员与组织制度系统之间的激荡以及成员间的相互磨合等问题，此时要多进行沟通，尽量改善成员发展的外部环境。新旧观念与行为的激荡，团队在激荡期面临着人性的假设、管理哲学、价值观等方面的激荡与改变，在新旧激荡交替中，成员可能会因为害怕责任、害怕未知、害怕改变等而拒绝新的团队行为方式，这时需要运用一系列手段来促进团队的成长。

3. 凝聚期

经过一段时间的激荡，团队将逐渐走向规范，成员开始以一种合作方式组合在一起，并且在竞争中形成了一种试探性的平衡。在这一阶段，最重要的是形成有力的团队文化，促成共同价值观的形成，调动团队每个成员的活力和热忱，增强团队的凝聚力，培养成员对团队的认同感、归属感、集体感。

4. 收获期

团队从组建到激荡再到规范逐步开始变得成熟，懂得应对复杂的挑战，能胜任对应的功能角色，并且可以根据需要自由交换，使得团队内部任务得以高效地完成，此阶段是一个团队产出更多成果的阶段。

5. 休整期

休整期是团队在原有规范的基础上再进行调整的时期，此时明确团队已经形成的规范，尤其是那些起消极作用的规范，制定规范剖面图，得出规范差距曲线，听取各方面对这些规范进行改革的意见，经过充分的民主讨论，制订系统的改革方案，对改革措施实现跟踪评价，并做出必要的调整，从而让团队内部变得更加完善。

（四）专卖店的团队管理

团队管理的提升，不仅有利于团队内部实现及时有效的沟通，更能快速推动团队目标的实现。因此，团队管理的提升在团队建设过程中极为重要。成功离不开有效的团队管理，团队管理需要从驱动力、学习能力、执行力、活力、凝聚力等几方面入手。

1. 驱动力

团队驱动力，其实就是给团队一个总目标，给团队成员每人一个子目标，为了一个共同目标而奋斗。有了这样一个目标，可产生强大的吸引力，从而增强团队的凝聚力。另外，驱动力可以使企业目标与团队目标高度一致，因此，可以使团队成员更加积极努力，大大提升效率以及自信心。

2. 学习能力

锻炼团队的学习能力，就要不断地给团队成员进行教育、培训。组建一支高效运作的团队，必须要从建立学习型组织平台角度，来考虑这个团队是否具有学习的心态和深度的实战经验以及与之相关联的具有指导性的理论知识。

3. 执行力

一个成功的团队，最重要的是它的执行力。对团队中的每一个成员灌输执行力的概念非常重要，更多的时候，这种执行力主要体现在结果上，积极的领导，可以激励员工向上的积极性。管理者积极的执行力、正确向上的思想，则会在团队中发挥标杆作用，成员的态度和活力决定着团队的命运。

4. 凝聚力

凝聚力指团队对成员的吸引力，成员对团队的向心力，以及团队成员之间的相互吸引。团队的凝聚力不仅是维持团队存在的必要条件，而且对团队潜能的发掘有重要作用。

二、高效团队的建设

（一）团队领导力训练

领导是在一定的社会组织和团队群体内，为实现组织预定目标，运用其法定权力和自身影响力影响被领导者的行为，并将其导向组织目标的过程。团队不是人人都可以当领导的，有的人会做不会说，有的人会说不会做。一个好的团队领导者最好是既会做事，又会做人。做人是强调领导者的品格，做事是强调领导者的能力。领导者的三要素包括：领导者必须有下属或者追随者；领导者必须拥有影响追随者的能力；领导者的行为必须具有明确的目的，并且可以通过影响下属来实现组织目标。

在领导过程中，普遍存在的问题包含以下几种情况，这些问题的存在会造成团队工作发展的不顺。首先，领导者弹性不足，协同不力。现在的多数团队基本由具有一定知识水平能力且高学历的人员构成。此类型的人员一般拥有自主性强、个性鲜明、喜欢独立思考、渴望挑战等优点，但是有时却不太善于接纳团队其他人员的不同观点，从而造成沟通不顺、引发内耗的情况，此时，如果缺乏足够的沟通技巧，将会给团队带来不必要的争执，造成不良的团队气氛。其次，领导者大权独揽，独断专行。倘若领导者不能保持开放的态度、充分的交流，对团队成员提出的观点采取简单的否定、讽刺挖苦、拒绝回应等做法，则会造成团队成员的消极怠工，降低日常工作投入水平，造成不推不走、不追不做的消极局面。最后，领导者不能进行合理的授权和结构设计。对团队重视程度不够，在人员调配方面缺乏力度，会给团队带来先天缺陷。在团队运作过程中，不能提供有效的指导和支持、不能积极处理反馈意见，造成团队成员承受较大的工作压力，使其陷于忙乱之中，最终的结果便是盲目投入、绩效较差、士气低落，使团队面临解散的风险。

领导者可采取的领导方法主要有：命令式、教练式、支持式、授权式。命令式一般指挥的多，支持的少；从决定权来说，这个命令多数由领导者自己做出；从沟通上来说，多数是单向的沟通方式，也就是领导者说下属听。教练式从行为上来看是双高的，高指挥，高支持；从决策权来看，领导者是在征求意见以后再做出的决定；从沟通上来说，是一种双向交流。支持式的领导风格从决策权来说，和前两种方式有所不同，决定权已经慢慢向团队的成员过渡；从沟通上来说，领导者是多问少说，并且经常接受反馈，多听大家的意见。授权式从行为上来说，是少指挥，少支持；从决定权来说，已经完全下放，但任何时候目标的最终决定权都在领导者；从沟通上来说，这也是一种双向的交流。

在具有一定领导方法的同时，兼顾一定的领导艺术修炼，领导艺术是指在领导方式、方法上表现出的创造性和有效性，具有突破性和创造性、非模式化和非规范性、随机性和灵活性。

（二）高效团队的特征

对一个领导者而言，拥有一支高绩效团队是企业在行业竞争中脱颖而出的核心动力，是企业生命力的保证，是企业的灵魂所在。高效团队的特征由外部支持、相互信任、一致的承诺、开放的沟通、相关技能、恰当的领导、有效的结构、清晰的目标和分享成果九个特征组成。

1. 外部支持

为实现团队的更好、更快发展，建立切合自身发展要求的先进外部支持是必不可少的，有效的外部支持可以对团队内部的相关事宜提供有效的帮助，促进工作的开展。

2. 相互信任

相互信任不仅是基于对合作伙伴的能力和可靠性的信心，也是基于对合作伙伴的个人利益的关注。团队成员间的相互信任是构成和谐人际关系的一个重要因素，也是高效团队的重要基因之一。团队成员具有批评与自我批评的态度，信任自己也信任他人，才能拥有彼此和谐共处的条件，才能让信息畅通，不出现人为阻碍，确保团队工作顺畅进行。

3. 一致的承诺

大多数情况下，一致的承诺是一种适应性广、备受尊重的行为。高度一致的承诺，能够为团队成员指引工作方向、提供推动力，能够激励团队成员把个人目标上升为群体目标，提高团队的工作效率。

4. 开放的沟通

换位思考，可以使沟通更有说服力，同时树立良好的信誉，是解决一切问题的基础。如果没有沟通，团队只能是一种设想和缺乏活力的机械行为，团队成员之间应协同作战，互相帮助。

5. 相关技能

相关技能是指学习者在特定目标指引下，通过练习而逐渐熟练掌握的并对已有的知识经验加以运用的操作程序。能着眼于未来，视变更为发展的契机，把握机遇，伺机而动。

6. 恰当的领导

恰当的领导指对组织内每个成员和全体成员的行为进行引导和施加影响的活动过程，其目的在于使个体和群体能够自觉、自愿并有信心为实现组织的既定目标而努力。

7. 有效的结构

组织结构是表明组织各部分排列顺序、空间位置、聚散状态、联系方式以及各要素之间相互关系的一种模式，是整个团队系统的“框架”。一个人的能力毕竟是有限的，单靠有某一方面专长的个人是无法胜任的，必须建立一支稳固高效的团队，才能完成目标。而在这个团队中，最重要的一点就是每一个成员必须分工明确，取长补短，各司其职。

8. 清晰的目标

对于任何一个团队来说，目标是团队建立的前提，团队成员有着共同的目标，并清晰地知道目标、方向、原则，为完成共同目标，成员之间彼此合作，这是构成和维持团队的基本条件。领导者在团队管理中，首要任务就是确定目标，这样不但能使不同角色的团队成员有完全一致的目标，更重要的是使团队有前进的动力。

9. 分享成果

打造高效团队，还需要团队中拥有分享机制和氛围。分享在团队中十分重要，它可以迅速提高团队中新员工的经验和技能，使其迅速融入团队，增进员工间的感情，减少摩擦，有利于团队和谐，使团队中的成员能团结一致地完成团队目标。分享成果可以是老队员向新队员介绍自己成功的经验，还可以是新队员与新队员之间的经验交流。

（三）团队沟通技巧

在一个团队中，矛盾和冲突会产生不良情绪，而不良情绪会激化矛盾和冲突，这是一个非常可怕的恶性循环。要避免这种恶性循环，最有效的方法就是不断地化解团队成员的不良情绪，激发正能量。那么要想化解团队成员的不良情绪就要凭借有效的团队沟通，如果没有沟通，团队管理只能是一种设想和缺乏活力的机械行为。团队沟通包括团队沟通概念、团队沟通方式与障碍、团队有效沟通技巧。

1. 团队沟通概念

团队沟通概念由沟通概述、沟通三大要素、沟通的重要性所组成。

（1）沟通概述

沟通是人与人之间、人与群体之间思想与感情的传递和反馈过程，以求思想达成一致和感情的通畅。沟通是指可理解的信息和思想在两个或两个以上的人群中传递或交换的过程，沟通是为了设定的目标，把信息、思想和情感在个人或群体间传递，并达成共同协议的过程。

（2）沟通三大要素

一是要有一个明确的目标，沟通时说的第一句话要说出你要达到的目的，这是非常重要的，也是沟通技巧在行为上的一个表现。二是达成共同的协议，这是沟通技巧的一个非常重要的体现，就是在沟通结束的时候一定要有人来做总结。三是沟通信息、思想和情感，在我们工作的过程中，很多障碍使思想和情感无法得到一个很好的沟通。

（3）沟通的重要性

沟通能力在某种程度上决定职业生涯，如果说企业是一个有生命的有机体，那么沟通就是机体内的血管，通过流动给企业系统提供养分，实现机体的良性循环。所以，管理沟通是企业管理的核心内容和实质。

2. 团队沟通方式与障碍

团队沟通方式可分为会议沟通、个别交谈、开放式讨论和网络沟通四种。会议沟通，团队会议不能是简单的一端发送一端接收指示的收听式，而应是有中心、有目的的汇集团队成员的智慧、思想、经验和信息的互动式。个别交谈既是彼此关心建立感情的渠道，也是探讨和研究问题的重要方式。开放式讨论，采用的是有主题、无领导的讨论，能够汇集各种思想，把团队成员对主题的研究通过“头脑风暴”法获得提升。网络沟通，充分利用网络技术手段，快速地传递团队成员所获取的最新信息和思想，目前网络沟通已经成为快速、便捷的沟通方式。

团队沟通的障碍包括受阻表现和受阻原因。受阻表现体现在内部危机重重，面临各种压力，会议效率低下，无法解决实际问题，无法合理分工，严重影响任务的进展，互相猜疑，一味持否定态度等方面。受阻原因主要有分工差异、认知偏差，情绪消极、缺乏信任，表达错误、沟通不畅，信息泛滥，没有及时沟通，缺乏合作默契等。

3. 团队有效沟通技巧

倘若想有效解决沟通障碍，需要一定的沟通技巧，团队有效沟通的技巧主要有双向沟通，先决条件是和谐的气氛，一定要尽量保证在一个没有过多冲突、矛盾的气氛中进行沟通，沟通的方式不能一成不变，可以依据不同情况选择适宜的沟通方式，如面谈、电话、网络等不同方式，在沟通过程中应给予别人一些空间，不要假设，坚持找出新的解决方法，学会如何与相关人员进行有效沟通，才能高效完成工作。

（四）团队冲突管理

任何一个团队都避免不了内部的冲突，对于团队的冲突管理可分为以下几点：冲突的定义、冲突的原因、冲突处理的四个“敌人”、冲突管理的方法。

1. 冲突定义及其产生的原因

所谓冲突就是不同的人或组织在目标、利益、认识等方面的差异，互不相容或互相排斥，从而产生心理或行为上的矛盾。在冲突中，每个人都试图影响或阻止他人，使自己的需求得到满足。冲突表现为个人、团队、组织及其组成部分之间缺少沟通；团队间不是在相互合作与相互尊重的基础上建立关系，而是基于对他人地位的羡慕、嫉妒和愤怒而产生不良的关系；团队成员之间的关系恶化，个性抵触增多；规章制度，尤其是涉及生产中细微领域的规章制度增多；各种秘密和传闻不胫而走，小事情成了大事情，小问题成了大危机，很小的异议成了严重的争议；组织、部门、团队和团队成员的业绩下降等。对于产生冲突的原因主要是资源竞争、目标冲突、相互依赖性、责任模糊、地位斗争、沟通不畅等。

2. 冲突处理的四个“敌人”

这四个特殊的“敌人”包括角色定势、风格僵化、害怕冲突、输赢情结。角色定势就是我们习惯用固定的思维理解自己和对方，认为自己为受害者，并且有可能是心怀怨气或保持沉默的，而对方为不可理喻的人。风格僵化，就是总以自己的习惯方式解决冲突，并且冲动、不假思索地解决冲突，或者选择一言不发，自己默默地忍受委屈或者伤害。害怕冲突，视冲突为危险、害怕直面冲突而达不到目的、害怕失去信赖和尊重、害怕失掉面子。输赢情结，存在这种情结的人往往想通过压制对方来决定输赢，并不会想着如何和平解决冲突，只想分出输赢。

3. 冲突管理的方法

在团队冲突管理中，学会换位思考非常重要。如果能真正走进团队成员中，和他们沟通，了解他们的想法，站在他们的角度去思考问题，寻求共识，这样的团队领导必然会受到成员的欢迎，团队中的各种问题也就更容易解决。那么如何进行冲突的管理？主要可采取交涉与谈判、第三者仲裁、强制、回避等方法。交涉与谈判是解决问题的较好方法，通过交涉，双方都能了解、体谅对方的问题，交涉也是宣泄各自情感的良好渠道。具体来讲，就是要将冲突双方召集到一起，让他们把分歧讲出来，并且辨明是非，找出产生分歧的原因，然后提出解决办法，最终选择一个双方都能接受的解决方案，进行和解。第三者仲裁就是当团队之间通过交涉与谈判后仍无法解决问题时，那么就可以邀请局外的第三者或者较高阶层的主管进行调停处理，也可以专门建立一个联络小组来促进冲突双方的交流。强制即借助或利用组织的力量，或是利用领导的权力，或者利用来自联合阵线的力量，强制解决冲突。回避是当团队之间的冲突对组织目标的实现影响不大，而冲突又难以解决时，那么不妨采取回避的方法。冲突过后，如果这件事造成了不良后果，那么冲突双方就能够意识到冲突只会造成“两败俱伤”，就会自觉由冲突转向合作。总的来说，如果要想有效管理团队之间的冲突，那么就需要遵循以下原则：第一，要分清楚冲突的性质；第二，要针对不同类型的冲突采取不同的措施。

（五）团队绩效提升

团队绩效是指团队实现预定目标的实际结果，主要包括：团队的产能，团队对其成员的影响，提高团队工作能力，团队对组织既定目标的达成情况，团队成员的满意度，团队成员继续协作的能力。团队绩效实质是“输入—过程—输出”的过程模型。输入是成员的知识、技能和能力，团队的构成，组织情景、报酬系统、信息系统、目标方面的因素；过程是团队成员的相互作用、信息的交换、决策参与的模式和社会支持等；输出是团队的产品、团队的发展能力、团队成员的满意度等。

提升团队的绩效，可以通过以下策略开展：明确团队使命、制订清晰目标，选择合适成员、实现技能互补，界定成员职责、实行主副分工，重视过程沟通、强调阶段管理。

1. 明确团队使命、制订清晰目标

在组建团队之前，必须明确团队为什么存在。准确描述团队使命，清晰阐述团队存在的意义，团队的发展目的是什么。通常情况下，团队使命来源于组织的要求，因此可以通过梳理组织对新建团队的要求或明晰上级领导对新建团队的要求，来确定团队使命。根据团队使命，制订团队的目标。通常团队的目标必须服从组织的目标，是组织目标中一个特殊项的细化，而且目标的设定必须遵循SMART原则，S（Specific）明确性、M（Measurable）衡量性、A（Acceptable）可接受性、R（Realistic）可实现性以及T（Timed）时限性。根据目标确定具体的策略，明确其主要内容、目的、实施计划与时间表、组织方式和资源配置、负责人、考核方式等。

2. 选择合适成员、实现技能互补

目标是通过人员具体实现的，人员选择是团队中非常重要的一个部分。团队成员的选择一般应遵循如下原则：要选适合的人，而不是选学历高或工作经历丰富的人；要选有团队精神的人；要选诚信务实的人，而不是选夸夸其谈的人；尽可能选择价值趋同、性格和能力互补的成员。

3. 界定成员职责、实行主副分工

目标与策略明确后，细分每项职责，分别确定一名主要负责人，全权负责相应工作的计划与组织实施，对团队集体负责。同时，团队中应确定一名“代理人”，当主要负责人因故暂不能履行职责时，由“代理人”负责。这一策略应遵循如下两个原则：一方面是成员需要并且必须了解他们真正的工作职责；另一方面是帮助每一位成员明确界定他们在实现目标过程中的增值角色。

4. 重视过程沟通、强调阶段管理

建立定期和不定期的团队沟通机制。团队中的每一位成员不仅有责任将自己的工作进展随时反馈给团队其他成员，还有义务尽可能了解其他成员的工作进展。过程沟通是实施阶段管理的重要手段，也为绩效考核提供重要依据。团队沟通一般有会议沟通和书面沟通。会议沟通必须注意以下几点：沟通周期最长7天，每次沟通时间最长45分钟；明确沟通主题，最多不超过3个；指定主持人，主持人应该是主题的负责人，必须做好沟通前准备、过程控制、事后追踪落实等工作；明确决策机制，也就是当出现争议时采用什么方式裁决，一般采用主持人裁定和少数服从多数原则；沟通明确，成员必须拿着建议提问题。书面沟通以信息反馈为主，团队成员定期将所负责工作的具体进展以书面形式反馈给相关人员。

（六）团队激励策略

所谓激励，就是通过设置适当的奖励形式，以一定的行为规范和惩罚性措施，借助信息沟通来激发、引导、保持和规范团队成员的行为，以有效的方式实现团队及其成员个人目标的系统活动。激励的方式分为正激励法和负激励法两种方式。正激励一般是从鼓励的角度出发，当一个人的行为和日常表现符合团队的发展方向时，则通过奖励的方式来强化这种行为，使得成员个体继续保持努力方向，从而达到调动工作积极性的目的；负激励法是从抑制的角度出发，当一个人的行为表现与团队期望的方向不一致时，团队将对其采取惩罚措施，以杜绝类似行为的再发生。

1. 正激励方式

正激励方式分为精神激励和物质激励两种。精神激励分为制度激励、目标激励、荣誉激励、情感激励、信任激励、榜样激励等。制度激励就是为实现组织目标，应该提倡什么、鼓励什么、抑制什么、反对什么，各种行为的奖罚内容、力度以及如何操作，通过相应的一套完整的规章制度、奖罚条例等形式确定下来，从而形成涵盖内部各项工作、各岗位人员的管理系统框架结构。约束也是一种激励，是一种反向的压力激励，约束包括对激励本身的控制约束。目标激励就是通过目标的设置来激发人的动机、引导人的行为，使被管理者的个人目标与团队目标紧密地联系在一起，以激励被管理者的积极性、主动性和创造性。荣誉激励就是以一定的形式或名义将工作成绩标定，例如表扬、奖励、经验介绍等，荣誉可以成为不断鞭策荣誉获得者保持成绩和发扬精神的力量，还可以对其他人产生影响，从而产生较好的激励效果。团队的文化建设是荣誉激励的工作核心；没有团队文化，荣誉激励无异于无本之木，效果不能持久。情感激励就是通过良好的情感关系，激发被管理者的积极性，从而达到提高效率的一种管理方法。信任激励，是在信任基础之上的放手使用，通过领导放权能更好地发挥人才的主观能动性，激发更多的创造性。榜样激励就是在团队中树立标杆形象，激励团队其他成员向着模范榜样学习、进步，从而带动团队的全面发展。

物质激励分为旅游激励、实物激励、现金激励。旅游激励就是国内游、国外游、参观学习与培训等激励；实物激励是了解员工的需求，为员工量身定制其所期望的生活物质奖品，如果满足不了员工的需求，那实物激励等于失效；现金激励，就是给员工一定的现金作为奖励，激发员工的工作动力。选用物质激励的方式，要充分分析员工需求，按照不同需求进行对应的物质激励，这样才能充分调动员工对工作的热情与创造力。

2. 负激励的方式

负激励的方式分为批评激励和激将法激励。批评激励就是通过批评来激发职工改正错误的信心和决心，达到激励的效果。而激将法激励很多时候是劝将不如激将，人总有自尊，通过巧妙的刺激，可以促进其做出卓有成效的反应。

（七）基于木桶理论的高效团队建设

所谓“木桶理论”即“木桶定律”，主要是一只木桶所盛水的多少，对于这只木桶的水量，并不是取决于桶壁一圈中最高（长）那块木板，而是取决于最矮（短）的那块木板，因此，只有桶壁一圈所有的木板都足够高，木桶才能盛满水。在团队建设中，可将成员看作构成木桶的每一块木板，团队的成功也不是在某个最优秀的成员身上，而是在最弱的那一方面，也就是团队中的“短板”。一只木桶能够装多少水在正常情况下不仅由最短的那块木板决定，同时也和构成木桶的所有木板的紧密程度有很大关系，这一点就是团队中每个成员之间的协作。再就是桶底，一个好的木桶，首要的是他的桶底必须是好的，这个桶底就相当于团队为每个成员提供的发展平台，好的平台才能促进团队发展。

一个木桶的储水量，取决于木桶的直径大小，每个企业都是不同的木桶，所以木桶的大小也不完全一致。直径大的木桶，储水量自然要大于其他木桶。各企业在进入市场之初，起步是不完全一样的，有的基础扎实，有的基础薄弱，有的资源面广，有的资源面窄，这都对企业的最初发展起到关键作用；木桶储水多少取决于各块木板的厚度，如果木板的厚度不够，水桶的直径越大，木板越长就越容易发生断裂。我们将员工的技能看作木板的长短，员工的品德看作木板的厚度，对于一个企业来说，企业的发展不仅看员工的能力，还要注重其品德；木桶储水多少也取决于木桶底面的面积，如果底面面积不够大，那么储水就不会多，就像团队没有一个有效的平台，员工就会被束缚。企业必须给员工提供一个较大的平台，才会让员工快速成长；木桶的最终储水量，还取决于木桶的使用状态和相互配合，虽然木桶的储水量一定程度上取决于最短板的高度，不过在特定的使用状态下，通过相互配合可增加一定的储水量，比如有意识地把木桶向长板方向倾斜，可以暂时提升储水量，也可以将长板截下补到短板处。但是长久储水量，则还取决于各木板的配合紧密性，如果每块木板间的配合不好，存在缝隙，就会导致漏水。所以一个团队，如果没有良好的合作意识，就不能做好相互的补位和衔接，不能促进发展。

三、团队绩效考核

（一）绩效考核的建立与实施

对一个团队而言，绩效考核就是团队为了实现经营目标，运用特定的标准和指标，采取科学的方法，对承担经营过程及结果的相关成员完成指定任务的工作业绩和由此带来的诸多效果做出价值判断的过程。在进行绩效考核时，首先依据企业的发展目标和员工的实际情况进行对应的岗位分析，从而制定绩效考评的标准，再结合员工的工作进行对应的绩效考核，判别员工的业绩、能力与目标的差距，从而进行一定的评定。在绩效考核过程中，管理人员要把握一定的原则，确定和选取适当的考评内容和方法，要选取全方位、多层次、多角度的评估，既有主管领导的评估，也有其他同事的评估，明确考评的相关标准，有效进行考评结果反馈，并增加考评的民主性和透明性，民主、公正，实事求是。

绩效考核内容包括员工的业绩考核、能力考核和个性（态度）评定等几方面。首先，业绩考核主要考查的是成员的工作业绩，指成员效率及效果，主要由工作质量、工作数量和工作效率三部分组成，高质量、高效率完成工作是工作业绩所注重的；能力考核主要考查团队成员的工作能力，指在一定的工作环境下同一项工作参照同样的标准而与优秀的业绩具有因果关系的个

编制专卖店绩效管理制度基本内容（上）

编制专卖店绩效管理制度基本内容（下）

体潜在的特点，主要考查成员的业务能力、协调沟通能力和创新能力等内容；个性（态度）评定，反映的是成员对企业的敬业、乐业、奉献的精神，成员良好的工作态度，也是形成优秀企业文化的要求，主要考查成员的责任感、积极主动性、合作性和纪律性等。

（二）绩效考核的作用

绩效考核结果直接影响薪酬调整、奖金发放及职务调整等团队成员的诸多切身利益。绩效考核的最终目的是激励团队成员改善工作表现，以达到团队既定的经营目标，并提高成员的满意度和未来的成就感。可以说，绩效考核的好与坏、严格与否极大地关系到绩效管理的成果。通过绩效考核，淘汰绩效不佳的团队成员，这是团队淘汰成员最常用的手段。团队可通过有针对性的项目绩效考核，细化考核标准，设计绩效底线，考核量化到人，责任到人，以实现有效的优胜劣汰。对于绩效不达标者，团队则可及时进行淘汰。

严格、完善的绩效考核对团队的管理具有重要作用，具体如下：

1. 有利于既定目标的达成

绩效考核本质不仅是对于员工工作结果的考核，实际上更是一种过程管理。严格、有效的绩效考核能帮助团队实现目标，可以将团队的长期目标分解成月度、季度和年度等不同时间段的指标，督促团队中的成员按照一定的时间周期完成团队的目标建设。

2. 有利于发现和改进团队中的问题

绩效考核是一个不断制订、执行、改正的循环过程，体现在整个团队绩效管理的环节，具体为绩效目标设定、绩效要求达成、绩效实施修正、绩效面谈、绩效改进、再制订目标的循环，在这样的一个循环过程中不断发现问题、改进问题，并得以完善。

3. 有利于促进团队及成员个人的成长

绩效考核的最终目的并不是单纯地进行利益分配，而是通过考核发现问题并改进，找到差距，从而促进团队与成员的共同成长。相互之间实现共赢，一方面，团队赢得管理与效益，另一方面，成员赢得自我认知与改进发展。

4. 有利于改善团队内部的整体运营管理

对于团队整体而言，绩效考核可以作为团队整体运营管理改善的基础。通过整体绩效管理，可以发现团队运营状况，及时了解发展战略实施过程中存在的问题，并通过修正策略，跟踪行动计划和绩效结果，从而保证发展战略的实现。

5. 有利于提升团队成员的发展空间

对于个人而言，可以作为成员培训发展、职业规划的基础，提升其职业发展空间。持续地建立绩效档案，可以了解团队成员长期的成长绩效表现，根据情况开发相关适宜的培训计划，有针对性地提高成员能力，并将其作为成员个人职业发展过程中选拔、轮岗、晋升等阶段的参考。在绩效考核中，要保证成员绩效过程的跟踪，从整个过程中的表现科学准确地评估成员的发展趋势。

6. 有利于团队成员内部的利益分配

与利益不挂钩的考核是没有意义的，团队成员的薪酬一般都会分为两个部分：固定工资和绩效工资。绩效工资的分配与成员的绩效考核得分息息相关。

7. 有利于团队成员对后期目标的实现做充足准备

绩效考核的关键在于持续改进而不是一次截止，所以一个绩效考核体系的真正成功之处是需要在实施过程中不断改进，同时让团队成员为后期绩效目标的实现做充足的准备。

（三）绩效考核的误区

在团队管理中，绩效考核是非常重要的工作之一。很多团队在落实绩效考核的过程中总是出现一些问题，从而给团队造成了不必要的损失。这些问题的出现，往往是由于团队领导者在绩效管理中的一些误区造成的，作为管理者要清楚地认识绩效考核过程中的相关误区，避免绩效考核过程中出现的问题。

1. 混淆绩效考核与绩效管理

绩效考核与绩效管理是两个完全不同的概念。绩效考核是一种考核手段，主要是对经济、技术等指标完成情况的一个评定，进而与成员的奖惩相关联，而绩效管理则是对企业组织生产经营活动的指导，所以要搞清楚绩效考核与绩效管理，这两个概念认识上的偏差会导致执行上的混乱。

2. 设置过高或过低的绩效考核指标

绩效考核指标的设定不能随便或不加思考，过低与过高的指标均不合适，设置过程要遵循一定的原则。企业可以参照团队自身以往的最优水平、同行业的平均水平，以及综合考核团队内外部的其他因素，进行系统科学的设定。当绩效目标设置过高时，不仅不会起到激励作用，而且还会让成员感觉自身无法达到目标而失去主动性；当绩效目标设置过低时，则会起不到促进作用，从而失去绩效考核的作用。所以，科学合理的设定极其重要。

3. 绩效考核的周期设置过长

有的团队把绩效考核的周期设置为季度、半年或者一年。这样的绩效考核很难做到位，考核周期过长，无法和月度工资、奖金挂钩，对成员就起不到及时激励或约束的作用。所谓年度绩效考核主要是以每月的绩效考核为基础，否则只考核全年而不注重月份的考核便会失去意义，绩效考核的最优周期是以月为单位，利于及时发现和纠正问题。

4. 绩效考核指标不够精准

有的团队领导认为，绩效考核是个筐，什么考核都可以往里装，这是对绩效考核认识上的误区。绩效考核一定是对主要指标进行考核，而不是全方位的考核，尤其是不能把团队成员行为方面的表现也纳入绩效考核的内容。团队考核指标过多，就会让成员看不清楚哪些东西是最应该关注或最应该做的，从而使其失去方向感。

5. 重视考核而疏忽与成员的沟通

团队的绩效管理是一个管理者与成员双向沟通交流的动态过程。无论是制订绩效指标计划，实施绩效计划，还是绩效考核的反馈，都需要管理者与成员进行不断沟通。适当的沟通能够及时排除团队绩效管理中的障碍，最大限度地提高团队整体绩效，同时也能提高被考核成员的参与积极性。如果只重视考核而忽视沟通，则团队绩效考核很难顺利推行。

6. 把责任推卸给人力资源部门

团队的绩效考核不是哪一个部门的事情，有些团队在绩效考核过程中出现问题时会推卸给人力资源管理部门，这是不正确的行为，绩效考核是相关部门共同负责完成的工作，指标的确定应该有专门的综合领导小组，专业管理、分工，相关专业部门提出专业的考核意见。

7. 绩效考核只是一种奖惩措施

在团队绩效管理过程中，有些成员会认为绩效考核就是淘汰、惩罚不合格的成员，升迁、奖励优秀的成员。这样想也不无道理，毕竟对成员进行优、良、中、差的评定结果应该有物质形式上的体现，但绩效考核体系不应该单纯为了奖惩成员而设立和存在，它应该是提升整个团队发展的助推器，有利于团队整体的进步，若只是认为这是一种奖惩手段，则无法促进团队的整体发展。

四、职业生涯管理

(一)职业生涯管理概念

职业生涯就是一个人的职业经历，指一个人一生中所有与职业相联系的行为与活动，以及相关的态度、价值观、愿望等连续性经历的过程，也是一个人一生中职业、职位的变迁及理想的实现过程。职业生涯是一个动态的过程，不包含在职业上成功与否，每个人都有自己的职业生涯。

职业生涯规划也称职业生涯设计，是指个人和组织相结合，在对一个人职业生涯的主客观条件进行测定、分析、总结研究的基础上，对自己的能力、特长、经历及不足等各方面进行综合分析与权衡，并为实现这一目标做出行之有效的安排。

职业生涯管理是企业帮助员工制订职业生涯规划和帮助其职业生涯发展的一系列活动，现代企业管理学将职业生涯管理看作竭力满足管理者、员工、企业三方需要的一个动态过程。

(二)职业生涯管理的内容与流程

1. 职业生涯管理的内容

员工职业生涯管理一般包括职业通道管理、职业生涯设计、能力开发、检查评估和反馈修正等步骤。

(1)职业通道管理

职业通道管理是指根据公司业务、人员的实际情况，建立若干员工职业发展通道(即职系)，包括管理、技术或营销等。使具有不同能力素质、不同职业兴趣的员工都可以找到适合自己的上升路径，避免所有人都拥挤在管理跑道上。企业应明确不同职系的晋升评估、管理办法以及职系中不同级别与收入的对应关系，给予员工不断上升的机会。

(2)职业生涯设计

对于每个员工而言，可以设立职业发展辅导人制度，上层的直接主管或资深员工可以成为普通员工的职业辅导人。职业辅导人在新员工试用期结束后，应与该员工谈话，有条件的可以使用测评工具对其进行个人特长、技能评估和职业倾向调查。帮助新员工根据自己的情况，如职业兴趣、资质、技能、个人背景等，明确职业发展意向，设立未来职业目标，制订发展计划。

(3)能力开发

企业应结合员工职业发展目标为其提供能力开发的条件。能力开发措施包括培训、工作实践和业务指导制度等。企业可以根据实际情况，提供包括在职、脱产等多种形式有针对性的培训，并鼓励员工进行自我培训。

(4)检查评估

企业应定期组织对职业生涯管理制度的执行情况进行检查，同时对员工进行能力、绩效的评估，确定能力开发成果，分析员工是否达到或超出当前所在岗位资格要求，距离下一步职业目标的差距，为下一步的发展提供依据。

(5)反馈修正

反馈修正是指阶段性的检查评估结束后，向员工反馈评估结果，帮助员工分析前进途中的问题和差距，并提出改进措施或者建议，调整未来发展目标和方向。

2. 职业生涯管理的分类

职业生涯管理主要包括组织管理和自我管理两种。

组织管理是指由组织实施的旨在开发员工的潜力、留住员工、使员工能自我实现的一系列管理方法。

自我管理是指员工个人在职业生命周期的全过程，对自己的职业发展计划、职业策略的一系列变量进行管理的过程。

（三）职业生涯管理的特征

职业生涯管理有自身的特征，主要包括以下几个方面：第一，职业生涯管理是企业与员工双方的责任。在职业生涯管理中，企业和员工都需要承担一定的责任，只有双方共同合作才能完成职业生涯管理。第二，职业生涯管理形式多样、涉及面广。凡是企业对员工职业活动的帮助，均可列入职业生涯管理之中，职业生涯管理同时涉及职业活动的各个方面。第三，职业生涯管理具有动态性。职业生涯管理是一种动态的管理，贯穿于员工职业生涯发展和企业发展的全过程，在职业生涯的不同阶段及组织发展的不同阶段，因此，职业生涯管理的侧重点也应有所不同。

（四）职业生涯管理的意义

进行职业生涯管理，帮助员工更有效地管理其职业生涯，对个人和企业均有意义。

对于员工个人，不仅能增强其择业竞争力，而且能实现员工工作与生活之间的平衡，实现自我价值的不断提升和超越，有效提供广阔的空间和机会。

对于企业，能实现资源合理配置，提升员工的工作积极性，实现企业的持续发展，更好地实现发展目标。

思考与练习

1. 分析某企业组织架构，并合理配置相关人员。
2. 模拟招聘面试现场。
3. 分析不同招聘渠道的特点。

项目二 家居卖场形象管理

知识目标

1 掌握卖场人员仪容仪表要求；

2 掌握专卖店人员礼仪要求及规范；

3 了解卖场环境设计原则；

4 掌握卖场广告招牌、门面、出入口设计注意事项；

5 掌握卖场通道、界面、橱窗展示、陈列、色彩、照明设计方法；

6 掌握产品形象管理方法。

能力目标

1 能够根据产品特点进行卖场内、外部设计；

2 能够结合产品形象设计恰当的导购员形象及导购语言；

3 能够进行专卖店陈列设计。

素质目标

1 培养个人职业素养，注重个人形象；

2 培养沟通协调能力和服务意识；

3 提高责任意识，起到模范带头作用。

思政目标

1 提升审美，培养正确的审美意识，家居卖场形象管理时具有表达美的能力；

2 具备知识产权意识，树立创新意识和创新精神；

3 树立品牌意识，讲好家居卖场品牌故事，树立品牌形象，提高品牌认知度。

家居企业形象不只是通过产品来树立的，消费者与企业的联系主要是通过产品卖场，而卖场形象的直接体现者就是卖场人员，卖场人员整洁的服饰、亲切的表情、优雅的举止、礼貌的服务都能带给消费者美好的体验，并能直接有效地树立良好的企业形象，为产品销售和口碑奠定基础。可见，卖场人员的形象管理是非常重要的。

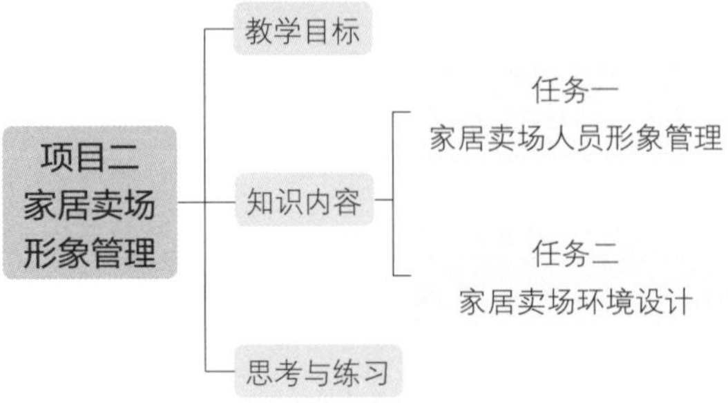

任务一　家居卖场人员形象管理

卖场人员的形象管理主要包括三个方面。首先，卖场人员的仪容仪表能够带给顾客良好的第一印象（图2-1）；销售过程中的良好仪态能够让顾客建立对品牌、产品和服务的信心和好感（图2-2）；此外，销售人员掌握销售环节中的礼仪，也能更好地提升品牌形象，为企业树立良好的口碑（图2-3）。

一、卖场人员的仪容仪表

作为一名家居卖场的导购员，良好的仪容仪表是给顾客留下好的第一印象的前提，无论顾客是否有意购买产品或最后是否成交，好的第一印象都能为企业的品牌和形象赢得好的口碑，从而为企业的发展赢得机遇。

图2-1　仪容仪表

图2-2　优雅的仪态

图2-3　标准的礼仪

很多职业对工作者的仪容仪表都有比较具体的要求。而导购员作为经常和顾客近距离接触的岗位，势必更加需要注重仪容仪表，要做到从头到脚一丝不苟。

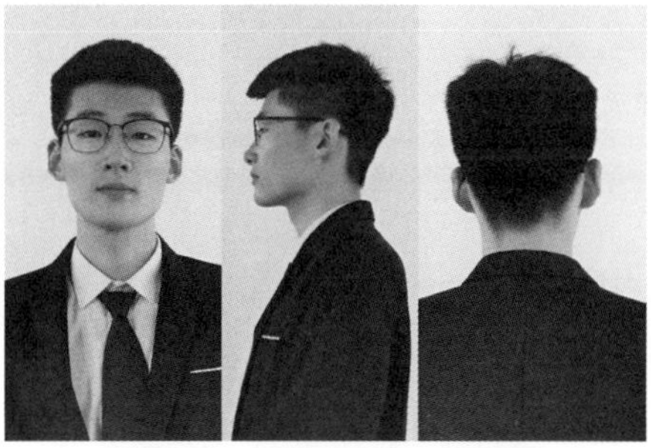

图2-4 男性导购员的标准发型

（一）发型

导购员的发型应该做到干净整齐，如果头发油腻或有头皮屑，就会给人邋遢的感觉，非常影响导购员乃至门店的形象；头发可以进行染烫，但色彩应选择深棕色系，避免使用过于夸张的颜色，以免给人不正规、不可靠的感觉。

男性导购员的发型要整齐，头发长度以前不过眉毛、侧不过耳朵、后不过衣领为宜（图2-4），不可过短或剃光头，不留怪异的发型。

女性导购员可以梳整齐的短发，或者将长发束起并盘成发髻（图2-5），刘海不能遮挡眼睛，不能披散长发，不能佩戴过大、过于夸张的头饰。

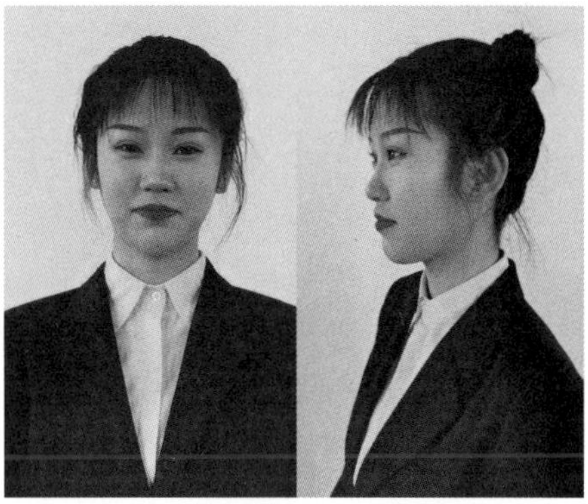

图2-5 女性导购员的标准发型

（二）面容

导购员的面部要时刻保持清爽，尤其注意眼角、鼻孔、嘴角、牙齿是否有异物；在室内不能佩戴太阳眼镜，近视眼镜镜框要精致美观，最好选择金属镜框，给人儒雅、精致的感觉，避免过大或夸张的树脂镜框或镶钻镜框。

男性导购员不能留胡须，不能化妆或佩戴耳饰，面部与颈部不能有文身（图2-6）。

女性导购员应化淡妆，眉毛要修整齐，眼线不可过粗、过长，不使用色彩夸张、怪异的眼影、腮红和口红，不要粘贴超长或过于浓密的假睫毛，整体应给人端庄、自然的感受（图2-7）。

女性导购员的耳饰可以选择雅致的耳钉、耳扣，并且要对称佩戴，数量不超过一对，不能佩戴有下坠结构和怪异造型的耳饰。

图2-6 男性导购员的面容

（三）服饰

导购员的着装能体现他（她）的整体形象，导购员的服饰通常会有统一要求：男性导购员通常为深色西装搭配白色衬衫，西装三颗扣的，扣上面两颗或中间一颗，也可不扣。黑色皮鞋要搭配黑色或深灰色袜子，不能穿白色袜子（图2-8）。女性导购员为深色西服裙装（或裤装）搭

图2-7 女性导购员的面容

图2-8 男性导购员的着装

图2-9 女性导购员的着装

配浅色衬衫，外套扣子必须全部系牢，黑色中等高度的高跟鞋搭配肉色丝袜（图2-9）。

需要注意：服装要保持整洁，不能有明显的污渍、褶皱、异味，浅色衬衫、丝袜等不能有发黄、破旧的迹象；皮鞋要擦净，不能有灰尘和泥土。

适当的饰品可以提升人的气质和品位，导购员可佩戴与工装相适宜的配饰，如按企业要求佩戴的领带、领结、胸针、丝巾等，女性导购员颈部、手部佩戴的首饰应小巧、精致，且尽量隐蔽，不可佩戴夸张、怪异的饰品。

导购员应保持手部的清洁、滋润、干爽，指甲要修剪整齐，清洁无污渍，不能留长指甲或涂抹指甲油。

二、卖场人员的仪态

举止得体是对导购员在家具销售过程中的行为、动作方面的要求。得体的服务姿态是导购员赢得顾客好感的重要因素，也是尊重顾客的表现。导购员的举止不仅反映其个人形象，更能传达出家居产品的品牌形象。

（一）表情

导购员的面部表情要亲切、自然，时刻保持真诚的眼神和会心的微笑，要保持良好的精神面貌（图2-10），不要把不良情绪表现在脸上，不能皱眉、拉长脸、噘嘴、翻白眼、打哈欠等。

图2-10 导购员的表情应亲切、自然

（二）姿势

导购员根据工作的需要变换不同的姿势，包括站姿、坐姿、蹲姿、走姿等。

1. 站姿

导购员在迎接顾客、介绍产品等多数时间内都需要站立，因此导购员的站姿必须规范。要做到头正、颈直、两眼平视前方，收下颌、闭嘴，挺胸、双肩平且微向后张，使上体自然挺拔，上身肌肉微微放松，收腹可以使胸部凸起，也可以使臀部上抬，同时大腿肌肉会出现紧张感，这样会给人以“力度感”。两臂自然下垂，两腿挺直，膝盖相碰，脚跟略分开。站姿切记不可垂头、垂下巴、含胸、腹部松弛、肚腩凸出、臀部凸出、耸肩、驼背、弯腿、斜腰、倚靠物体、双手抱在胸前等。

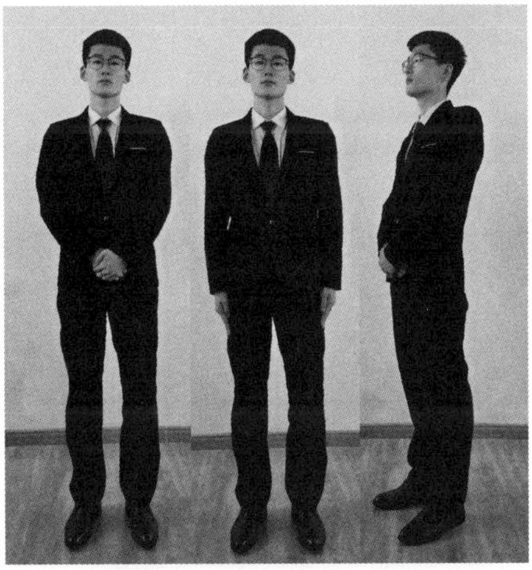

图2-11　男性导购员的标准站姿

男性导购员的正确站姿应该是挺拔、轻松、自然的，手臂可自然垂于体侧，也可采用体前双手交叉的手位，双腿可并拢，脚跟靠拢，脚尖分开，也可以双脚叉开与肩同宽；站立时要避免出现过于随便、全身乱动、双腿弯曲、趴伏倚靠、弯腰驼背、半坐半立等不良站姿，男性导购员的标准站姿如图2-11所示。

女性导购员的正确站姿要做到头正，双目平视前方，下颌微收，面带微笑，上面露出8颗牙齿；两肩自然放松，后背挺直，人体有向上的感觉；躯干挺直，做到收腹、立腰、胸部略向前上方挺起；两手自然交叉于体前，放于小腹部，右手在上，左手在下；双腿并拢立直，吸腹收臀，两髋向中间用力；左脚跟顶右脚掌，左脚在前，右脚在后，脚尖打开30°~45°。女性导购员的标准站姿如图2-12所示。

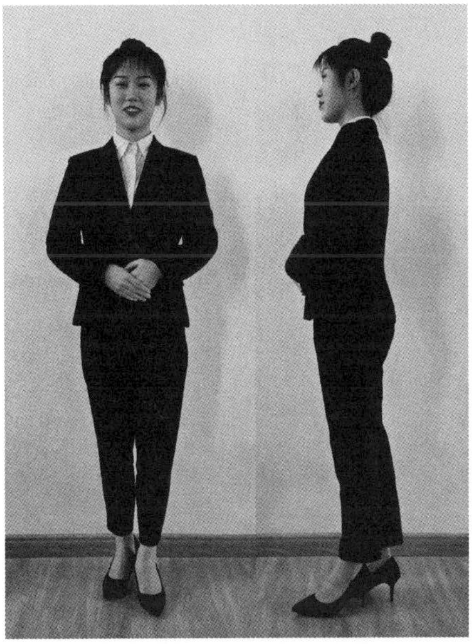

图2-12　女性导购员的标准站姿

2. 坐姿

导购员在为客户介绍产品、与客户洽谈的时候，需要在示意客人坐下之后落座，以保持平视客户进行交流，此时导购员也要掌握良好的坐姿。

如果椅子在桌子下方或位置不适合落座，导购员需要先轻轻拉椅子，用右腿抵住椅背，右手轻轻拉出，切忌发出刺耳的摩擦声。要先帮助顾客拉出椅子，请其坐好，再拉出自己的椅子落座。落座的过程也要避免碰撞椅子发出声响，坐下的动作不要太快或太慢、太重或太轻，太快显得有失教养，太慢则显得无时间观念，太重给人粗鲁、不雅的印象，太轻给人谨小慎微的感觉，应大方自然地落座，切忌发出声响。坐满椅子的2/3，坐下后上身应保持直立，肩部放松，手自然下垂，交握在膝上，五指并拢，或一手放在沙发或椅子扶手上，另一只手放在膝上。两腿、膝并拢，两脚踝内侧互相并拢，两足尖距离10cm左右。坐着与人交谈时，双眼应平视对方，但时间不宜过长或过短，也可使用手势，但不可过多或过于夸张。

男性导购员落座后双腿可并拢，也

可分开，但分开间距不得超过肩宽，禁止抖动腿部。男性导购员的标准坐姿如图2-13所示。

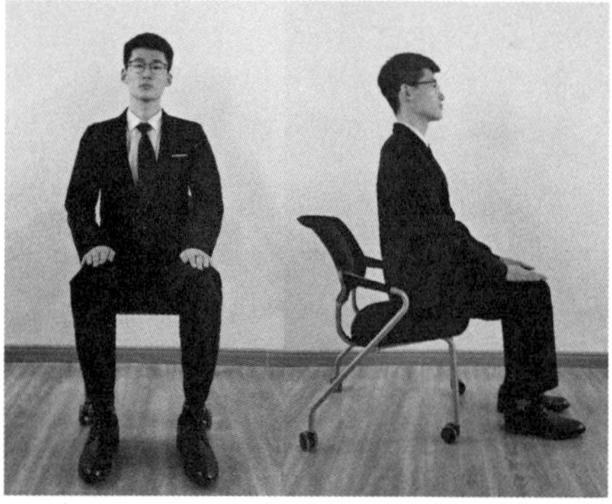

图2-13 男性导购员的标准坐姿

女性导购员入座时应右手按住衣服前角，左手抚平后裙摆，缓缓坐下，不要坐下后再起来整理衣服。如坐立时间长而感到疲劳时，可以将双腿交叠并适当变换腿部姿势，变化姿势时要避免动作幅度过大，穿裙装时要用手按住裙子，避免走光；也可在标准坐姿的基础上，双腿可向右或者自然倾斜，全程两腿保持并拢。女性导购员的标准坐姿如图2-14所示。

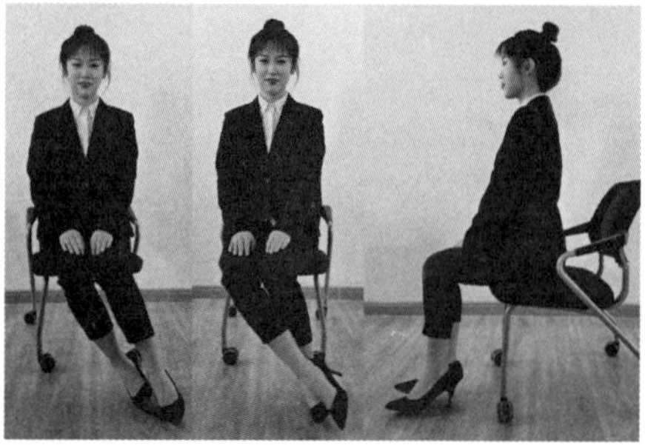

图2-14 女性导购员的标准坐姿

导购员在与顾客沟通时要避免头部倚靠椅背，上身不要前倾或后仰，更不要耷拉肩膀、驼背、含胸等，否则会给人萎靡不振的印象。要避免双腿直伸出去、跷二郎腿、频繁摇腿、双脚大分叉或呈八字形、双脚交叉、足尖翘起、半脱鞋、两脚在地上蹭来蹭去等不良坐姿；切忌坐在座椅上移动身体或座椅，避免手中不停地摆弄东西，如头发、饰品、手指、戒指等。

3. 蹲姿

导购员在介绍、展示一些较低矮的产品或拾起物品时不可直接弯腰，要使用标准的蹲姿。常用的蹲姿有高低式、交叉式、半蹲式和半跪式四种类型。

下蹲时，应自然、得体、大方，不遮遮掩掩；一只脚向后迈一小步，两腿合力支撑身体，上身挺直，慢慢弯腰下蹲。应使头、胸、膝关节不在一个角度上，使蹲姿优美。导购员的标准蹲姿如图2-15所示。

图2-15 导购员的标准蹲姿

女性导购员无论采用哪种蹲姿，都要将双腿靠紧再蹲下。

导购员采用蹲姿时应当避免出现两腿叉开、突然下蹲、距人过近、方位不当等情况。

4. 走姿

在家具销售过程中，最能体现精神面貌的姿态就是走姿。行走时要做到双目向前平视，微收下颌，面带微笑；双肩平稳，双臂前后自然摆动，摆幅以30°~35°为宜，双肩不要过于僵硬；上身挺直，头正、挺胸、收腹、立腰，重心稍前倾；注意步位，两只脚的内侧落地时，理想的行走线是一条线；步幅适当，一般应该是前脚跟与后脚尖相距一脚长。

男性导购员行走步伐有力，脚步稍大，速度稍快且平稳；女性导购员行走要求步伐飘逸，脚步较小，速度稍慢。

导购员在引导顾客行走时要注意避免横冲直撞、双手插兜、注意力不集中、步态不雅等不良走姿，避免抬脚过低使鞋底与地面摩擦发出刺耳的声音。

三、导购员的语言

语言是人类主要的沟通方式，导购员的语言要给人真诚、热情、友好的感受，同时要注意声音悦耳、吐字清晰、发音标准、语速适中、措辞规范。

（一）悦耳的声音

悦耳的声音能够在开口说话的瞬间给对方良好的感受和印象，虽然每个人的声音不同，有的人声音天生清脆、有磁性，有的人则声音普通，甚至并不动听，但是在说话的时候是可以通过调整发音让自己的声音变得更加悦耳动听的，主要方法包括日常的声带保养、气息的锻炼和音色的调整。

声带需要保养，才能让我们发出的声音更加悦耳。导购员日常要注意养成良好的咽喉部卫生习惯，多喝水，保持喉咙的滋润，饭前、饭后要做咽部清水含漱，也可以多喝清淡的茶饮，保持咽部清洁。不需说话时少说话，让声带有足够休息时间，避免一口气说话太长（超过10个字）、一次说话超过1.5小时、大声喊叫、熬夜、吃刺激性食物，如煎炸、辛辣食物和过浓的咖啡、茶、蜜糖水等，以免影响声带。饮酒要适度，否则会刺激咽喉部。

平时可以通过锻炼气息，如胸腹式呼吸法，强健我们的发声动力器官，保证说话的时候有平稳而有力的气息，使我们的声音听上去不会时高时低、时强时弱、上气不接下气，给人健康、精神面貌良好、沉稳、可靠的感觉。

每个人的发音方式和音色都会有差异，在和顾客沟通时，以适合自己的音色为优，避免采用尖锐的高音发出刺耳的声音，也不能用沙哑的低音发出令人畏惧的声音；避免声调时高时低或抑扬顿挫得过于夸张，若给人阴阳怪气的感受则非常失礼，甚至怀疑说话者的情绪和用意。

导购员可以找到较适合自己的发音方式进行练习，让自己习惯于这种发音方式，以保证在接待过程中能够自然发出悦耳的声音。

（二）标准、清晰的吐字

吐字清晰不但能提高沟通交流的质量和效率，一口标准流利的普通话更是导购员专业素养的体现，吐字清晰、标准的重点就是按照标准普通话的规范发音，将每个字的声母、韵母读准、读全，这看似简单，但在日常生活中却有很多人会犯错，有些人由于口腔条件或语速过快等原因会出现吐字不清，这主要是因为没有把韵母进行完全发音，因此，在说话的时候要注意弄清每个字的正确发音，读准声调并适当放慢语速，保证每个字发音标准、清晰、完整。

（三）适中的语速

说话的语速通常能体现人的思维能力、性格和情绪等，因此语速是帮助语言表达的重要因素之一。一个人的语速也会受语言习惯、说话情境的影响，因此导购员要养成好的语言习惯，学会控制语速，不可过快或过慢。

语速过快除了容易导致吐字不清外，还会让听者感觉心情急迫，甚至因思维跟不上说话者的表达而导致无法很好地理解说话者所表达的内容，降低沟通效率。语速过快的人有时自己的思维也未必能跟上表达的速度，导致自己的表达没有经过大脑的处理而变得缺乏理性或逻辑混乱，甚至会说出不恰当的话语，产生负面影响。快速的表达还容易给人鲁莽、急躁、絮叨等负面印象，因此作为导购员语速不可过快。

语速也不是越慢就越好。语速过慢同样会降低交流效率，也会让一些心急的顾客感觉到不耐烦。

导购员要把适中的语速变成一种习惯，不会因情绪而改变语速以暴露自己的真实想法或不良情绪，也不会因对方的语速而影响自己的语速，平时可以多加练习，如读报纸和演讲稿等。

（四）和谐的话题

导购员与客户的交流是非常必要的，除了要介绍家具产品、洽谈价格外，还可以就家居装饰与搭配、天气、新闻时事等内容进行适当的交流，以增进感情，缓和氛围。与客户交流的方式有多种，如说明式、规劝式、询问式、安慰式、赞美式、问候式、关心式、针对式等。导购员要针对不同的顾客选择不同的交流方式。交谈的方式应注意以下几点：

（1）寻找话题

聊天需要找到对方的兴趣点，尽量聊一些对方感兴趣的话题。如果客户聊起某一话题，导购员也应该表现出对这个话题比较感兴趣。

（2）表达共情

聊天的时候可以表达出对顾客所说内容感兴趣和感同身受，这样才能让对方感觉你愿意继续聊天和能够了解他的感受。

（3）不说忌语

无论是正式还是非正式交谈，有四类话题不能涉及：其一，倾向错误的话题，例如违背伦理道德、宣传封建迷信、违法乱纪等话题；其二，隐私泄密的话题，例如关于收入、婚姻状况、家庭情况、个人经历及企业的营销计划、市场外延开发等；其三，捉弄、诽谤他人的话题，用尖酸刻薄的语言挖苦、调侃对方，或拉扯闲言碎语、搬弄是非，或恶语中伤其他不在场的人士；其四，具有负面意义的话题，例如关于灾难、疾病、失落、挫折等话题。

交谈还要做到实事求是，不要过度夸张，不要吹嘘自己、产品或企业，以免给人不实在、不可信的印象。

（五）规范的措辞

导购员除了要讲究说话的方法，还要注重说话的内容，基本要求是语言文明、措辞规范，这也需要日常积累和练习。

首先，导购员在接待顾客的全过程中，服务语言要简洁、准确、礼貌。

导购员在接待顾客的各个不同服务阶段，要做到措辞规范，可提前背牢一系列导购语言，并灵活用好“十四字”文明礼貌用语。“十四字”文明礼貌用语是：您、请、欢迎、对不起、谢谢、没关系、再见。

导购员在销售过程中的礼貌用语：

①您好，欢迎光临××家具。

②大家好。

③各位好。

④您好，请问您怎么称呼？

⑤请稍候，我马上为您安排。

⑥好的，请稍等，马上就来！

⑦请问您想选些什么家具？

⑧好的！请这边看。

⑨有什么需要？我将竭诚为您服务。

⑩请问您需要哪种家具？我来帮您。

⑪对不起，打扰一下，为了您的健康请不要吸烟，谢谢您的合作！

⑫对不起，这张床还未到（刚卖完），请您留下您的姓名、地址、电话。您看这边另一张床也非常适合您。

⑬很荣幸为您服务，非常感谢您对我们的理解和支持。

⑭您好，请这边办手续。

⑮非常抱歉，让您久等了。

⑯这是您的合同，请您收好！有什么事情随时联系。

⑰谢谢您，我会及时将您的宝贵意见反馈给公司。

⑱请慢走，欢迎您下次光临。

四、卖场人员的礼仪

作为一名专业的导购员，必须做到加强自身修养，注重礼仪礼节，这不仅是一个人自身修养、学识、素质的重要体现，更关系到整个企业的形象与品质。在当今的社会生活中，注重礼仪既能体现对他人和自己的尊重，又能够帮助建立友好的关系，缓和和避免不必要的矛盾、冲突，是与人交往过程中必须具备的素质和能力；企业形象是决胜现代市场竞争的重要因素，要求导购员提供与之相适应的高水平服务，利用服务礼仪打开顾客心扉，让其在对比产品的基础上更多地感受到企业文化和服务的优势，不但能提升产品销售成功率，也为企业树立了良好的企业形象和口碑。

注重服务礼仪是导购员成功开展工作的重要条件之一，卖场人员的礼仪规范按照工作的不同场景可分为以下环节。

（一）迎客礼仪

卖场人员与顾客的首次接触就是迎客的环节，当顾客向我们走来，我们需要有什么样的反应才是最为得体的呢？

1. 热情的微笑

首先，当顾客还没有走近我们就可以先以热情的微笑，给顾客良好的第一印象，让顾客感觉到亲切、友好，拉近与顾客之间的距离，营造和谐融洽的气氛，让顾客愿意进店；微笑服务是低成本、高回报，可以增加销售、提高效益、提升家具品牌影响力……是卖场人员树立形象、提升销量的有力工具。

微笑是迎客礼仪的第一要素，既为礼仪，就应规范，卖场人员要进行严格而必要的微笑训练，将眉头舒展，发自内心微笑，上下各露出8颗牙齿。平时可以对着镜子找出自己最佳微笑口型和面部表情，反复练习，也可以练习“茄子”“钱”“G”等发音口型。

卖场人员还要具备良好的心理素质，无论工作中、生活中遇到什么开心或者不开心的事情，只要走上工作岗位就要克服情绪的影响，做好表情管理，给顾客以发自内心的真挚的微笑。不要笑得过于开心忘形或是讪笑、傻笑、讥笑，以免让客户觉得别扭和疑惑；不可流露出谄媚、奉承的笑意，否则顾客易质疑产品的质量或卖场人员的用心；不要笑得过于勉强，甚至是苦笑，这会让顾客产生不良情绪。

2. 亲切的眼神

有了美好的微笑，还要配合亲切的眼神。眼睛是心灵的窗户，眼神不同，表达的情感也不同。导购员的眼神应当是坦然而亲切的。在迎客时，应以热情、柔和的眼神正视顾客，目光要坚定，眼球不要乱动，以免给人不诚实、不稳重的印象；切忌不要明显上下打量顾客，会让顾客觉得不自在，更会怀疑你是在观察、判断客户的购买能力，让顾客心生厌恶；切忌流露出傲慢、轻蔑、有压迫感的眼神或是无精打采、心不在焉的眼神。

3. 真诚的鞠躬礼

鞠躬礼在人们的生活、社交、商业服务中的使用越来越频繁，通常用于表达对他人的尊敬、欢迎或感激之情。鞠躬时应从心底发出对对方表示感谢、尊重，从而体现于行动，给对方留下诚挚、真实的印象。真诚的鞠躬礼如图2-16所示。

鞠躬时要注意规范：首先要站直、站好，如果在座位上看到了客人应起立鞠躬，以良好的站姿为基础，双手在身前搭好，双目注视对方，面带微笑。鞠躬时，以臀部为轴心，将上身挺直，向前倾斜，目光随身体自然下垂到距脚尖1.5m处，鞠躬完之后，再恢复到标准的站姿，目光再注视对方脸部。鞠躬的同时要问好，声音要热情、亲切。鞠躬的倾斜角度一般是15°、45° 和90°，15° 一般运用在应酬场合，如问候、介绍、握手、让座等；45° 一般是下级给上级、学生给老师、晚辈给长辈、服务人员给来宾表示的敬意；90° 属于最高的礼节，这个要慎重分场合、对象使用。

4. 合宜的握手礼

握手是我们日常工作中常使用的礼节之一，一般用于见面和离别时表示友好和尊重。导购员在接待一些特定顾客，比如老客户转介绍的顾客或是提前约定的重要顾客的时候，需要使用握手礼来表示对顾客的欢迎和尊重。正规的握手礼要与对方保持约1m的距离，上身前倾，目视对方，面带微笑，同时伸出右手，四指并拢，拇指张开，握住对方的手，数秒后礼毕松开（图2-17）。在应用时还需要注意以下事项：

首先，要确认对方是否有握手的意愿，需要注意观察对方是否伸手，通常握手礼的伸手顺序是上级在先、主人在先、长者在先、女性在先，当对方伸出手，我们就要马上伸出右手，若对方没有握手意愿，则可使用点头礼或鞠躬礼表示尊重。切记不要在对方伸出手的时候不伸手或伸手缓慢，以免造成

图2-16 鞠躬

图2-17 握手礼

尴尬的局面。

握手还要区分对象，当对方是年长者或地位较高的人时，对方伸出手时，我们可以伸出双手握住对方以表示非常地尊重对方、欢迎对方；与女性握手注意拇指不要搭在女性的手背上，尤其不可以在女性的手背上来回滑动拇指，这样是非常不礼貌的。

注意握手时间一般在2~3s或4~5s为宜，尤其面对不熟悉的人或女性时，不可以长时间边握着对方的手边说话，熟悉的人则可稍长时间握手，表示亲切、友好。

握手力度要适宜，太轻柔无力会给人敷衍、不真诚的感觉，而用力过猛则给人粗鲁、无礼的印象。尤其注意不要拉着对方的手摇来摇去。

握手时还应注意手部要清洁、干爽，如对方伸出手时恰巧自己的手比较脏，则可伸出双手示意对方，并表示诚挚的歉意；握手应摘下手套、帽子、墨镜等，以示尊重对方。一般应站着握手，除非生病或特殊场合，但也要欠身握手，以示敬意。

（二）引导礼仪

当卖场人员运用美好的微笑、亲切的眼神和标准的鞠躬礼将顾客迎接进入店内，接下来就进入引导顾客浏览商品的环节，引导环节的礼仪主要包括标准的引导走姿和服务距离。

1. 引导走姿

顾客进店后，卖场人员可以先简单了解顾客的需求，根据顾客的意愿引导其进行浏览。首先需要在标准站姿的基础上，伸出一侧手臂示意顾客行走的方向，并提示顾客“请您往这边走”或“请您跟我来”，注意手臂向斜上方抬起40° 左右，手掌摊平，五指并拢（图2-18）。导购员应走在前面，不时回头查看顾客的反应，遇到狭窄的通道时，应主动站立一旁，以手示意，让顾客先走。上下楼梯或电梯时，应走在楼梯、电梯的右侧，并主动将扶手的一边让给顾客；导购员的行走速度不宜过快，便于客人浏览其他家具，同时行走速度也不应过于缓慢，尤其是在察觉到顾客对当前区域内的家具不感兴趣的时候更不应拖沓，以免顾客不耐烦；当到达目标家具附近时，导购员应先放慢脚步再停下，避免突然停下导致顾客来不及停住脚步。

图2-18 标准的引导礼仪

2. 服务距离

导购员在引导顾客浏览家具的过程中还应注意与顾客保持一定的距离。距离太远，会让顾客感觉不到有人在为他提供服务，从而会有被怠慢或忽视的感受；距离过近，甚至突破了顾客的安全社交距离，则会让对方感觉不舒服；因此，导购员在引导过程中必须掌握服务距离，才能让顾客感觉到舒适和被尊重。

一般情况下，接待和引导顾客的距离以1~1.5m为宜，应根据服务时方便顾客的具体情况而定。当顾客表示自己随便看看或并没有想要购买家具的时候，可能顾客此时并不希望导购员跟随，但导购员也不可真的不管顾客，应该适当拉开和顾客的服务距离，保持在3m左右，当顾客需要时可以在最短的时间内快速上前为其解答。

（三）展示礼仪

导购员应走到家具前将其进行展示，展示的时候需要注意保持合宜的仪态，包括讲解时的站姿。要注意面向顾客，眼睛不要一直盯着家具而不看顾客，也不要一直盯着顾客，眼神自然的同时也要注意观察顾客的反应，以了解顾客对当前的家具是否感兴趣、是否能跟上自己的思维、是否能理解自己讲的内容……上身挺直，双手自然交叠在身前，可用手势配合讲解（图2-19），动作应轻柔、优雅，避免过于夸张，避免碰撞家具发出响动，甚至碰撞到顾客；当展示的家具较为低矮或展示家具的低矮部位时，导购员不可直接弯腰下探，以免出现不雅观的姿态，应该使用标准的蹲姿：屈膝下蹲，双腿并拢，上身挺直，一边展示讲解，还要不时抬头望向顾客，和顾客进行适当眼神交流的同时也能观察到顾客的反应。下蹲起身时要避免过急导致晕眩或起身不稳，可轻扶身边的家具，借力缓缓站起，随即保持标准站姿；导购员有时需要引导顾客触摸、敲击家具，向顾客演示家具的使用方法，甚至需要邀请顾客进行体验，这时首先需要征求顾客的同意，顾客拒绝则不能强求，如顾客有所顾虑则可先示范给顾客看，比如："您可以像我这样……""您可以随意地拉一下这个抽屉，感受一下……"或"请您坐下感受一下，这把椅子是非常舒适的"……在整个展示过程中，注意保持亲切而礼貌的微笑和优美的仪态。

（四）谈话礼仪

顾客对某一商品产生兴趣时，导购员需要全面、细致地介绍产品和洽谈价格。此时，为消除顾客的焦虑心理，导购员可以邀请顾客落座详谈，洽谈时应注意的礼仪规范如下：

首先，请顾客落座可以先征求顾客的意见，如"如果您对这款产品比较感兴趣，您可以这边坐一下，我拿些场景图给您参考一下好吗？"或"您逛了这么久一定也累了，不如先坐下休息一下，我再为您进一步讲解？"。将顾客引导至洽谈区，用规范的手势示意顾客落座（图2-20），如椅子靠桌子较近，需要导购员提前将椅子轻轻拉出并稍转向顾客的方向，方便其落座。注意，进店顾客可能不止一人，让座时应先让年长者、地位较高者或女士，如果顾客带了小朋友，则可帮助将小朋友抱到座椅上，并将座椅稍往前挪，方便小朋友拿取桌上的物品。顾客落座后

图2-19　标准的展示礼仪

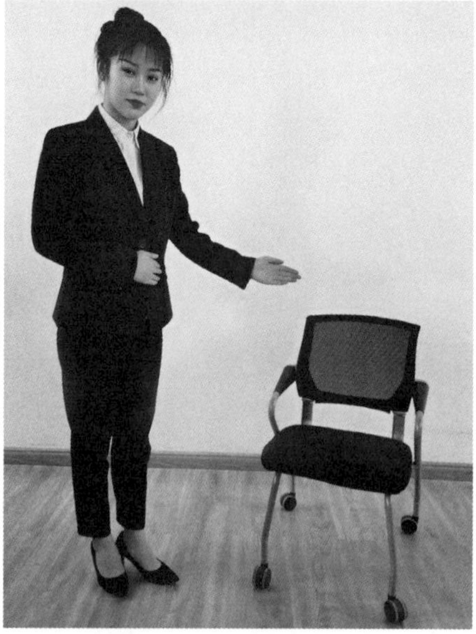

图2-20　标准的让座礼仪

不必忙于介绍，可以先递上店内的饮水或询问顾客想喝什么再为顾客准备，可为小朋友递上糖果或点心，注意要用双手托住杯子或盘子，以示敬意（图2-21），递水杯时注意水杯里的水不要过满或温度过高，如果水溢出洒到顾客身上或烫到顾客则会非常尴尬，一定要注意避免此类情况发生。

安顿好顾客后，导购员可以坐到顾客的对面位置，注意落座时及坐下后的坐姿，要用温和、诚挚的眼神注视着顾客，并面带微笑，不要表现出急切、兴奋，音量、语速适中，语调轻柔、平稳，言语亲切、有礼，要多使用肯定赞扬的话语，尽量不否定顾客，注意说话不要阴阳怪气，更不能让顾客感觉到被逼单的压力；顾客说话时，导购员要认真、专注地倾听，并积极地回应顾客，和顾客交谈要尽量做到实事求是，不要夸大其词，更不能因为要销售家具而向顾客空许诺言，例如随便答应顾客可以随时换货等。

图2-21　标准的递茶水礼仪

（五）送客礼仪

当顾客离店时，无论是进店浏览还是不具有购买能力，无论是在对比产品还是已经成交，导购员都应一视同仁，礼貌、周到地将顾客送到店外，既体现了导购员的服务精神，也维护了企业的良好形象。

1. 引导出店

当顾客表示要离店时，导购员需要先示意顾客出口的方向，可以利用客人出店的时间尽量进行信息交流，以给顾客留下深刻的印象。对于尚未成交的顾客，导购员可以借此机会留下客户的联系方式，为之后的营销活动做准备，因此在送顾客出店的过程中，导购员可以尽量放慢脚步，以带动顾客保持低速前进，从而增加交流的时间，但需要注意，当顾客急于离开的时候就不要刻意拖延时间，以免引起顾客反感。

2. 留联系方式

导购员非常有必要留下顾客的联系方式，尤其是未成交顾客，无论他是否有意购买，只要留下联系方式，就是留下了再次营销的机会，因此导购员要想办法留下顾客的联系方式。大家都比较注重隐私安全且不喜欢被打扰，因此绝大多数人通常不会随意将自己的电话号码和微信告诉不熟悉的人，所以导购员在询问顾客联系方式的过程中必须要非常礼貌且讲究方法，否则非但要不到联系方式，还很可能引起对方的反感。

首先，导购员应试探性询问顾客是否可以留下联系方式且马上说明原因，并保证不会泄露，通常用为顾客提供服务资料、优惠信息等能让顾客受益的理由比较容易让顾客留下联系方式；当顾客同意后，导购员应迅速拿出手机或笔记本记录下来，并马上复述一遍进行确认，以免记录错误；微信添加好友可以通过扫描二维码和搜索电话号码的方式，导购员可以提前做好准备，将自己的微信二维码设置为手机屏保或提前打印并随身携带，方便随时拿出让顾客扫码并添加好友，不要让顾客拿出手机后还要等待你手忙脚乱地找手机找二维码，这样是非常失礼的；通过手机号码添加微信好友的方式可以请顾客提供手机号码进行添加，再请顾客通过添加申请即可，对于顾客来说是比较方便的，也是比较有礼貌的一种方法。但如果客户不愿意提供自己的电话号码，导购员也可以将自己的各种联系方式和微信二维码印在名片上，将字面朝向顾客，双手奉上（图2-22），如果顾客愿意，则可以请他添加自己的微信或电话号码。记录顾客联系方式或添加微信后可询问顾客的姓氏进行备注，以方便下次联系时能够准确称呼对方，注意备注的时间要快，不要随意评价客户的联系方式、微信昵称和头像等，以免引起顾客的反感。

3. 告别礼仪

将顾客送到店外后，仍然可以适当把握机会和顾客交流，交流完毕可根据客户的年纪、身份等选择点头礼、鞠躬礼或握手礼，并配合语言“您慢走”“谢谢光临”“欢迎您再次光临”等和顾客告别，顾客走后导购员也不应该立刻转身进店，以免顾客突然想到问题转身询问却看到导购员已经离开，应目送顾客走远，确定他不会转身后再进店。

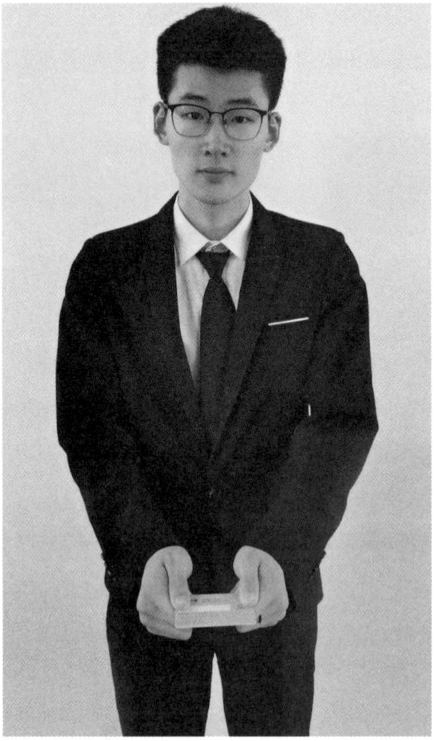

图2-22　标准的递名片礼仪

（六）电话礼仪

导购员在日常工作中经常需要接听来自家具企业、家居卖场、顾客的电话，有时也需要拨打电话进行和家具销售有关的工作，比如为目标客户提供商品价格调整信息、通知顾客参加优惠活动或老客户维护等，这就需要导购员掌握电话礼仪，以免在此过程中出现问题。

1. 正确的时间

导购员在拨打电话时，根据不同的顾客类型选择合适的时间段，可在日常索要顾客联系方式时和顾客进行沟通，例如询问顾客：“您看我什么时间给您打电话比较合适?”或“您是在工作日方便接听电话还是休息日方便接听电话?”，也可根据客户的年龄、职业、家庭状况进行一定的判断，比如有小孩的家庭在下午的时间小朋友需要午睡，可能不方便接听电话；或有些人可能不习惯早起，不要过早打电话给他，通常可选择在上午10:00~12:00或下午15:00~17:00的时间打电话比较合适。

2. 合适的空间

打电话之前需要先找一个安静的环境，环境嘈杂会导致音量不由自主地提高，让对方感觉声音过于强势，欠缺礼貌，也会影响我们听对方所说的内容，导致无法通畅交流。因此，务必选择安静的空间，同时还要确保不会在通话过程中出现突发状况。

3. 充足的准备

打电话前应该做好准备工作，这样不但能体现对对方的尊重，不耽误对方的时间，也能提高沟通的效率，避免遗漏需要沟通的事项。准备工作主要包括：准确的电话号码，接听电话者的姓名、职务、身份、性格等，电话交流中需要用的文件、详细资料、数据等，如果电话交流内容比较复杂，可以逐一列出沟通的事项或把要说的内容整理成语言文字，在打电话前背熟或读熟。

4. 规范的语言

电话进行交流与面对面的交流有很大区别，面对面的交流可以通过除语言之外的动作、神态等接收对方的信息，电话交流更多通过说话者的措辞、语气、音量、音调等接收信息，因此导购员在运用电话进行交流的时候要十分注意自己的语言规范。

首先，电话接通后要礼貌问候对方，然后按照之前留下的顾客姓名进行确认：“您好！请问您是赵晓明赵先生吗?”确认身份的目的是让对方意识到这通电话是专程打给自己的，让他有被重视和被尊重的感受。

确认后要马上自报家门，让对方在第一时间了解你的身份和此番通话的目的，并且要对此次的打扰表示歉意，以消除客户不耐烦的情绪：“我是××家居卖场的导购员小王，此次来电是专程邀请您参加我们店在××的一个大型促销活动，如有打扰请您原谅!”或“我是××卖场上次为您提供服务的导购员小王，此次来电是为您提供回访服务的，希望没有打扰到您!”

有时因种种原因可能导致对方不能清晰准确地接收到我们的信息，所以还需要适当和对方确认是否听清或自己是否说清楚内容，如在自报家门后询问对方：“请问您能听清我说话吗?”或在说完此次通话的主要目的后和对方确认：“请问我的表述是否清楚呢?”这里要注意措辞的准确性和技巧性，不能说：“我说的话您懂不懂?”要让顾客感觉到被尊重，既达到了确认的目的，又无损顾客的颜面；电话要尽快说明主要目的，语言要简明扼要，不要啰唆赘述；如顾客提出问题要认真倾听，不要打断对方，可以在对方叙述完问题后，将对方所说的内容大意总结复述一遍，请对方确认自己是否理解得正确，然后再进行耐心、明确解答，如顾客提出的问题不在自己的工作职责内，也要尽量帮助顾客解决，可以对顾客说：“请您稍等，我帮您询问一下专业负责的人员。”或“您这个问题需要专业人员为您解答，我稍后帮您联系，让他尽快给您回电话说明，您看可以吗?”

说明内容并确认后或解答问题确认对方没有其他疑问后，就可以尽快结束通话，可以说：“如果您都明确了我就不多打扰了。”或“您如果还会有什么疑问可以随时联系我，我随时为您提供服务。”

通话的最后还要附上礼貌的问候语并表示谢意：“感谢您的接听，祝您生活愉快!”或“感谢您选择我们的产品和服务，期待与您下次再见!”

要注意挂电话的先后顺序，导购员要等待顾客挂断后再挂电话，如对方没有及时切断电话，则应在确认顾客不再讲话后挂掉电话。切忌顾客还没说完或还有话要说自己就已经挂断电话，如不小心出现此种情况，则应该马上回拨电话询问并表示歉意。

如果是客户主动来电，要尽快接听，即使周遭环境嘈杂，也要先接听并告知顾客情况，请顾客稍等并马上找个相对安静的地方接听；如正在接待其他顾客，可根据情况判断先接听电话和顾客说明情况稍后回复，或者请其他同事先帮忙接待顾客再去接电话；如接到打错的电话时也要以礼相待。

打电话时还要注意务必使用标准普通话，不要使用方言，以免给人不正规的感受；不要使用一些具有歧义的词汇，以免产生误会；吐字发音要清晰准确，语速适中，音量要保证在对方能听清，尽量温文尔雅，避免给人急促或散漫、虚弱或聒噪、谄媚或高傲的感受；可以尝试微笑着说话，虽然在电话里我们无法感知对方的表情，但人在微笑时说出的话比没有微笑说出的话要更令人感到悦耳。

5. 做好通话记录

当通话内容涉及重要事情或详细的家具型号、送货时间、送货地点等信息时，一定要准确无误地记录，并对部分内容进行重复和核对。对一些客户提出的疑问或意见、建议也可以稍加整理并记录，下次客户再提出相同问题时可以自如应对，更能体现出对客户的尊重。与客户约定的事项一定要记录并马上处理，并在约定时间内为客户解决，千万不可失信于人。

（七）礼仪禁忌

在与客户接触的过程中，一定要保持理性客观，不要因忙碌、疲惫而懈怠，也不要感觉和顾客熟稔就放肆、大意……要时刻绷紧礼仪禁忌这根弦，无论什么情况都不要逾越规矩，让人感觉导购员不够专业，甚至影响企业的形象。导购员要明确在工作中有哪些事可以说、可以做，哪些事不能做、不能说，明确自己的职责和使命，不做无谓的举动。

导购员要做到一视同仁，不要挑拣顾客。接待顾客要按照先来后到的次序。先来的顾客应先给予服务，对晚到的顾客应亲切、有礼地请他稍候片刻，切记不能靠主观判断哪个顾客有经济能力或有社会地位就优先服务，哪个客人看似普通就不予理会。

导购员要谦逊有礼，不要自以为是。接待顾客要多询问其意向，尊重对方的意见，不要自诩专业、有经验就刻意地左右顾客的意向或在一旁喋喋不休；与顾客交谈宜用询问、商量的口吻，不能用强迫或威胁的口气逼迫顾客购买，宜先询问顾客满意的程度，而非只一味称赞商品优势。

导购员要有耐心，不要焦躁。顾客有疑问时，应以专业、愉悦的态度为顾客解答，不得有不耐烦的表情或者一问三不知；即使顾客不买任何东西，也要保持亲切、热忱的态度感谢他的光顾，留给对方良好的印象，也许下次顾客有需要时就会先想到本店并且再度光临。

导购员要客观冷静，工作中不掺杂自己的情绪。工作中难免遇到顾客由于各种原因而情绪激动，这时导购员要立即向顾客解释并道歉，并将注意力集中在该顾客身上。这样就能清除思想中的所有杂念，集中思想在顾客的需求上，不要只觉得自己委屈，进而和顾客起冲突。被顾客的过激言论左右自己情绪和判断是一种很不专业的表现。

导购员要掌握好分寸，不要口无遮拦。与顾客适当交谈可以拉近距离，缓和氛围，但也要注意交谈的尺度，一些禁忌话题或感觉顾客不想谈论的话题一定要禁言，如询问顾客年龄、收入、婚姻状况等；不要在顾客面前诋毁同行，不要挖苦、取笑或说一些负能量的话题，以免让顾客觉得导购员不专业，甚至品德不良。

任务二　家居卖场环境设计

重视卖场设计，对于经营者来说具有重要的意义。

“家居卖场环境设计”是将硬生生的“建筑体”设计成人性化的“商业空间”，让单纯的“售卖场所”变成“满足购物欲望的空间”，而这些欲望并非像以前的购物习惯“买了就走”，消费者希望在购物的同时也能得到相关生活信息、流行趋势情报，在舒适的视觉感官及气氛下尽情地享受购物乐趣。成功的卖场规划就必须以满足消费者欲望为前提，不只是提供商品售卖而已。首先要深入了解、分析“行业特性”“商品种类配置”和“商圈顾客形态”，然后灵活展现最有效的陈列空间，发挥卖场的经营特色，吸引顾客进入卖场，对家居产品产生选购兴趣。

一、卖场环境设计基本理论

卖场环境设计是指一家店铺在其销售空间针对商圈顾客需求所做的配置设计，其规划得当与否关系着卖场经营成败。无论规划的动机是为了新开店、重新改装还是局部调整，其目的都是创造一个最佳气氛的买卖场所，让消费者在舒适的卖场里享受购物的乐趣，进而在愉悦的贩促气氛中选购更多的商品，以满足顾客的消费需求和提高企业的经营效益。

（一）卖场环境设计的意义及原则

1. 形成核心竞争力

重视卖场设计，能够为零售商带来属于自己的核心竞争力。所谓核心竞争力，是指某一个商家所独有的，且难以被其他商家所模仿的优势所在。对于零售商来说，有许多影响其经营效益的重要因素：地段选址、供货商、顾客群服务水平、管理水平、店内装饰、店面设计……不难发现，其中有些因素是行业性的，几乎同一地区里的所有零售商都会面临相同的情况，只能被动接受；还有些则是某些商店所独有的内部因素，如地段、购物环境店面设计等，这些属于零售商可以自己把握的内容。

2. 创立品牌形象

在经销商品种类日益趋同的背景下，卖场设计将是商家树立自身形象、谋求差异化经营的重要策略。我们可以明显地感觉到，进入21世纪之后，各种业态的零售形式都得到了充分的发展。在一些热闹繁华的商业地段，竞争还不仅发生在商场、超市、精品店、专业店等不同业态之间，还发生在集中于同一地区的不同商场之间、不同超市之间，甚至同一品牌的不同专营店之间。在这么多店中，顾客该怎样选择呢？多数情况下，这种选择是带有方向性的。知名的零售品牌、明亮的店堂装修会给人正规与可靠的感觉；便捷的出入口、明了的导购牌会吸引繁忙人士进店购买；优雅的环境、轻松的音乐、鲜艳的颜色则会吸引追求休闲与时尚的人。正是店主基于经营定位的精心设计，形成了特色，进而为其吸引了顾客。

3. 促成冲动购买

通过卖场设计促进顾客的“非计划性购买”已经成为零售商的必然选择。我们经常会有这样的经历：在等待结账的时候，看到一旁的口香糖、饮料，单品价格不高，就随手拿起一同买下了，这便是非计划性购买的实例，购买这些商品或许并不是我们预先打算买的，而只是一时“冲动”的结果。实际上这样的例子还会更加普遍，尤其是在逛商店的过程中，因为经过某些货架时看到促销广告，或者仅仅是因为商品的摆放吸引眼球而引发了兴趣，最后决定购买。

4. 优化购物体验

优秀的卖场设计，能够带来良好的购物体验，提高满意度。商品的丰富性和多样性已经让消费者产生了一种“无所适从”的感觉。人们普遍认识到购物不仅是简单地为了买到生活必需的物品，同时也是一种生活休闲甚至情感发泄的方式。作为店主，就应当在这两种购物需求一同存在的情况下，尽可能地为顾客带来良好的消费体验。事实上，有许多不经意的设计都会让顾客感到烦恼：狭窄的过道，不合理的分类，强迫式的行走路径，过于刺耳的音乐，这些问题都直接关系到顾客满意度和回头客的比例，需要通过优化卖场设计来予以改善。

（二）卖场构成

卖场构成

1. 卖场构成要素

卖场的类型有很多，但是每一种卖场的构成要素都是由人（顾客与员工）、空间（内、外卖场）、商品（有形与无形商品）三者所组成。卖场三要素之间的相互关系如图2-23所示。

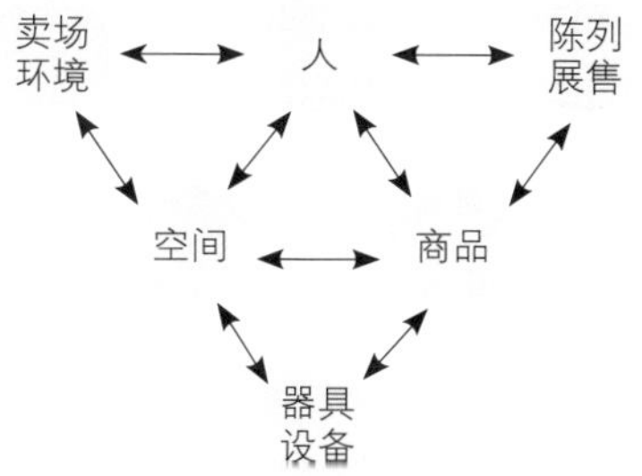

图2-23 卖场构成三要素的相互关系

（1）人与空间

人与空间的关系会衍生为具体的卖场环境，卖场的外部环境有设点位置、交通条件、商圈结构、消费层次、同行竞争、异业结盟、上游厂商配合、卖场外观、停车设施、广告招牌和视觉引导等。卖场内部环境包括内部装修、公共设施（如化妆室、电梯、消防等）、收银柜台、动线通道、陈列设备、器具

（如冷冻柜、食品机器等）、基本设备（如照明、空调、音响）、管理设备等。

（2）商品与人

商品与人之间的信息传递是靠员工的陈列技巧和服务作业流程，将商品信息传达给顾客，达到有效的展售效果。

（3）空间与商品

商品在空间里要表现出最好的展售效果，就必须依赖有形的器具设备。商品的质感与价值经由器具设备的陈列直接展示在顾客眼前，这也就是空间与商品所衍生的关系。

2. 卖场设计构成

从总体上说，卖场设计包括商店选址与外观设计、内部装饰与气氛设计、商品陈列与店内促销三个相互支持的方面，是涉及心理、艺术、管理等多学科的综合性实践领域。

（1）卖场选址

卖场选址即确定开业的位置，主要包括商业圈的大选址和局部区域的小选址，前者关注人气客流，后者注重周边环境。

（2）外观设计

外观设计涵盖卖场的诸多要素，包括门面的样式、出入口的位置标志、招牌的图文以及卖场名称的确定等，这是一系列需要着眼大局、考虑细节、兼顾艺术的设计项目。

（3）内部环境设计

内部环境设计与顾客的购物行为体验密切相关，包括卖场中销售区域的布局、行走通道的设计、各种卖场界面的装饰和内部照明的设计等，需要特别注意从顾客的角度感受整体效果。

（4）气氛营造

烘托家居卖场购物气氛的元素包括色彩、音乐、温度、气味等，需要与卖场中的促销活动结合起来。这是用具体的“实物”来营造抽象的“气氛”，富有技巧性和艺术性。商品陈列关乎三个问题：一是商品的展示是否充分，二是顾客的取放是否轻松，三是店员的补货是否便利。上述三个问题产生了卖场陈列的各种要求，需要通过不同的陈列方法、选用合适的陈列用具并以恰当的表现手法来实现。

（5）店内促销

店内促销是具体活动事件的设计，包括促销场地、人员、物料、经费等多方面资源的调度和安排。此外，卖场橱窗作为卖场内部环境的延伸，既能美化外观环境，也关系到卖场中的整体购物氛围，同样值得引起注意。

（三）卖场环境设计与营运

1. 卖场的营运要素

卖场除了有完整的构成要素之外，还必须有“营造贩卖气氛”“商品管理与创新”及“提升服务品质”等营运要素，才能使卖场更具活力。

（1）营造贩卖气氛

要营造好的贩卖气氛，除了开店时所规划的固定条件之外，还必须包括日后营运的弹性条件，才能使卖场的气氛更活泼，达到加强效果。固定条件包括企业识别系统、卖场色彩与照明计划、标示与促销广告牌广告、空调与音乐等规划。弹性条件是一种可变、可调整的因素，根据商圈变化及顾客需求所推广的各种促销活动及卖场布景的设计。

（2）商品管理与创新

卖场里的商品是属于有形的展售服务，给顾客的感觉比较直接与生硬，管理不当将会导致卖场凌乱及存货滞销，若是从商品选择及开发→比价与协商谈判→订货与验收→入库定价→包装陈列展示→搭配组合到广告促销都能层层发挥管理与创新作用，将使商品更具有竞争力。

（3）提升服务品质

大多学者对服务的定义为：服务是了解顾客的需求，然后规划传递系统来满足其需要，最后赢得顾客满意的一个完整过程，这一过程的产出是不可触及的无形性商品，而且产出的过程包括提供者与顾客的共同参与。由此可知卖场要强化竞争优势，除了提供有形的商品，势必要提升无形的服务品质，才能满足顾客需求，赢得顾客满意。

卖场里的服务范围是一系列的提供过程，从顾客停车服务+进入卖场→引导参观+信息传达+刺激选购→收银结账+商品退换+顾客反馈问题处理到活动都环环相扣，其中若有某些流程发生服务缺失，将会降低顾客的购买意愿，甚至造成顾客流失。

2. 创造卖场魅力的主要条件

当今商业环境变动性很大，尤其直接面对消费者的卖场，其竞争更是激烈。主要是消费者对卖场的功能需求，已由单纯的购物提升为生活功能的一部分，从业者必须考虑“购物”与“生活休闲”的结合，才能吸引消费者。购物已成为休闲生活中的一个重要环节。

这种“购物休闲”的经济活动同时提供消费者“生活信息情报”“社交活动”与“满足购物需求”等功能，为了实现这些功能，相应而生的是创造有魅力的卖场。如何创造有魅力的卖场？换句话说就是如何做好“卖场规划设计”，并主导卖场活动的水平，是卖场管理人员必须考虑的问题。从小餐馆到大商场都应设想如何提供符合顾客需求的展售空间，以吸引顾客进门、参观并选购。

（四）如何做好卖场设计

做好卖场设计，有两大关键性的因素：一是顾客的要求越来越细致，各种显性的、隐性的意见促使卖场采用更加合理的设计；二是当前的零售竞争越来越激烈，尤其是国外零售巨头的进入挤占了有限的市场空间。对于前者，我们需要了解顾客具体的感知特点，并分类加以考虑；对于后者，则应直面竞争，从竞争对手那里学习设计的方法和技巧。

如果说“细节决定成败”，那么卖场设计就是零售店主所需要特别关注的“细节”了。每一个方面都需要设计，而一旦需要“设计”，就会涉及“细节”。消费者或许不会直接体会到店主在选址、橱窗、灯光、通道等方面所花费的心思，但他们会对这些设计元素产生感知，并且常常是在细节上。从顾客感知的角度出发，细节层次的设计要素可以分为两种：默认接受式和主动强化式。

1. 默认接受式

默认接受式的感知往往是基础性的，如灯光明暗、通道宽窄等，应当确保设计效果让顾客满意。顾客不会因为灯光合适而对卖场加以特殊的赞誉，也不会特别地注意通道的设计能让其方便地穿梭选购，但这些要素的设计一旦没有做好，顾客则会产生抱怨。

2. 主动强化式

主动强化式的要素并不在所有卖场中体现，而一旦出现，其目的就是要让顾客产生格外的体验。明亮的落地窗、精致的展示台、造型特别的广告等，都是为了给顾客额外的感官冲击。这些设计要素的选择具有更高的要求，因为它们属于卖场的特别之处，同时也意味着较高的成本。如果这些设计因素没能给顾客留下深刻印象，甚至产生了负面影响，则会给卖场带来较大的损失。所谓从细节，就要求店主在这些不同的设计要素上细致考虑了。

二、家居卖场外环境设计

（一）卖场的选址

卖场的经营能否成功，地理位置的选择起到了至关重要的作用。除了少数能够利用品牌优势吸引消费者远道而来的“名店”以外，大多数中小型卖场的选址都会对客流量、销售额产生重要的影响（图2-24）。一般而言，卖场选址首先是不同商业圈之间的选择。由于城市地理沿线、区域文化、居民分布等因素的影响，不同的商业圈会在经营商品的种类、档次上存在差别，商业圈内的竞争激烈程度也有所不同。因而，店主需要根据本店的经营定位与计划，在充分研究不同商业圈及其周边情况的基础上做出选择。

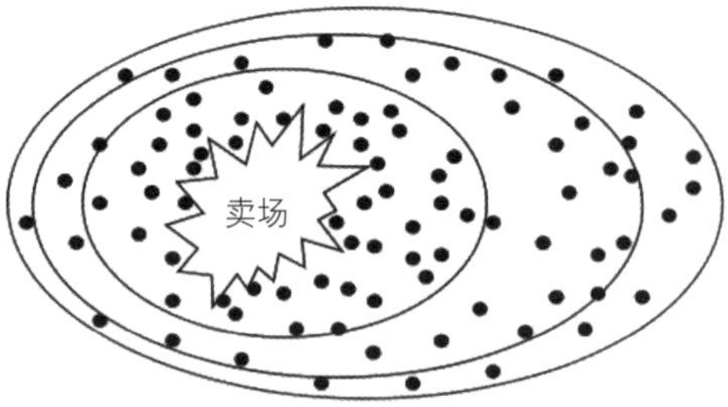

图2-24 商圈

有两种情况是非常值得考虑的：一是凭借大型商业圈的客流量，为本店带来充足的客流。许多商店开设在繁华路段，就属于这种情况。但这些地段往往租金昂贵，同时竞争也比较激烈，需要加以权衡。二是背靠居民区、学校、大型单位等人员聚集地，形成一定的顾客群体。了解商圈内的顾客构成，还可以分析居民的其他信息，从而得出更加全面、综合的结论。通过实地观察，可以了解周边居民的年龄构成，消费者的年龄一方面影响着他们当前的购物需求，另一方面也决定了其收入增长的潜力。

卖场选址的过程中，店主自身的资金实力同样需要考虑。较好的地段往往会有较高的租金，而租金较低的区域通常存在着一些劣势，因而选址是一个比较、权衡的过程。除了租金外，付款条件、租期长短等也是需要注意的问题。一般而言，如果认为未来租金会上涨，就应在当前比较低的价格时选择比较长的租期，反之则应将租期定得短一些。

（二）广告招牌设计

“卖场的招牌”主要目的是通过有创意的设计手法，给来往的行人留下深刻印象，指引其前来消费购物。此设施功能涵盖了吸引一般行人的视觉注意力、激发消费者来店的潜在意识、指引顾客光临的标示效果及表现企业形象的识别等。

1. 广告招牌形式

广告招牌是营造卖场魅力的重要因素，其显示内容包含卖场名称、图案样式、商标或企业标志、文字诉求、颜色搭配及照明灯光表现等整体设计。设计制作后再选定适当的吊挂位置，应醒目易见、清楚易懂、兼顾视觉效果和卖场诉求，以引起过往行人的注意，进一步引起消费者的好奇与兴趣，从而进入卖场。为了塑造卖场魅力，招牌设计必须要做全面性和整体性的考虑，使其达到真正的广告效果。

①额头招牌（卖场正面）的位置、大小、造型样式、广告效果如图2-25所示。

②立式招牌的大小、位置如图2-26所示。

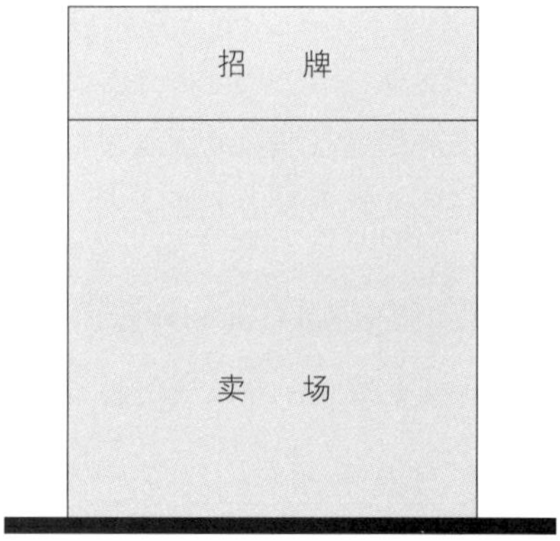

图2-25 额头招牌前视图

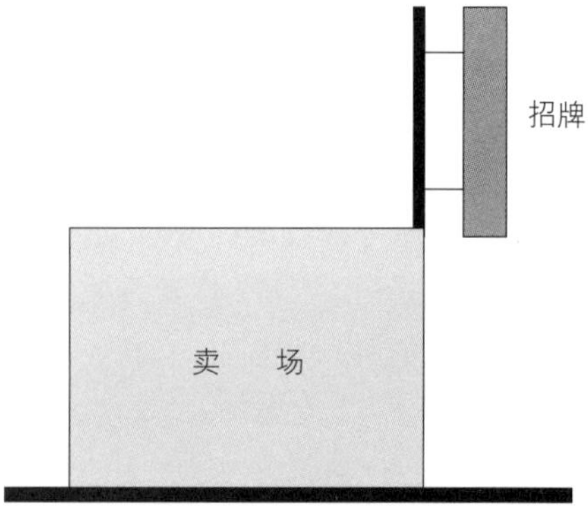

图2-26 立式招牌侧视图

③外伸招牌的规格及位置如图2-27所示。

④所有招牌吊挂应符合相关法规、当地风俗习惯及相邻店铺人员的要求。

⑤广告招牌的安全结构及材质选用。

⑥评估招牌的广告效益及成本。

⑦招牌的版面设计应符合行业标准，如图2-28所示。

⑧字体、色彩、图案与企业标识相称。

⑨招牌的色彩明度、灯照明度、设计形象能够吸引消费者。

⑩考虑招牌在夜间的照明设计或装置定时器及漏电开关。

⑪随时检修招牌，以免破旧影响卖场形象或产生安全隐患。

2. 招牌与标志设计要求

招牌是卖场外观中向顾客传递信息的关键部分。顾客或多或少地都会注意到店铺的招牌，并对其产生一定的形象记忆。好的招牌能给顾客留下深刻的印象，它们与门面、店内布置、导购员着装等诸多要素一起构成了卖场的视觉识别系统。

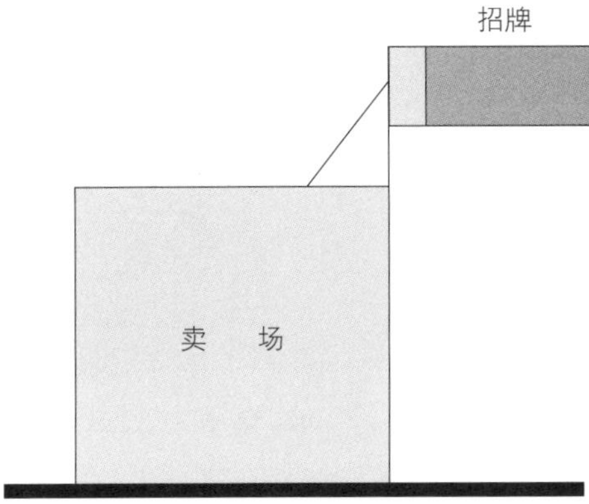

图2-27 外伸招牌侧视图

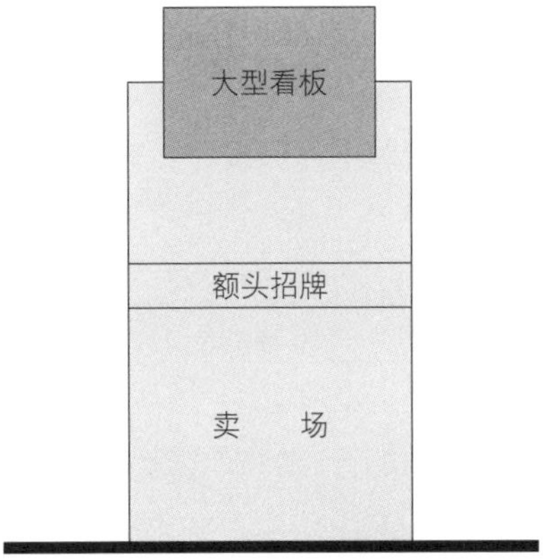

图2-28 大型广告看板前视图

（1）清晰易懂

图案应当具有清晰的含义，形象鲜明，易于理解，这是卖场通过标志与顾客进行沟通的前提。标志可以非常直观，如直接用汉字、字母、动物图案等，也可以采用抽象形象。无论采取何种形式，都应当能让顾客理解其中的含义，图案示例如图2-29所示。

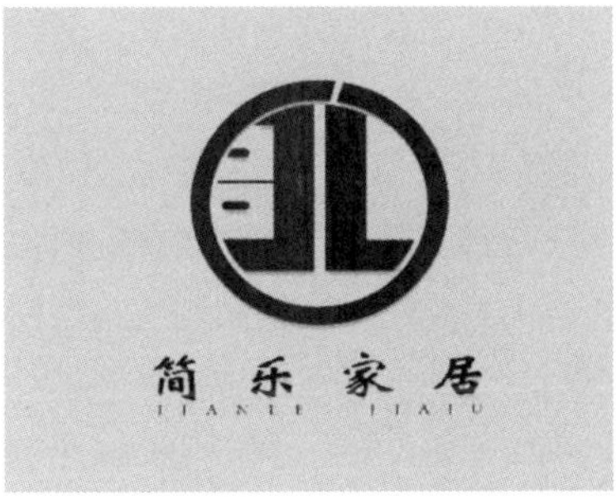

图2-29 简乐家居

（2）简洁易用

卖场的标志会被应用在各种不同的地方，因而需要尽量采用简洁的设计，“以少胜多”。

3. 招牌设计的考虑要点

招牌位于卖场建筑物外观的不同位置，因而作用也有一定的区别。这里主要考虑的是横幅招牌和竖幅招牌。这两种招牌的主要作用都在于向顾客传递醒目的店铺形象，并在夜间具有一定的照明效果。除此之外，还有一些用在两侧墙面的招牌画，以及专门在夜间吸引顾客的霓虹灯，其设计原理也是基本一样的。在确定招牌形式的过程中，应当考虑文字编排。在一些情况下，需要特别注意文字的横竖编排。如“十一”竖排会让远处的人误解，这就需要将招牌设计得宽一些，以实现文字的横向编排要求。

竖式招牌的文字与图案排列就不能一概而论了。在展示面积比较大的时候，可以将标志放大突出，将文字竖式排列于标志之下。如果宽幅足够，文字还可以横向排列。

（三）门面设计

1. 门面设计与环境相符

对于大多数中小型卖场而言，门面设计应力求简洁、干练。现代社会越来越讲求速度，顾客不会希望在一家店铺中花费太多的时间，即便是在休闲的时候也会挑选留下良好瞬间印象的店铺进入。门面设计虽然构成元素较多，但目的都是用最简单的方式给顾客传递最重要的信息。

在以商业街为代表的地方，店铺接连开设，消费者容易因为反复观看类似的事物而产生“视觉疲劳”，此时就可以适当地采用“异质性”刺激的方式。在操作上，这种刺激并不一定要求采用花哨、古怪的颜色搭配，可以是一些简单的变化。例如使用不同的材料纹理制作横幅招牌、使用与周围不同的色彩作为装饰基色、在平面上创造立体效果等。应当注意的是，采用“异质性”刺激的店面自身应当保持风格上的一致，不能随便拼凑，否则会让顾客难以忍受（图2-30至图2-32所示）。

图2-30　索菲亚全屋定制门面设计

图2-31　司米橱柜门面设计

图2-32　顾家门面设计

2. 门面装修注意事项

卖场门面装修的目的是将行业特色融入设计思维，以装修技巧适当表现出卖场形象与经营诉求，让消费者能清楚了解卖场的经营类型。所以在规划的同时，除了从行业的专业角度之外，更应从消费者的立场考虑，以下综合了几点注意的事项：

①卖场门面设计要有亲和力，让消费者有自然、亲切、喜欢光顾的感觉。

②依照业态及经营类型来决定门面的造型，如建置骑楼柱、玻璃面及墙壁等结构。

③门面适合采用何种形式，如关门式、开放式或半开放式等。

④是否在门面设置特卖区或相关营业摊位。

⑤保持店面适当的回转空间和出入通道的顺畅。

⑥门面设计能够被搭配运用到换季和节庆的促销活动。

⑦门面橱窗规划是否能发挥商品的展示功能和广告促销效果。

⑧考虑橱窗玻璃反光问题及平面装饰效果，如贴广告胶膜和促销等。

⑨考虑店面设备是否准备得当，如设置消防设施、垃圾桶、休息区等。

（四）出入口设计

作为顾客进出商店的必经通道，出入口的作用举足轻重。入口是吸引消费者注意力，引导他们进入店铺的门户。出口、入口的相对位置与店内布局共同影响顾客的行走路线，关系到商品的展示效果能否发挥。

依据经营要求的不同，卖场入口与

出口的设置存在许多不同的情况，两者有时并不区分，有时则各有分工。

分设入口与出口的做法主要包括以下情况：一是卖场采取自选销售的方式时，流量较大，需要对行动路线加以限制。二是卖场规模较大或设有停车场，入口、出口能够有效分流，并对流动方向加以引导。三是多楼层的卖场，因为商品布局的需要，希望通过出入口分设来影响顾客的行走线路，从而促进非意愿性购买。第二种和第三种情况多见于经营面积较大的卖场，且这些卖场的建筑是相对独立的。

入口与出口合并的情况也十分常见，其店铺通常有以下特点：一是商店临街，各方向客流均比较多，难以设置不允许顾客进入的出口。二是店内采取柜台销售，或者有导购员向顾客推介商品，从而不需要通过出入口分设来限制流动方向。三是卖场具有一定规模，有较大的内部空间，因而可以在店铺内部区分入口与出口。入口与出口是否应当分开，并不是绝对的，关键是要在满足经营需要的前提下，尽可能地为顾客考虑。

三、家居卖场内环境设计

（一）卖场布局与通道设计

对于一个卖场来说，布局与通道是相辅相成、不可分割的，在设计过程中也应同时加以考虑。这两者是构成卖场内部环境的基础，它们通过引导人的行走路线，影响商品在顾客面前出现的机会，从而带来不同的销售效果。接下来将说明区域布局、空间分隔、风格选择与通道设计中的基本方法（图2-33）。

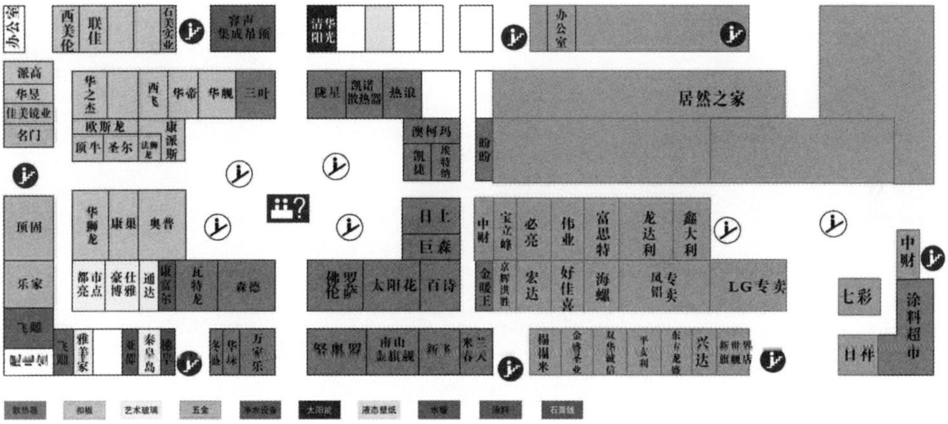

图2-33 卖场布局与通道的整体设计

1. 布局与通道设计的要求

布局与通道设计直接影响顾客的购买活动以及卖场的日常工作。在设计布局与通道时，应当尽量兼顾管理与促销两方面的要求。具体而言，包括以下几个方面。

（1）体现店铺形象

设计效果应当能够体现店铺的形象与定位。卖场的经营定位不仅体现在外观设计效果与销售商品的种类上，布局中的许多细节也能够让顾客产生不同的感受。空间宽敞与狭窄、视线的通透与曲折、货架的集中或零散，都会对消费者在卖场中的体验带来明显的影响。可见，在进行布局与通道设计时要将卖场的定位作为首要考虑，这样才能让顾客在走进卖场的瞬间体会到预期的环境氛围。

（2）高效利用空间

布局与通道设计应最大限度地利用空间。商业地产寸土寸金，要在有限的空间内造就最大化的销售额，就需要提高利用效率，挖掘每一个可以发挥展示、引导、促销作用的建筑元素的价值。这就要求我们在进行布局与通道设计时，充分考虑墙面、柱子等各种建筑物的构成要素，并将它们与卖场的商品展示、顾客路线的引导结合起来。

（3）吸引顾客选购

设计时应考虑能让顾客尽可能地接触商品，延长在卖场的停留时间。通道设计于卖场的每一个销售区域，在顾客眼前得到展现的商品才有可能实现销售，卖场中的广告、展台就像无声的“导游”，引领顾客徜徉其中。

（4）考虑管理工作

选择设计方案时应当兼顾卖场补货、防盗等日常管理工作的要求。及时补充商品、防止商品被盗是卖场管理的重要内容，而恰当的布局与通道设计能够让此类工作起到事半功倍的效果。通道宽度对于商品搬运、货架布局对于营业员视线都是在设计过程中需要仔细考虑的内容。

（5）兼顾便利要求

布局与通道设计应尽量让消费者感觉到方便。家居卖场既是一个满足购物需要的场所，又是一个休闲生活的去处，就像在旅游景点观光一样，合理的布局能够让消费者感觉到便利。电梯、收银台、洗手间等功能设施的位置、朝向等布置细节都会影响顾客的购物体验。如果设计不合理，常常会因为视线阻挡、相隔距离较远、指示不明确等原因给消费者带来麻烦，同时也会增加导购员的指引工作。因此，这也是在设计过程中需要酌情考虑的方面。

2. 销售空间风格设计

对家居卖场销售区域加以规划后，应当继续对销售空间的风格加以设计。这里的设计就要考虑到局部与整体的关系了。开敞、共享的设计风格会涉及整个卖场，而封闭、静雅、虚拟等风格的设计可能只是针对卖场的一个局部。以下为几种主要的空间风格类型。

（1）开敞型风格

开敞型风格是中高档卖场常用的设计风格，其特点是视野开阔，环境明亮，陈列的商品之间空间较大，重视展示效果。开敞型风格的家居卖场适合销售具有一定体积或需要较大展示空间的商品。

（2）共享空间

共享空间将几个楼层的布局设计结合了起来，为所有楼层留出共同的中空，尤其适合于大型卖场或大型建筑。使用共享空间设计的卖场，通常在每一层当中会采用较为封闭或独立的销售区域风格，二者相互结合，富于变化。

（3）行走通道的设计方法

行走通道对引导消费者路线起着举足轻重的作用。一般来说，大中型卖场中的通道可以分为主通道和副通道，其宽度条件、两侧商品布局有着不同的特点。小型卖场可以不划分主、副通道，但应通过方向上的设计来规划顾客的主要行走路线。

通常来说，中小型卖场的行走通道应当满足下面的要求。首先，通道要尽量呈直线形，即使有柱子等障碍物，也不能完全阻挡视线。第二，通道的拐角处应尽量使用直角。第三，通道应当尽可能长，最好能一直延伸到卖场最里面的区域。第四，通道的宽度至少能满足两个人并排通过。当然，也有一些设计风格独特的卖场会使用圆形通道、不规则通道等方式来适应区域布局的要求，这些应属于特殊情况。

（二）地面、墙面、天花板设计

地面、墙面和天花板围合了卖场的内部空间。虽然这些界面不易直接引起顾客的注意，但通过合理的设计，可以对烘托购物气氛、美化卖场环境起到重要的作用。选择合适的材质，并在设计时注意一定的技巧和方法，则有可能在一定程度上弥补卖场空间本身的缺陷。以下将主要关注卖场地面、墙面和天花板的设计要求、常用材料以及其中的实用技巧。

1. 卖场界面设计的共同要求

不同卖场之间、不同界面之间的设计方式不同，材料、样式多变，但都应满足其共同的要求，主要包括安全合理、经济耐用、易于安装、风格协调。安全合理要求是指在设计家居卖场界面及选材的过程中，应当考虑到顾客行动时的安全保障，适应环境条件，并能抵御一般灾害。例如在材料使用时应考虑其防火阻燃、无有害化学物质等要求，并具备必需的防潮、隔热性能；地面的粗糙或光滑程度不能给顾客行走造成影响；在柱子、墙体等障碍物表面材料的色彩搭配和对比上不能给人造成错觉。

经济耐用要求是从卖场投资经营的经济性角度考虑，尽量选择性价比高、使用周期较长的产品。提倡通过设计优化材料使用效果，高价材料要“精用”，一般材料应“新用”。对于大多数卖场而言，应当以使用通用型、标准型材料为主，以特制、定制材料为辅，并将主要资金用于地面、墙面等消费者视线停留时间较长的界面上。小型、微型店铺还可以自制具有个性化特色的材料，如用手工制品来装饰店内空间等。

易于安装要求是指界面设计要为装修施工的便利性考虑，并与其他建筑要素相配合。例如在设计顶面时，应考虑荷载承重和供、排气设备安装要求；在设计地面与墙面时，要考虑电线、水管布置要求，并给维护修理留下余地。

风格协调是卖场界面设计中的较高要求。材料的价位、档次选择应尽量与卖场定位相统一，并应充分考虑其质地、色彩与空间面积、光线明暗的搭配或精巧、或粗犷、或明亮、或暗雅。同时，随着时代的发展，人们的审美情趣会发生变化，流行的设计风格也在不断更新。家居卖场作为生活休闲的场所，设计时应在成本允许的条件下尽量选用符合时代潮流的方案和新型无害、质地优良的装饰材料。

2. 天花板布置方法和常用材料

天花板属于顾客不直接关注的区域，因此许多卖场在进行设计时都考虑从这一方面节约成本，而在一些高档的商场，天花板的设计样式却越来越丰富，并与商场布局融为一体。对于中小卖场而言，天花板设计应当遵循最优性价比的原则。天花板的布置方式主要有平面式、垂吊式和全面通风式等。

（1）平面式天花板

平面式天花板的设计效果与一般住宅用房相似，即使用龙骨架固定，贴覆各种板材来作为外表面，制作较为复杂，成本较高，适合有一定高度且空间较大的卖场。这种方式能较好地配合换气、空调、照明、消防等设施的安装（图2-34）。

（2）垂吊式天花板

垂吊式天花板又称悬空式天花板、假天花板，制作简单，成本较低，空间较小的店中可以使用木质假天花板。将裁剪好的装饰木条钉装在离天花板一定距离的墙面上，再在屋顶与墙面的凹槽内安装灯饰，凸出的地方加装槽线或涂上乳胶漆，假天花板就制作完成了。

（3）全面通风式天花板

全面通风式天花板是最简便的做法，它将通风道完全裸露在空间当中，有时也会安装较为宽疏的条格，形成隔栅天花板，以达到动感、美观的效果，同时这种做法还能为悬挂各类促销材料提供便利。

使用平面式天花板时，需要选择合适的材料。目前天花板的常用材料包括胶合板、石膏板、PVC板等（图2-35和图2-36）。

胶合板也称夹板，是由原木经蒸煮软化后，沿年轮切片，并经一系列处理而成。天花板用的胶合板一般为5厘夹板。这种材料质地较轻，但强度高、韧性好，具有易加工造型、涂饰、绝缘等优点，但防火、隔音性能较差。

石膏板是以石膏为主料，加入辅料后压制干燥而成的传统装修材料，具有价格便宜、加工方便、隔声、隔热、质地轻巧、防火、耐压等特点，天花板常用的是轻钢龙骨石膏板（图2-37）。

PVC板是目前使用较为普遍的装饰材料，颜色、品种多样，质地较轻，韧性好，强度高，具有隔热效果，不易老化，且加工方便，属于新兴的轻质防火环保型材料。

图2-34　平面式天花板

图2-35　全面通风式天花板（1）

图2-36　全面通风式天花板（2）

图2-37　石膏天花板

（三）橱窗展示设计

1. 橱窗展示目的与功能

卖场的橱窗展示好比店铺的导购员，力求表现良好以提升店铺形象及创造销售业绩。所以橱窗的主要目的在于展示所售卖的商品、传递相关的商业活动信息、塑造店铺魅力，并提升卖场格调，以吸引消费者的注意及引导其进入卖场选购。

（1）展示商品

重点商品经由橱窗展示，强化对商品的说明及陈述商品本身的价值感，达到刺激消费者购买欲的目的。

（2）信息传递

传达新产品介绍及流行趋势的信息，并预告季节主题或宣传促销活动信息，建立定点的商业情报流通平台。

（3）塑造店铺魅力

橱窗搭配适当的外装设计，在于突显卖场特色、塑造店铺魅力，以吸引潜在顾客进店消费。

（4）提升卖场格调

透过橱窗的展示效果，可明确表达出营业的类别，发挥市场定位功能，提升卖场格调。虽然各种橱窗的目的大致相同，但是其功能却因行业不同而有差异。例如便利商店与西式快餐店的橱窗功能在于表现店内的明亮、轻快、活泼，且突显企业识别的平面效果，加深消费者对企业的印象；百货公司的橱窗功能较趋向多元化，除了强化新产品展示、节庆时令和特殊主题等促销活动宣传之外，流行趋势信息及商业动态信息的提供常是逛街人潮的注意焦点；精品店橱窗的功能主要在于诉求商品的差异化及价值，家居卖场的橱窗功能在于显示卖场内的氛围等。

2. 橱窗展示空间设计

橱窗空间与店内空间之间可以有三种分隔方式，即全封闭式、半封闭式和开敞式。这三种方式有着不同的表现特点，适用于不同的场合。

（1）全封闭式分隔

全封闭式分隔，使用板材将橱窗空间与店面空间完全隔开，形成一个独立、封闭的展示区域。这种式样的橱窗风格大气、引人注意，易于突出展示的主题，适用于店前空间较为开阔的情况。同时，可以在橱窗前上方设置装饰性的灯光照明，用于烘托橱窗的展示色彩。封闭式橱窗的后壁可以充分利用起来，如悬挂装饰物、张贴海报等。这种分隔方式会使得橱窗区域相对密封，阻挡灰尘进入，易于打扫和保养，也具有一定的防盗功能，但也会带来内部通风不畅等问题，可能因长期光照造成橱窗内温度过高而损坏展示商品，因此需要根据周围环境的要求，适当加装通风设备（图2-38）。

（2）半封闭式分隔

半封闭式分隔的橱窗可以有许多细分形式。有的采用半透明材料或网格将橱窗与卖场内部空间做形式上的分隔，但保持空间的贯通。这种方式能够在一定程度上突出橱窗展示的空间，同时也能让顾客隐约看到店内的情景。有的将橱窗的2/3或3/4区域用背板挡隔，而其余部分与卖场内的销售空间相连。这种分隔形式的橱窗能够让人在不同的视角观察到不同的效果，即在有些位置看到的只是橱窗，有些位置则能透过橱窗展示看到店内的商品（图2-39）。

半封闭式分隔方式既可以使顾客感受到橱窗与卖场的融通性、一致性，也能够更方便更换展品。但由于空间上不完全封闭，展示的商品容易沾染灰尘；同时防盗功能不强，导购员在忙时也难于顾及橱窗内的展品，因此不宜放置过于贵重的商品。半封闭式橱窗的背板、挂链等分隔材料可以采取艺术化的处理。

（3）开敞式橱窗

开敞式橱窗与店内空间没有明显的分隔，唯一的区别只是展品的观察角度应当是适应店外顾客的。这种分隔方式能够让顾客对店内的情景一览无余，同时也可以借助店内的光线来承担一部分基础照明。开敞式橱窗的摆饰更方便调整，但防盗作用差，顾客直接触碰展品也容易造成其损坏，因此通常适用于展品价值不高且经常更换的情况（图2-40）。

还有一种特殊的类别，即共用式橱窗，是指展示用具与店内陈列用具共用的橱窗，利用紧靠玻璃墙面放置的货架实现橱窗展柜的功能。在货架的最里侧，也就是店外顾客能够见到的一侧摆放商品时，应按照

图2-38 全封闭式分隔

图2-39 半封闭式分隔

图2-40 开敞式橱窗

图2-41 空间与展品陈列

与店内相反的展示角度。这种设计方式充分利用了货架空间，甚至将存货变成了展品，一举多得。

（四）卖场陈列设计

1. 空间与展品陈列

首先要明确场所性质，了解场所使用对象，揣摩消费者的消费心理。心理学认为消费行为具有隐藏于内心深处的情感因素，比如好奇心、新鲜感、哀怨、伤痛等。家居展示空间力图通过空间设计营造能触动、吸引顾客感官功能的环境因素。环境因素主要包括空间的形态、空间的组成材质、空间的色彩等。而在家居展示空间中最常见的就是布置一个似家的感觉，让人感到温馨，让消费者对家居产品产生兴趣。

卖场陈列设计在空间创造消费欲求的条件：信赖感（最基本的条件），繁荣、活跃的气氛；时机，如季节、假期、赛事、活动等；相应有效的信息；视觉感受，顾客有被欢迎、被接受的感觉；量感，品种繁多；差异，独特性、个性化；良好的购物环境。

展品的陈列方式方面要考虑适合展品的特点，如展品的尺寸、材质、类型等。另一方面要考虑消费者的需要，如观看角度、距离、光线等。家具在体积上不算是大型产品，但也不是精细微型的装饰品，因此家具产品一般并不适宜放在墙面或地台上，这样会使客户难以近距离接触、亲身感受家具产品带来的舒适感。但也有将家具产品置于地台上，除了能展示出产品的独特性之外，也作为企业一个代表性的标志。对于家具展品的展示，更多的是直接布置于地面上（图2-41），为了突出展品，可以用地面拼色、隔断、地毯等做视觉上的区域划分。

2. 立面与视觉效应

建筑师都高度重视商业建筑的立面设计，因为它代表着都市的时尚风格，可以迅速将人们所处的城市及社会个性彰显出来。橱窗是实现都市化的重要元素，透明度、灯光照明以及橱窗的色彩能够使商业空间具有高度的可视性，在立面上运用重复的形式美手法，更能加强这种感受，引人注目。橱窗位于销售场所的前方，而在家具展示商业空间中，橱窗的设计往往跟内部设计合为一体，利用玻璃的通透将里面的家具产品展现于人们面前，也有类似服装专卖店一样把家具展品单独展览只供欣赏的设计手法。

3. 空间与流动性

很多时候商业空间设计的任务就是在已有空间的基础上进行修改，并对这些空间进行重新分割、分层、界定，改变空间与空间之间的关系。在开始设计之前，独立的商业室内空间与商业建筑物立面及其周围之间一定存在着一种模糊、复杂的联系。因此，设计师们的作品不只是室内设计，还应该是都市化的陈设布局。设计师们必须能够想象出自己的空间设计将会对商店内部和外部的人们产生怎样的影响。在家具展示空间里，家具产品的更新换代会随着季节、顾客的审美观等因素而趋向激烈，设计师必须懂得如何在同一个空间利用不同的摆设、不同的布局力求让人耳目一新。

空间感是一个复杂的体系，同许多概念都有着密切的关系。空间效应通常通过二维、三维的深度感体现出来。深度是橱窗设计领域一个十分重要的概念。大小不同的元素之间互相叠合，便会令人产生设计领域。二维现象要通过展示物品的移动才产生，因此店铺内外人的流动趋向、方式、商品的位置、展示方式均值得探讨。

4. 家具展示常用道具

（1）展板与屏障

展示所用的展板，有些是与标准化的系列道具相配合的，更多的是按展示空间的具体尺寸而专门设计制作的。展板的设计和制作也应该遵循标准化、规格化的原则，大小的变化要按照一定的模数关系，还要顾及材料的尺寸，以降低成本，方便布展，同时也方便运输和储存。

另一类用以分隔展示空间、悬挂实物展品、张贴文字以及分散人流等的屏障物也可视为展板类道具的一种，常用的有屏风、帷幕和广告牌等，它们也是展示中不可缺少的。

（2）展台

展台是承托展品实物、模型、沙盘和其他饰物的用具，是突出展品的重要设施之一。大型的实物展台，除了用组合式的展架构成之外，还可以用标准化的小展台组合而成。小型的展台多为简洁的几何形体，如方柱体，常用平面尺寸有20cm×20cm、40cm×40cm、60cm×60cm、80cm×80cm、100cm×100cm、120cm×120cm或长方体、圆柱体等。

现代展示设计的一个重要特征就是在静态的展示过程中追求 种动态的表现。动与静的结合使展示的过程变得生动活泼，别开生面。这种使静态展品运动起来的方法是利用机动性的道具，旋转展台的运用便是如此，它可以使展品变得生动，观众可从不同的角度观看展品，多方位地品评展品。机动旋转展台的使用也逐渐成为观众与展品互动的媒介。旋转展台的设计除部分较小型的标准化展台外，大部分的展台都需要根据具体的展品设计制作。

（3）展架

展架主要用于吊挂、承托展板、拼连展台和展柜及其他形式的支撑骨架器械，也可以直接用它作为构成隔断、顶棚及其他复杂立体造型的骨架，是现代展示活动中用途很广的道具之一。系列式展架的设计或选用，应考虑质轻、刚度强、拆装方便、构件分差配合精度高、管件规格变化按一定模数等。

可拆装的组合式展架，通常由一定断面形状和长度的管件及各种连接件组成。根据需要，可以组合成展台、展柜、展墙、隔断等，在展架上可以加装展板、裙板或玻璃，也可以加装导轨射灯或可折叠压缩式展架灯以及护栏等设施。

（4）展柜

展柜是保护和突出重要展品的道具，通常有立柜、中心立柜、桌柜和布景箱等。在家居展示中，展柜使用的可能性比较小，展柜比较适用于小型展品，而且展柜本身就是家具的一部分。展柜的用途在此不再赘述。

（5）栏杆

栏杆是展示中用来围合一定的空间，指示、引导观众走向展品并对展品有保护作用的设施。栏杆分固定式和移动式两大类。展示用的围护栏杆高度一般为900~1000mm，矮的栏杆有700mm，高的栏杆有1200mm。栏杆的用材有木材、金属、塑料等，底座有方形、圆形、三角形和十字形等多种。栏杆最好采用拆装式结构，以方便布展工作和运输、储存。

（6）说明标牌

为展品提供相关资料和信息（作者与制造者、尺寸规格、生产时间、展品特性等）的说明标牌，较小的有100mm×150mm、180mm×300mm、300mm×450mm等规格，较大的有900mm×1200mm、1200mm×1800mm、1200mm×2400mm，用木材、塑料、纸板或金属制成，可悬吊、张贴，或安装在金属支架上立于展品旁边，为观众提供使用信息或展品特性等相关资料。

（7）资料台

放置观众自取样本和说明书的资料台，高度多为780~800mm，也有900~1000mm的。资料台的平面形状有方形、长方形、圆形、六角形等多种，尺寸有500mm×500mm、400mm×600mm、400mm×900mm、450mm×1200mm和ϕ500mm、ϕ600mm等。资料除平放在台面上之外，也可立体摆放。

（五）卖场空间色彩设计

色彩在家居展示设计中扮演着举足轻重的角色，用于展示主题色、企业标准色、商标标志色，形成了各类展示活动的象征色，在展示过程中有良好的指示和引导作用。赏心悦目的色彩、统一和谐的色调、富有韵律感和节奏感的色彩组合序列，能美化展品和展示环境，给人以视觉上与精神上的舒适感受。

展示环境的色彩设计，侧重对每个展示空间色彩基调的把握。通常大型的家居展示活动包括几个相对独立的部分，每个部分可以用不同的色调来区别，也可以用统一的色彩基调来协调整个展示色彩。一般而言，展示空间界面（墙面、天花、地面）的色彩不宜轻易改变，通常可以运用道具、灯光的色彩来影响整个空间的色彩基调。一般家居卖场的展示空间，整体色调大多采用中性或柔和、灰性的色调，以突出家具展品，且易取得色彩上的和谐。

展示环境不是展示的主体，但展厅的环境色彩与整个展示的气氛及效果有很大的关系。商业性的展示，如超级市场的商品陈列、百货公司的橱窗陈列等，色彩不仅有吸引顾客、刺激消费的作用，在一定的条件下，色彩还兼有标志或象征的意义，如暖色常用以标示食品、家居用品等，而冷色则经常用于标示仪器、医疗器械等。

背景色彩是指卖场空间中由墙面、地面、天花板及其间的商品、展具、促销用品等构成的综合性环境色彩。可见，背景色是由卖场中各种界面所营造的主色调，色彩面积大，具有传递卖场定位和文化主题的作用。一般比较常用的界面材料都采用近似白色的明亮色调，这也符合大部分卖场的色彩需求；但在有些时候，也应当根据经营需要使用更加丰富的色彩。

1. 展示色彩应遵循的原则

（1）统一性原则

展示设计中，整个色彩关系要整合一致，要根据展示的主题思想、内容要求来设定色彩的基调和辅助用色，要运用色彩表达出某种情调与气氛。

（2）和谐原则

正确处理色相、纯度和明度三者之间的关系，在色彩设计上要有适当的对比，以维持观众的视觉生理平衡，不可使观众疲劳，不损伤观众的视力。如果色彩对比过于强烈，则会使观众过早疲劳，并因疲劳程度的加重而提早结束参观。

2. 空间界面色彩与展示内容的关系

（1）空间界面色彩与空间使用功能的关系

在环境艺术设计中，空间界面的色彩设计与空间的使用功能密切相关。例如模拟书房、工作室的展示空间界面的色调应该是明快、淡雅的，如米色、浅蓝色、浅绿色等。卧室是休息的地方，所以空间界面的色调应该是柔和、宁静的同类色，使人进入房间后容易放松，能很快入睡。

卖场色彩设计

（2）空间界面色彩与展厅主题内容的关系

在展示空间环境中，空间界面的色彩设计要与展厅的主题内容协调一致，要有助于主题思想的表达，要能很好地烘托展示的内容，要达到强化和突出主要内容的目的。

空间界面的色彩可以协调，也可以对比。根据展示主题内容的需要、观众的情况、色彩的特性与作用、空间界面的色彩搭配关系，空间界面既可以采用协调的色调，也可以采用对比的色调；不要用固定不变的某种色调，应根据实际情况来设计（图2-42至图2-45）。

图2-42　丰富视觉效果

图2-43　道具色彩与展品色彩形成对比

图2-44　色调的协调和统一

图2-45　主色调与辅助色的关系

（六）卖场空间照明设计

1. 根据材质选择采光方式

卖场空间
照明设计

因为每种家具的材质不同，所适用的采光方式也不同。木质、竹藤类家具属于吸收性物体，通常使用由侧后方或以后灯为主灯的方式做采光，金属类家具和皮质家具属于反射性物体，金属家具的全反射会反映周围物体，因此光源宜用带灯罩的灯具；皮质家具可以使用聚光灯；玻璃家具可以采用间接光源来表现质感；塑料或聚酯家具可以用扩散性的光来表示质感和触感（图2-46）。

2. 追求适当照度

家具展示环境中的一般光照度为750~1000lx，不宜使用过强的照度。木制品、石材的照度为1000~1500lx，金属的照度为750~1000lx，玻璃的照度为300~750lx。可以根据以上数值确定所要展示家具的照度（图2-47）。

图2-46 不同材质采光方式选择

图2-47 根据环境调整照度

3. 减少反射和眩光

眩光是不恰当照明带来的后果，也是展示空间设计中要解决的主要问题之一。眩光有两种：直接眩光和间接眩光。直接眩光是光线直接照到人的眼睛，使人产生不舒服的感觉。避免直接眩光的方法有正确布置光源位置、利用灯罩的保护以及采用亮度低的光源等。间接眩光指光源通过光滑物体的反射后，射入人眼造成的不舒服感觉。在设计中使用光滑的表面材料时，应当注意避免间接眩光的产生。设计师在布置光源时应认真考虑光源的位置与投射方向，在布置展品时也要考虑这一因素，避免间接眩光破坏展品形象的完整性（图2-48）。

4. 合理处理阴影

不合适的阴影会影响展示的效果，尤其是对版面和文字。解决办法是正确布置光源位置或采用多点光源。阴影也可形成一些特殊的效果，尤其在某些场景中，运用得当的光影会令场景的效果更加引人入胜（图2-49）。

5. 讲究灵活性

大部分展示活动的周期比较短，为3~4天，布置时间也较短，为了适应这种快节奏的需求，应选用比较容易安装的点射灯和轨道灯，再配合一些陈设类灯具，如台灯、地灯。另外，还可以用特殊的照明组合或特殊的光影设计来实现装饰照明，创造丰富的空间感和层次感，营造特定的情调（图2-50）。

（七）POP设计

目前商品的流通已从传统的制造→零售→消费者的单向买卖模式演变成卖场与顾客的双向互动消费行为，而担当媒介

图2-48　光源的位置与投射方向

图2-49　阴影处理

角色的就是店头广告的POP。

POP（Point of Purchase Advertising，简称POP），意义为“购买据点的广告”。广义来讲，就是在卖场所有能够促进贩卖的广告物体，都可以称为POP广告。现在的消费者不喜欢店员的跟催或讨价还价，喜欢借由POP广告获得商品的相关信息，享受自由购物的乐趣。所以卖场里的POP承载着“无声导购员”及营造贩卖气氛的功能。

卖场的POP是最直接、最能促进贩卖的最终广告，其主要目的是将完整的商品信息传达给消费者，帮助消费者在购物时进行比较、选择（图2-51至图2-54）。除此之外，它还附有多种不同的功能，具体如下：

①POP广告就好像“无声导购员”，可以弥补卖场人员的不足。

②POP广告可以结合厂商的整体性推广活动及卖场本身的促销活动，提高商品形象和营业额。

③POP广告随时为消费者传达商品

图2-50　创造丰富的空间感和层次感

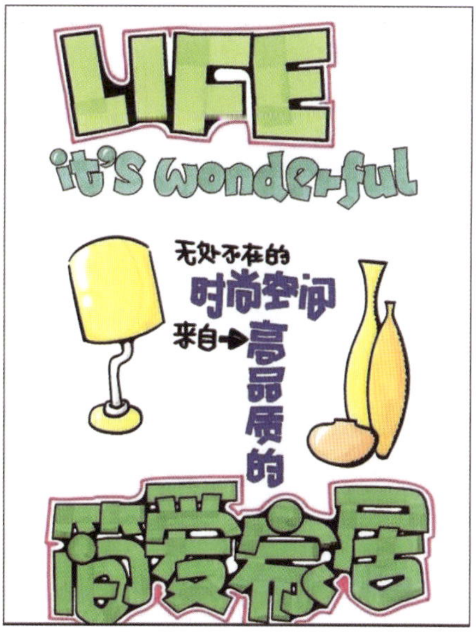

图2-51　手绘POP

图2-52　印刷POP

图2-53　立式POP

图2-54　悬挂POP

信息，获得顾客的信赖，提高市场竞争力。

④POP广告可搭配中长期的商品计划和广告计划，以实现卖场的营运目标。

⑤POP广告可以使消费者了解卖场特有风格和经营理念。

⑥POP广告促使消费者对商品的关注与理解。

⑦POP广告传达商品的品牌、价格、材质、特点与内容，并详述商品的使用方法。

⑧POP广告营造卖场的气氛，表现季节感，同时也增强商品的效果。

四、家居卖场产品形象管理

企业形象是社会公众、企业员工及企业各部门对企业、企业行为、企业各种活动成果所给予的整体评价与一般认定。企业识别系统包括理念识别、行为识别和视觉识别三方面。

理念识别（MI）是企业形象识别系统（CI）的核心和原动力，它倡导企业精神、制订经营策略、决定企业性格等。行为识别（BI）是以企业经营理念为基本出发点，对内建立完善的组织制度、管理规范、行为规范和福利制度等，对外进行产品开发、市场调查、社会公益文化活动、营销活动等。视觉识别（VI）是通过企业标志、标准色、标准字、象征图形和吉祥物等一切可见的视觉识别符号，对外传达企业经营理念与情报信息，使企业的识别标准化，从而塑造企业在社会公众心目中的良好形象。

在企业识别系统中，理念识别是企业的精神实质和内涵，行为识别是企业活动的动态形式，而视觉识别则是企业经营理念的外在表现，通过特定审美设计的视觉符号系统，形成统一而富有个性的视觉形象，表述企业个性，展现企业精神（图2-55至图2-58）。

图2-55　曲美家居

图2-56　华日家具

图2-57　荣麟家具

图2-58　华鹤家具

（一）构成要素及应用范围

1. 企业理念识别

企业理念识别属于思想范畴，主要指企业的经营目标、经营思想、经营方式、企业文化与精神、市场定位、管理原则、发展规划等，是企业经营管理和发展的战略性指导思想，也是企业形象识别的核心和灵魂。它的作用是表达企业存在的价值，决定具体的经营方式。在实施过程中，要求企业理念识别在表现形式上用最简洁的语言表述最主要的部分。企业理念识别往往会具体化成一句有号召力的企业口号，它是一个企业的哲学和企业信仰的高度总结和浓缩，也是对企业历史、文化及思想的总结和提炼。

企业理念识别包括多方面的内容，比如企业的经营宗旨、企业的发展战略、企业社会责任与使命、企业的文化属性与传统等，以上这些组成了企业发展的基础与原动力。

2. 企业行为识别

企业行为识别是指在企业理念的指导下，付诸企业行为的实施过程中，所有具体执行行为的规范化、协调化、统一化。其作用是对内建立完善的组织管理和严格的岗位培训制度，规范职工行为等，其最终目的是造就企业良好的综合素质与核心竞争力，创造良好的内部工作环境。对外活动主要包括促销活动、公益性活动、公共关系活动、广告活动、宣传活动、展示活动等，主要是为企业营造良好的发展环境。行为识别动态地贯穿于企业经营运作的各个环节，为消费者对企业建立认知与信赖起到关键性作用。企业行为识别受制于企业理念识别，是一个动态的识别形式，通过企业内部、外部的情况以及与企业有关的人，通过企业的行为表现，在社会、市场中树立企业形象。

3. 企业视觉识别

企业视觉识别是指围绕企业理念、企业宗旨、文化个性，对企业经营行为与环境的各个传播环节进行设计，系统地塑造企业个性化的视觉形象；是将企业深层的理念、文化精神等进行视觉化，实现企业视觉信息传递的统一化、规范化的表现方式，是在企业经营理念确立的基础上，运用视觉传达设计的方法向社会传递信息的活动，是相对静态的识别形式。通过视觉识别系统的建立，能将企业的理念与个性明确地展示给外界，同时用它指引内部员工的信念，建立共识。

视觉识别系统分为基本要素系统和应用要素系统两大部分。基本要素系统包括：企业名称、企业商标、品牌标志、企业标准字体、企业专用印刷字体、企业标准色、企业造型象征图案、企业标语和口号、企业吉祥物等。应用要素系统包括：办公用品系列、企业环境系列、广告媒介系列、交通工具系列、服装服饰系列、导视系列、包装系列、陈列展示及印刷出版物系列等。

（二）产品形象管理设计

1. 基础识别

VI设计主要由两大部分组成：基础识别部分和应用识别部分。基础识别部分主要包括企业标志、企业标准字体和标准色彩及标准组合、企业吉祥物等，这部分内容从根本上规范了企业的视觉基本要素，是整个VI形象识别系统的核心和灵魂。

企业VI系统是公司形象的规范。多品牌经营的前提下，每个品牌的VI系统更是有其独有的使用规范，将品牌终端的形象直接与品牌挂钩，VI系统起到重要的作用。LOGO是品牌形象最集中的表达符号。统一品牌的终端形象符号便于消费者识别和区分，方便查找和光顾。展览展示中的企业LOGO及企业的主色形象更给整个展示提供了统一的视觉起点和归宿。

在家居展示中，企业接待员形象被纳入整个品牌终端形象的一部分，这是整个品牌提升形象的范畴，能够代表企业和品牌文化对员工素质的重视程度，体现品牌建设的全面程度。对消费者而言，彬彬有礼、训练有素的接待服务，无疑能使消费过程变得轻松愉快，增加对品牌形象和产品质量的信服程度，无形中提升了交易的成交率。

商业环境的招牌设计是商业整体环境设计的一部分，通过图形和色彩的表现使消费者了解商品信息，包括品牌名称、商品特性等。首先，招牌的图形设计要求简洁、完整，视觉感受力强，主体采用企业或商家标志形象。标志作为企业形象识别系统的第一形象要素体现了企业经营特色和企业文化内涵，是招牌设计中重要的设计元素，要求制作精良，所占位置突出，标志形象准确，提高品牌认知度。其次，招牌的色彩设计要鲜明、单纯、醒目，与企业视觉识别系统中标准色调选择相统一，增加可识别性。同时，考虑色彩对材料和光环境的影响，要求在选择制作招牌材质和制作灯光时注意保持展示用色与企业形象识别用色的一致性，以方便商业形象的宣传推广。

2. 应用识别

作为标志设计的延伸，企业环境与陈设要注意设计风格的一致性，包括建筑物外观、建筑内部空间、企业大门入口、室内形象墙面、厂区外观色带、公告栏、环境色彩标志、停车场环境、店铺陈列以及连锁店设计等。企业外部建筑环境设计是企业形象在公共场合的视觉再现，是一种公开化、有特色的群体设计和标志着企业面貌的特征系统，主要包括：建筑造型、旗帜、门面、招牌、公共识别标牌、路标指示牌、广告塔等。

企业的内部建筑环境是指企业的办公室、销售亭、会议室、休息室、会客室等内部环境形象，主要包括：企业内部各部门标示、企业形象牌、吊旗、吊牌、POP广告、货架标牌等。陈列展示识别是企业在营销活动中运用广告媒体，以突出企业形象，并对企业产品或销售方式进行的传播活动。在设计时要突出陈列展示的整体感、顺序感和新颖感，以表现出企业的精神风貌。主要包括橱窗展示、展览展示、货架商品展示、陈列商品展示等。

3. 视觉形象设计的新视域

感觉识别（FI）是一个包罗万象的系统，它通过视觉、听觉、嗅觉、味觉、触觉等人类一切可以感知外界事物的综合感官刺激传递和接收企业信息、树立品牌形象。在高度信息化的现代社会，必须有效抓住公众的感觉，才能引起公众的注意，让人们通过感官的刺激记住所要传达的企业形象。企业应针对自己的目标市场选择恰当的方式，给消费者带来美妙的感官享受。同时，也可有效地区别于其他同类竞争者。

情感识别（SI），它强调功能以外的非物质属性，是指企业塑造某种气氛或引发情绪、情感唤醒等，以期消费者形成品牌态度来强化品牌形象的识别系统。情感诉求是现代企业广泛采用的诉求方式，它通过赋予产品以个性化、人性化的特征或者赞助希望工程、赈灾济荒，发布关注环保、珍惜时间的公益广告，和消费者进行情感上的沟通。情感识别在消费者心里唤起的认知具有持久性和连续性，有利于品牌忠诚度的建立，是以情动人树立品牌形象的识别系统。情感识别系统包括公益活动、公益广告、赞助大型社会活动等。

思考与练习

1. 家居卖场人员仪容仪表有哪些要求？
2. 家居卖场人员应该注意哪些礼仪？
3. 卖场环境设计的意义和原则是什么？
4. 如何进行卖场环境设计？

项目三

家居卖场销售管理

知识目标

1 掌握家居卖场日常销售相关知识；
2 理解家居卖场定价策略；
3 掌握家居卖场促销管理知识；
4 掌握家居卖场促销方式及促销用品的应用方法；
5 掌握家居卖场客户管理知识。

能力目标

1 能够进行家居卖场日常销售管理工作；
2 能够做好家居卖场商品定价和宣传管理工作；
3 能够根据卖场情况制订符合目标市场的促销方案；
4 能够确定实施和控制促销计划；
5 能够处理危机事件；
6 能够开发意向客户，维护客户资源；
7 能够处理客户投诉。

素质目标

1 培养领导力、执行力；
2 培养自我学习意识、团队合作能力；
3 培养个人职业素养、责任意识；
4 锻炼随机应变的能力。

思政目标

1 培养顾客至上、以人为本的职业理念，了解专卖店人员招聘时需要遵守的法律法规；
2 具备实事求是的价值观和求真务实的工作态度；
3 在处理客户投诉时，具备有条不紊、急中生智、灵活变通的能力。

家居卖场是家居商品聚集销售的地方，在销售环节上，离消费者最近，更是品牌销售与展示企业品牌形象的关键点，本项目将从家居卖场终端销售管理、促销期经营管理、客户关系管理三方面进行阐述。

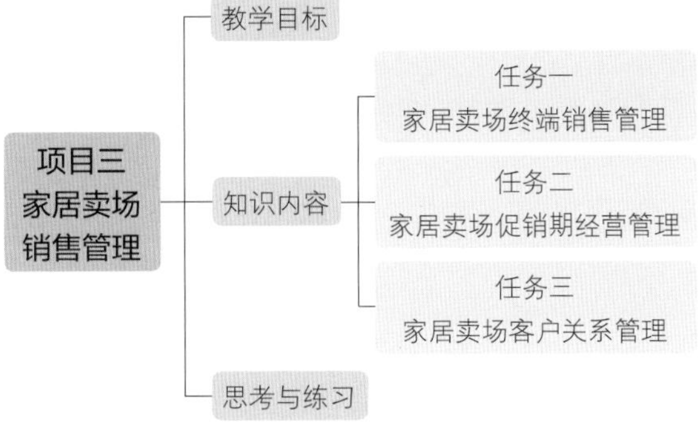

任务一　家居卖场终端销售管理

家居销售终端是实现“不是库存转移，而是真正销售”的场所。它担负着承上启下的重任，所谓承上就是联系厂家、商家，所谓启下就是联系消费者。在家居卖场，厂家、商家将产品卖给消费者，完成最终的交易，进入实质性消费。通过这一端口，消费者买到需要的产品。

一、家居产品销售类型与场所

家居卖场是家具销售中主流的经营模式，尤其在高端家具产品销售领域，更是占据主导地位，它是竞争最激烈且具有决定性作用的环节，各种家居品牌在这里出现，如何吸引消费者的眼光和影响消费者的购买心理是家居卖场工作关键所在。

（一）家居产品销售的类型

家居产品销售的类型主要有专卖经营、特许经营、网络经营等。

1. 专卖经营

专卖经营是通过专卖店进行家居产品销售，是指专门从事某个企业或某个品牌产品销售的店铺。专卖经营分为厂家直销和经销商代理两种经营方式，可以是店中店，也可以是独立店。

厂家直销是家具生产厂家直接开设家居专卖店或者直接租赁卖场铺面作为销售终端，由厂家直接指派导购员进场销售。家具生产厂家需要有自己的终端营销团队，为了便于管理，厂家直销的店面一般设在家具生产厂家所在城市、办事处所在城市或者销售集中的大城市。

厂家直销的好处是可以严格控制产品的销售价格，了解最新的顾客需求，倾销自己的库存积压品，集中展示自己的全部产品，提升品牌影响力。但其也有很大局限性，厂家一般在产品研发及生产上投入很多精力，有时无暇顾及终端营销团队的管理。而且地域分布太广，厂家直销很难覆盖到这么多地方。

经销商代理是指在一定区域内，从生产厂家购买产品，再组织销售给终端客户的商业单位。家具经销商是家具产品的品牌推广者，他们为数众多，是我国家具销售的主力军。

经销商销售的好处是可以整合各地区的经销企业资源，快速扩大产品的销售区域，提高家具产品的总体销售额和市场占有率。经销商从家具生产厂家进货，一般采取先付款后发货的方式，降低了家具生产厂家的经营风险。

经销商销售模式以铺面租赁式经营为主，家具生产者不直接接触消费者，只是以批发的形式将产品发予经销商售卖，对家具市场价格难以掌控，而经销商出于自身利益考虑，不愿将利润降到最低，这使传统家居卖场的商品促销很难进行。此外，家具经销企业以中小型家族企业居多，与其他成熟行业相比，家具经销商整体管理水平较低，现代市场营销管理意识较弱，缺乏系统的市场竞争策略和管理手段。

2. 特许经营

特许经营是指通过签订合同，特许人将有权授予他人使用的商标、商号、经营模式等经营资源，授予被特许人使用，被特许人按照合同约定在统一经营体系下从事经营活动，并向特许人支付特许经营费。特许经营给予被特许人一定的优惠，并借助被特许人的某些优势而实现双赢。特许经营有助于增强企业实力，可以更好地调动社会资源。和专卖经营相比，特许经营所要求具备的条件更加苛刻：特许经营要求产品具有良好的形象和一定的知名度，更多的让利，成熟的营销策略和方法，稳定的产品及有引导性的示范店和旗舰店。

3. 网络经营

网络经营是一种新型营销手段，随着电子技术的发展和计算机的普及，网络经营迅速发展，并成为消费者采购家具的重要渠道。目前，比较好地运用网络进行产品销售的有电子产品、书籍、服饰等，家具制造业还处于起步阶段，最近几年，无论是生产企业还是经销商，都在布局O2O渠道。如华日家具、林氏木业、左右沙发、索菲亚衣柜等品牌，通过网上布局，最大限度地争取客户的咨询量与成交量，实现人流的聚合，促进业绩的提升。一些移动自媒体平台也开始涉足移动端电商销售，比如今日头条、微信、抖音、快手都在依托庞大的用户群体，挖掘客户，实现信息流的转化与成交，削弱传统渠道的竞争力。更好地运用这一手段，可拓展家具制造企业的销售渠道，降低销售成本，更利于管理和进行品牌宣传。

现如今，众多厂家都采用线上线下融合销售。随着资本的介入，线上线下的融合销售更是迫在眉睫。京东、天猫都有自己的家具建材部门，销售额也都处在高速增长中，但是热衷于网络消费的人群，显然与在实体店购买家具、建材的不是同一群人。随着投资纽带的形成，在技术层面，线上线下融合销售的市场行动显然会加速、强化，家具销售的高科技化色彩会越来越浓郁。

（二）家居产品销售的场所

家居产品销售最常见的场所有家居卖场、独立专卖店、综合商超、网络平台。

1. 家居卖场

家居卖场或称家具广场、家居广场，占地面积比较大。内部的各个铺面一般采取租赁的形式，出租给家具经销商或者生产厂家。卖场内部汇聚了许多品牌家具的专门铺位，销售各种风格的家具产品。

顾客在一个家居卖场可以找到众多品牌的各种家具，不需要东奔西走，一次能买齐需要的家具，这是家居卖场具有一定吸引力的原因。

2. 独立专卖店

独立专卖店是专门经营或授权经营某一家具品牌产品的零售店。营业面积相对较小，根据经营商品的特点而定。其特点有：以著名品牌、大众品牌为主；独立专卖店是家具企业品牌、形象、文化的窗口，有利于企业品牌知名度的进一步提升；它能创造更多使顾客购买一个品牌系列产品的机会，提升品牌产品的销量；消费者到专卖店选购产品时，企业有较大的销售机会（店内无其他品牌），大大增加了产品的成交率。

3. 综合商超

综合商超，简称超市，是指以顾客自选方式经营食品、家庭日用品为主的大型综合性零售卖场，是许多国家特别是经济发达国家主要的商业零售组织形式。

随着我国经济的飞速发展，消费水平的提高，人民生活的改善，越来越多的超市在我国成长、壮大。如今在一些大型超市，家具区域变得越来越大，除了常见的简易衣橱、塑料桌椅等，还多了不少设计讲究的木质家具产品。

超市家具最大的特点是设计简单，很容易和一般家庭的装修搭配，而且价格也很优惠。因为超市都是以销售小型日用品为主的，家具在超市的陈列空间一般都比较小，很难成套陈列，可销售的品种一般都不全，品牌也非常有限，所以家具的销售一般不会很多，但是超市的人流量非常大，可以起到宣传家具品牌的作用。

4. 网络平台

网络营销平台是指网站及网上商城。利用品牌网站、淘宝、京东等进行推广销售产品或服务。年轻的网民已经步入成家立业阶段，逐渐成为家具、建材行业的消费主力，他们比较容易接受新鲜事物，喜欢网上购物和网上商城这种突破传统的购物模式，天猫、京东等网购的火热成交量即是最好的证明。家具企业应当根据形势的变化，不断探索、创新销售模式，关注、重视网络营销，另辟蹊径，利用互联网的优势扩大销售，提升品牌影响力。

二、家居产品终端销售管理

家居卖场专卖店是一个零售企业的终端。作为零售企业运营的基础环节和为客户提供服务的主要渠道，其经营状况直接决定了零售企业的经营业绩、竞争能力和服务水平。

（一）家居产品终端销售过程

1. 实体店家居产品销售过程

家居卖场的主要工作是实现商品售卖，售卖流程是一步一步推进的，缺少任何一个流程，都会影响商品的销售量。日常售卖流程分为以下几步：

第一步，确定顾客意向。

走进专卖店的每一个顾客都有自己的目的，作为导购员，必须以最短的时间了解顾客的主要目的。

家具销售过程中的第一个步骤是从顾客到店里看家具样品、选购家具开始的，顾客的房间面积、装修风格、购买力和个人喜好等影响其购买家具的意向，将这些内容记录在顾客信息表中。专卖店里的各类家具，会有不同的优势和卖点，如果不看对象，盲目推荐商品，结果就会事与愿违。

第二步，确定产品。

导购员要和顾客一起确定其需要购买的产品细节，也就是确定好顾客要购买产品的规格型号，产品的主材、辅材，产品的颜色编号，产品的内部结构以及顾客提出的一些其他要求。

顾客一般对家具的细节只能提出要求，要想确定具体的内容，则需要导购员的帮助。导购员一般需要为顾客提供以下服务：

①按照顾客提供的装修图，帮其确定产品尺寸。

②按照顾客自己带来的尺寸确定产品型号。

③上门帮顾客实际测量放置家具的位置。

第三步，签订合同。

导购员要根据产品交货情况、顾客需求情况与顾客商定送货日期，并签订家具销售合同。销售合同需要顾客签字且卖场或者专卖店盖章方为有效。提醒顾客收好合同的顾客联，在收货的时候出示。

第四步，交预付款。

同一规格、型号的家具商品，由于可选的花色很多，可改的结构也有多种，因此一般都不会存现货，而是根据顾客要求特别定制，这就需要顾客交付一定比例的预付款。家具行业内预付款一般为总货款的20%，有些由于定制的特殊性，比例也不完全相同。

导购员告知顾客需要交纳的最少预付款的比例、金额，向顾客说明送货和收取全部货款的规定后，由顾客决定交纳预付款的金额。顾客交纳的预付款必须大于或等于卖场规定的最少预付款比例，顾客也可以选择一次性交齐全部货款。

导购员要汇总全天交付预付款的顾客合同，并把这些合同交接给指定的跟单员，确保及时定制，按时为顾客送货。

第五步，跟催家具物流信息。

顾客签订了家具销售合同并交纳预付款后，专卖店会给企业下单订货，这时并不表示就只等货物到位了，而是要积极进行跟踪和催货。工厂不按时交货的情形时常发生，尤其是在某些企业没有备货的时候。进行订货的跟催是十分必要的，是及时到货的保障。

跟催要采取谁下单谁负责的形式进行，以免漏单或重复跟单，一般可以在时间过半的时候催促一次，在没有意外的情况下，在货物应到的前一天进行一次确认。发现异常应及时向店长报告，以便及时采取措施。要和生产企业确定供货周期，并设立跟踪表或看板，直观反映货物的到位情况。跟踪表主要涉及以下信息：

①家具交付生产的时间。

②家具出厂、交付物流公司的时间。

③家具送到本城市仓库的时间。

④落实最后送货给顾客的送货人员和时间。

第六步，入库。

属于顾客已订货的商品，可以采取象征性入库，即入库与出库同时进行，将货物送到顾客家里；属于专卖店存货性订货的，要进行实质性入库。

入库要填写入库单，并将货物分类放置，以方便出货，要建立存货卡，并由专人负责仓库管理，对库存情况及时上报。

第七步，为顾客送货组装。

送货组装服务包括将家具产品送到顾客家里，并且安装好，放置到顾客指定位置，请顾客检查、验收、签字。整个送货组装过程虽然导购员并不直接参与，但必须进行全程跟踪服务。

注意事项：

①导购员或者送货人员提前告知顾客家具送货到达的大致时间。

②送货人员需遵守送货礼仪，按照公司送货规范为顾客送货。

③发货之前应再次确认顾客地址，并约定到达时间，并要求顾客家中有人留守。对于发货所发生的有

关费用应在顾客购买时提前约定，不可事后涨价、欺瞒顾客，以免造成顾客的不满。

④要认真对照订单，逐项核对货物的名称、规格、花色、数量等，不能有错误。

⑤家具的安装，应该派有经验的安装人员按照组装规范为顾客组装好家具，并放置到指定位置。

⑥组装好后请顾客检查、验收、签字。

⑦送货人员将保修单交给顾客，并提醒顾客保存。

第八步，收全部货款。

收全部货款一般都是由送货人员或者卖场收银员完成的。导购员需要做的是预先和顾客沟通好付款方式。

收全部货款方式有：送货前到卖场付款、货到付款。

大部分家居卖场和独立专卖店的销售流程都是先为顾客送货，货到直接收全部货款，但也有先收全部货款的情况，然后再为顾客送货，例如：有些综合超市和家居卖场有此规定，在顾客自愿的情况下或顾客刷卡消费而送货人员无法提供POS机服务等情况下，皆为此办理方式。

第九步，售后服务。

售后服务，就是在商品售出以后所提供的各种服务活动。售后服务已经成为企业保持或扩大市场份额的要件（如天猫、京东等）。售后服务的优劣影响消费者的满意程度。购买商品时，商品的保修、售后服务等有关规定可使顾客摆脱疑虑、摇摆的心态，下定决心购买商品。优质的售后服务是品牌经济的产物，随着消费者维权意识的提高和消费观念的变化，消费者不再只关注产品本身，在同类产品的质量与性能相似的情况下，更愿意选择拥有优质售后服务的公司。

家具商品的售后服务包括：家具维修、换件、补件、返修、保养等。

2. 互联网销售家居产品过程

互联网营销，不管是移动互联网还是传统互联网，流量是唯一的目的。想要有流量，必须先选好引流的产品，然后是选择引流的平台，引流平台更加好选，顾客在哪里就去哪里引流，天猫、京东等O2O网销平台都是不错的选择。另外，线下能力的高低在很大程度上决定了互联网销售是否能成功。国内很多家具厂家都可以做到线上引流、线下体验、线上付款的线上线下混合式销售，为广大的“80后”“90后”消费群体减少了跑门店的时间。引流成功后就可以参照实体店家居产品销售流程逐步进行。

（二）家具退换货及其原因

随着人们生活水平的提高，对生活品质的要求也越来越高，家具的质量问题也越来越受到重视。从投诉的案例来看，主要涉及家具变形、有异味、开裂、实物与样品不符等问题，虽然家具相关的投诉率不是最高的，但很敏感。所以必须有合理的家具退换货规定，才能保证消费者和商家的利益，促进家具销售市场持续健康发展。

1. 退换货流程

顾客在申请退换货时，需要根据实际情况来判定是否可以为其退换，家具退换货的一般流程如图3-1所示。

退换货流程

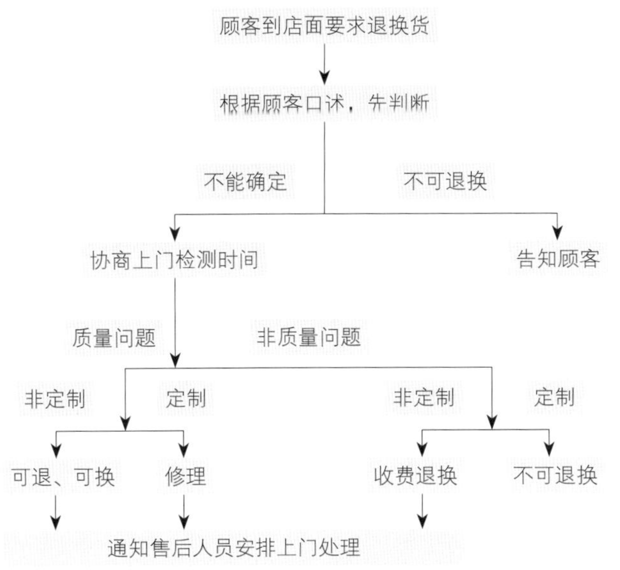

图3-1 家具退换货流程

2. 可退换货的规定

①标准非定制产品，且未送货，所换商品有库存，可免费到销售店办理退换货。

②标准非定制产品，已经送货，但因顾客个人喜好等原因要求退换货的，收取一定费用办理退换货手续。

③标准非定制产品出现质量问题，可按顾客要求退货或者换货。

④定制产品经修理后，在三包期限内又出现质量问题的，可退货。

3. 不可退换货的规定

①定制产品无质量问题的不可退换货。

②定制产品有质量问题，需先修理，不可直接办理退换货。

③由于顾客原因造成家具配件比较大的缺失，不可退换货。

④由于顾客非正常使用造成的损坏，不可退换货。

三、家居饰品的盘点

家居饰品在家具销售中起到画龙点睛的作用，可以突出家具的高雅、华贵。家居饰品也可能在陈列时损毁、丢失等，所以每月必须定期盘点。盘点表格如表3-1所示。

表 3-1　家居饰品盘点表

饰品名称	规格、型号	数量	饰品情况（是否损坏、是否正在使用）

每月月底店长应该带领导购员把全部饰品盘点并登记到盘点表格中，交给上级检查人员。检查人员根据以前饰品账目比对数量是否正确，并且不定期抽查店面，做到账目和实际一致。

导购员平时应该爱护饰品，保证饰品的安全，如果发现饰品丢失和损坏，第一时间报告上级检查人员，由上级检查人员酌情更换新饰品。

四、卖场商品定价

价格是卖场管理的重点，面对众多的竞争对手、多样化的顾客需求，卖场价格必须经常调整，以赢得竞争的先机。

（一）定价目标

卖场在制定商品价格时，必须先确定其商品定价的目标。目标越明确，制定价格越容易。卖场一般通过定价来追求以下六个主要目标。

1. 追求利润最大化

追求利润最大化，即追求一定时期内可以获得的最高利润。利润最大化并非意味着价格最高。在此目标下，卖场在制定价格时就要考虑以何种价格销售可以使利润最大化。卖场与商品在市场享有较高声誉、在竞争中处于有利地位或处于绝对垄断地位时，追求利润最大化是可行的。但市场千变万化，产品日新月异，科技飞速发展，任何公司不可能永远保持领先和垄断地位。更多情况下，企业把追求利润最大化作为一个长期定价目标，同时选择一个适应特定环境的短期目标来制定价格。

2. 实现预期投资回报率

投资回报率反映卖场的投资效益，对所投入的资金，都期望在预期时间内分批收回。为此，定价时一般在总成本费用之外加上一定比例的预期盈利。在商品综合成本不变的条件下，价格高低取决于公司确定投资回报率的高低。任何企业对于其投入的资金，都希望获得预期的回报，而预期的回报水平通常是通过投资收益率（资金利润率）来表示，所以企业经常规定自己经营的资金利润目标。为了保证达到这一目标，在定价时就要以能达到这一目标为标准，要求在商品成本的基础上加上预期的回报。

3. 稳定价格

稳定的价格通常是获取一定的目标收益的必要条件。当卖场企业拥有较丰富的后备资源且打算长期经营时，就需要一个稳定发展的目标市场和行业市场。当市场上竞品企业众多，需要有一个稳定的价格水平来稳定市场时，往往需制定一个通行价格，使价格稳定在一定的水平，保证企业在长期的经营中获得稳定的利润。同时也能维护公司形象，良好的公司形象是无形的资源和财富，是公司成功运用市场营销组合取得的消费者信赖，是长期累积的结果。有些行业的市场供求变化频繁，但大型企业为维护信誉，往往采取稳定价格的做法，不随波逐流，给顾客以财力雄厚、靠得住的感觉。这是一种稳妥的保护政策。这种定价目标，可以避免不必要的价格竞争或价格骤然变化的风险。

4. 提高市场占有率

市场占有率是公司经营状况和产品竞争力状况的综合反映。较高的市场占有率可以保证公司产品的销路，便于公司掌握消费需求变化，形成公司长期控制市场和价格的能力，并为提高盈利率提供可靠保证。事实上，紧随着高市场占有率的往往是高盈利率。提高市场占有率比提高盈利率意义更为深远，因此，提高市场占有率通常是企业普遍采用的定价目的。

5. 价格竞争

价格竞争是指企业运用价格手段，通过价格的提高、维持或降低，以及对竞争者定价或变价的灵活反应等，与竞争者争夺市场份额的一种竞争方式。长期以来，价格竞争一直深受商品生产者、经营者重视。甚至一谈到竞争，就会想到削价。在一定条件下，价格竞争是必要的。但是把价格看成决定交易成败的唯一因素，难免会造成价格竞争的泛滥。

6. 树立良好的品牌形象

品牌形象是指企业或某个品牌在市场上、消费者心中所表现出的个性特征，它体现了消费者对品牌的评价与认知。品牌形象与品牌不可分割，形象是品牌表现出来的特征，反映了品牌的实力与本质。品牌形象包括品牌名、包装、图案广告设计等。形象是品牌的根基，所以企业必须十分重视塑造品牌形象。

品牌形象是消费者对品牌的所有联想的集合体，它反映品牌在消费者记忆中的图景。品牌联想的形成既有营销活动的结果，也有非营销活动的结果。消费者对品牌形成的联想既可以通过企业掌控的渠道获得，也可以通过非企业掌控的渠道获得。

（二）卖场商品价格制定方法

卖场商品价格高低主要受成本、市场需求和竞争状况三方面因素的影响，不同商品的价格从这三方面的不同侧重点出发而选择不同的定价方法。卖场价格制定方法的管理，即为定价方法的选用。

1. 成本导向定价

成本导向定价是以商品成本为定价基础依据，主要包括加成定价法、损益平衡定价法和目标贡献定价法。

（1）加成定价法

加成定价法包括完全成本加成定价法和进价加成定价法。首先确定单位变动成本，再加上平均分摊的固定成本，组成单位完全成本，在此基础上加上一定的加成率（毛利率）形成销售价格。

完全成本加成定价法：

$$商品售价=单位完全成本\times（1+成本加成率）$$

$$成本加成率=[（售价-进价）\div 进货成本]\times 100\%$$

进价加成定价法：

$$商品售价=进货价格\div（1-加成率）$$

$$加成率=[（售价-进价）\div 售价]\times 100\%$$

在这两种定价方法中，加成率的确定是定价的关键。一般来说，加成率的大小与卖场商品的需求弹性和公司的预期盈利有关。需求弹性大的商品加成率宜低，以求薄利多销；需求弹性小的商品，加成率不宜低。实践中，同行业往往形成一个为大多数商店所接受的加成率。

加成定价法具有计算简单、简便易行的优点，正常情况下，按此方法定价可使公司获取预期盈利。缺点是忽视了市场竞争和供求状况的影响，缺乏灵活性，难以适应市场竞争的变化形势。成本加成定价法的加成率仅从公司角度考虑，因而难以准确得知对应价格水平的市场销售量，使固定成本费用的分摊难保其合理性。用于家具这类一次性采购等事先难以确定成本的商品比较合适。

（2）损益平衡定价法

损益平衡定价法是在既定的固定成本、单位变动成本和价格条件下，确保能够保证公司收支平衡产（销）量。收支平衡点也称损益平衡点（或盈亏分界点）。

在定价时，可利用此方法进行定价方案的比较与选择。对于任一给定的价格，都可以计算出一个保本销售量。如果卖场要在几个价格方案中进行选择，只要给出每个价格对应的预计销售量，将其与此价格下的保本销售量进行对比，低于保本销售量，则淘汰。在保留的定价方案中，具体的选择取决于专卖店的定价目标。利用盈亏分析，实际价格计算如下：

$$实际价格=[固定成本+预期盈利总额（目标利润）+单位变动成本费用]\div 预计销售量$$

损益平衡定价法侧重于总成本费用的补偿。一种商品盈利伴随其他商品亏损的现象时有发生，经销某种商品时所获取的高盈利与专卖店总盈利的增加并无必然联系，因此，定价从保本入手而不单纯考虑某种商品的盈利状况是必要的。在某种商品预期销售量难以实现时，可相应提高其他商品价格，逐步在整体上实现家具商品结构及销量的优化组合。

（3）目标贡献定价法

目标贡献定价法又称为可变成本定价法，即以单位变动成本为定价基本依据，加入单位商品贡献，形成商品售价，即：

$$价格=单位可变成本+单位商品贡献额$$

在这里，商品售价超出可变成本的部分被视为贡献。贡献的意义在于单位商品的销售收入在补偿其变动成本之后，首先用来补偿固定成本费用。在盈亏分界点之前，所有商品的累积贡献均体现为对固定成本费用的补偿，此时专卖店无盈利可言；到达盈亏分界点之后，商品销售收入中的累积贡献才是实现的盈利。补偿全部固定成本费用是专卖店获取盈利的前提，因此从所有商品销售收入中扣除其变动成本后的余额，不论能否真正盈利，都是对专卖店的贡献。在实践中，由于以可变为基础的低价有可能刺激商品销量大幅度提高，因此贡献额有可能弥补固定成本，甚至带来盈利。

目标贡献定价法的优点：

①易于在各种家具商品之间合理分摊固定成本费用。限制因素越多，其价格中所包含的贡献量就越大，表明该种商品固定成本分摊额越多。

②有利于专卖店选择和接受市场价格。在竞争作用下，市场价格可能接近甚至低于平均成本，但只要这一价格高于平均变动成本，专卖店就可以接受，从而大大提高自身的竞争能力。

根据各种商品贡献的多少安排家居产品的商品线，易实现最佳商品组合。

2. 竞争导向定价

竞争导向定价是以市场上相互竞争的同类家居商品价格为定价基本依据，以随着竞争状况的变化确定调整价格水平为特征，主要有通行价格定价、竞争价格定价等方法。

（1）通行价格定价法

通行价格定价法是竞争导向定价方法中广为流行的一种。定价是使家具的价格与竞争者商品的平均价格保持一致。这种定价优势如下：

竞争导向定价和
需求导向定价

①平均价格水平在人们观念中常被认为是“合理价格”，易为消费者接受。

②试图与竞争者和平相处，避免激烈竞争产生的风险。

③一般能为零售企业带来合理、适度的盈利。

这种定价适用于竞争激烈的均质家具，如品质差不多的木床、餐椅等。

（2）竞争价格定价法

与通行价格定价法相反，竞争价格定价法不是追随竞争者的价格，而是根据家具的实际情况及竞争对手的商品差异状况来确定价格，一般为富于进取心的专卖店所采用。定价时，首先，将市场上竞争对手家具价格与自身的估算价格进行比较，分为高、中、低三个价格层次。其次，将商品的性能、质量、成本、式样、产量等与竞争对手进行比较，分析造成价格差异的原因。再次，根据以上综合竞争企业商品的特色、优势及市场定位，按定价所要达到的目标确定商品价格。最后，跟踪竞争商品的价格变化，及时分析原因，相应调整自身商品价格。

3. 需求导向定价

需求导向定价以顾客的需求强度及对价格的接受度作为定价依据，这是专卖店在新的营销观念及市场条件下产生的新型定价方法。

（1）理解价值定价法

理解价值定价法也称为觉察价值定价法，是以顾客对家具价值的感受及理解程度作为定价的基本依据，将买方的价值判断与卖方的成本费用相比较，定价时更应侧重考虑前者。顾客购买商品时总会在同类商品之间进行比较，选购那些既能满足其消费需要，又符合其支付能力的家具。顾客对家具价值的理解不同，会形成不同的价格限度。这个限度就是顾客宁愿付款而不愿失去这次购买机会的价格。如果价格刚好定在这一限度内，顾客就会顺利购买。

为了加深顾客对家具价值的理解程度，从而提高其愿意支付的价格限度，专卖店定价时首先要确定家具的市场定位，拉开本专卖店家具与市场上同类家具的差异，突出特征，并综合运用营销手段，加深顾客对家具的印象，使顾客感到购买这些家具能获得更多的相对利益，从而提高他们接受价格的限度，专卖店则据此提出一个可销价格，进而估算在此价格水平下家具的销量、成本及盈利状况，最后确定实际价格。

（2）需求差异定价法

需求差异定价法以不同时间、地点、家具及不同消费者的消费需求强度为定价的基本依据，针对每种差异决定其在基础价格上是加价还是减价。主要有以下几种形式：

①因地点而异：位于城市中央商圈的高档家居卖场的家具价格普遍要高于城市边缘地带的家居专卖店。

②因时间而异：五一、国庆、春节三个假日也是三个购物黄金期，家具价格较平时有一些增长。

③因商品而异：儿童家具的价格相对于同级别成本的其他家具来说要高。

④因顾客而异：面向不同消费群的家具定价方法不同。

实行差异定价要具备以下条件：能够根据需求强度的不同进行市场细分；细分后的市场在一定时期内相对独立，互不干扰；高价市场中不能有低价竞争者；价格差异适度，不会引起消费者的反感。

（三）专卖店价格制定策略

1. 心理定价策略

心理定价即依据顾客购物时的心理而确定家具价格。心理定价策略的管理主要是针对不同的家具选择不同心理定价策略。

（1）整数定价

采用全零凑整的方法，制定整数价格。如将价格定为1000元，而不是999元。这样使价格上升到较高一级档次，借以满足消费者的高消费心理。顾客会感到消费这种商品与其地位、身份、家庭情况等协调一致，从而迅速做出购买决定。整数定价常常以偶数，特别是“0”做尾数。

整数定价策略适用于：高档消费品或顾客不甚了解的商品；需求的价格弹性比较小，价格高低不会对需求产生较大影响的产品；高收入阶层顾客，愿意接受较高的价格。

（2）尾数定价

尾数定价恰好与整数定价相反，它保留价格尾数，采用零头标价。如998元，而不是1000元，使价格保留在较低一级档次。尾数定价一方面给人以低价感，另一方面又因标价精确给人以信赖感。尾数定价用以满足消费者求实消费心理，使其感到商品物美价廉。对于需求价格弹性较大的商品，尾数定价策略往往会带来需求量的大幅度增加。

（3）声望定价

针对顾客“价高质必优”的心理，对在顾客心目中享有声望、具有信誉的家具制定较高价格。价格档次时常被当作家具质量最直观的反映，特别是顾客识别名优商品时，这种心理意识尤为强烈。因此，高价与性能优良、独具特色的名牌家具配合，更能显示商品特色，增强家具吸引力，产生扩大销路的积极效果。

（4）习惯定价

按照顾客习惯价格定价。一些低档家具的价格，通常在顾客心目中已形成一种习惯性标准，符合其标准的价格被顺利接受，偏离其标准的价格则易引起疑虑。高于习惯价格常被认为是不合理的涨价，若低于习惯价格又使顾客怀疑是否货真价实。因此，这类家具价格要力求稳定，避免价格波动带来不必要的损失。在必须变价时，应同时采取改换包装或品牌等措施，避开因为习惯价格而使消费者对新价格产生抵触心理，引导消费者逐步形成新的习惯价格。

（5）系列定价

针对顾客比较价格的心理，不同类型家具的价格有意识地分档拉开，形成价格系列，使顾客在比较价格中能迅速找到各自习惯的档次，得到“选购”的满足。

2. 折扣定价策略

折扣定价策略是指根据不同交易方式、数量、时间及条件，在基本价格的基础上加入适当折扣而形成的实际售价。折扣定价策略主要有以下几种具体形式。

（1）现金折扣

现金折扣即对按约定日期付款或提前付款的顾客给予一定的价格折扣，目的在于鼓励顾客按时或提前支付欠款，减少专卖店的利率风险，加速资金周转。折扣的高低一般由付款期间的利息和风险成本等因素确定。

（2）数量折扣

数量折扣是根据购买数量或金额的差异给予不同的价格折扣。分为非累计数量折扣和累计数量折扣两种形式。前者是对一次购物超过规定数量或金额给予的价格优惠，目的在于鼓励顾客增加每份订单的购买量，便于专卖店组织大批量进货而获得进价优势；后者是对一定时期内累计购买超过规定数量或金额给予的价格优惠，目的在于鼓励顾客与专卖店建立长期固定的关系，减少专卖店的经营风险。数量折扣的关键在于合理确定给予折扣的起点、折扣档次及每个档次的折扣率。

（3）季节折扣

季节折扣指对在非消费旺季购买家具的顾客提供的价格优惠。目的在于在销售淡季鼓励顾客购买，减少货物积压，以利于家具的均衡流通，合理进出。

（4）促销折扣

促销折扣指专卖店为推广家具所进行的各种促销活动而采用的折扣，此方法尤其适用于新款家具的导入期。

3. 新款家具定价策略

专卖店每年都必须采购一定数量的新款家具，新款家具定价是其价格策略的一个关键环节，关系到新款家具能否顺利被消费者所接受，并为以后提高销量打下基础。专卖店的新款家具定价管理主要有以下方法可供选择。

（1）“撇脂”定价

“撇脂”定价即高价投放采购的新款家具，售价远远高于成本，目的在于力求短期内补偿全部固定成本，并迅速获取盈利。销售对象主要是收入水平较高的“消费革新”人物或猎奇者。当竞争商品投入市场后，随即降低价格，再进一步开拓市场。这种定价方法的优点是专卖店能迅速实现预期盈利目标，掌握市场竞争及新款家具营销的主动权；缺点是在高价抑制下，销路不易扩大。同时，高价厚利极易诱发竞争，从而缩短新款家具的高额利润时期。

（2）渗透定价

渗透定价是指低价投放新款家具，使之在市场上广泛渗透，从而提高专卖店的市场占有率，随市场份额的提高调整价格，降低成本，实现盈利目标。这种定价方法的优点是能迅速打开新款家具的销路，有利于提高市场占有率，树立良好的形象。同时，低价薄利不易诱发竞争，便于专卖店长期占领市场。缺点是本利回收期较长，价格颤动余地小，难以应对在短期内骤然出现的竞争或需求的较大变化。

（四）专卖店价格变动管理

专卖店的价格不可能也不应该一成不变，为了开拓市场、抢占市场份额或追求利润的最大化，为应对竞争的需求，专卖店应根据市场的变化进行价格变动，同时加强对价格变动的管理，包括对降价、提价及变动时机选择等的管理。

1. 专卖店价格变动的基本策略

专卖店需要根据自身商品特点选择不同的定价策略，以提高收益，专卖店价格变动的基本策略、原则及特点见表3-2。

表 3-2　专卖店价格变动的基本策略

策略选择	原则	结果
维持价格和认知价值，筛选顾客	专卖店有很多忠实的顾客，可将低收入顾客让给竞争对手	市场份额缩小，利润降低
提高价格和认知价值	提价补偿上涨的成本，提高家具质量，使高价合理	市场份额缩小，保持利润
维持价格，提高认知价值	节约资金	市场份额缩小，短期利润下降，长期利润上升
部分降价，提高认知价值	必须降价，但强调家具的价值有所提高	保持市场份额，短期利润下降，长期利润上升
大幅度降价，保持认知价值	约束和减少价格竞争	保持市场份额，短期利润下降
大幅度降价，降低认知价值	约束和减少价格竞争，保持利润率	保持市场份额，保持盈利，长期利润下降
保持价格，降低认知价值	削减营销开支，抑制成本上升	市场份额缩小，保持盈利，长期利润下降

2. 降价管理

专卖店降价的原因不外乎两种情况：一种情况是过多的库存商品。这需要专卖店提升营业额，然而通过加强推销、改进家具或其他可供选择的措施并不能达到目的，于是许多专卖店抛弃了“追随领导者定价法”，转向“灵活的定价法”，以促进销售；但是价格变更的发起者面临一场价格战，因为竞争者都要设法保护自己的市场份额；另一种情况是面临强有力的价格竞争而市场份额正在下降。专卖店或者使其成本低于竞争者，或者发动降价，以期望扩大市场份额，从而依靠较大的销量，以降低成本。但这种战略也存在高风险。

①低质量误区：消费者会认为低价家具的质量次于售价高的竞争者的家具质量。

②脆弱的市场占有率误区：低价能买到市场占有率，但是买不到市场用户的忠诚，稍有变化，顾客就会转向另一个价格更低的卖家。

③钱袋误区：售价高的家具企业具有雄厚的资金储备，它们也能降价并能持续更长时间。

确定家具降价幅度，应以家具的需求弹性为依据。需求弹性大的家具，只要有较小的降价幅度，就可以使家具销量大增；相反，需求弹性小的家具，需要有较大的调价幅度，才会提高销售量。但是需求弹性小的商品降价可能会引起销售量收入和销售利润减少，因此掌握调价幅度者要慎重。降价时应考虑的最重要因素是消费者的反应，因为降低价格是为了促进销售，本质上是要促使顾客购买家具。忽视了顾客的反应，销售就会受挫，根据消费者的反应调价，才能收到好的效果。

实施降价控制时必须能够对降价做出估计，并修改近期进货计划，以反映每次实行降价的理由。例如季节末期，为与竞争者的价格相抗衡，陈旧商品、过时的式样等都可以作为降价的理由。

实施降价控制能使专卖店对各分店各项政策的执行情况进行检查，例如检查家具的储备方式、新款家具验收情况等。而且经过仔细筹划，专卖店可以靠增加广告宣传更好地训练员工，并给他们较好的报酬，在分店之间更有效地分配家具商品，以及采用退回厂家等办法，来避免某些降价。

3. 提价管理

成功的提价可以增加利润。引起提价的主要因素是供不应求，当专卖店不能满足它所有顾客的需要时，可能提价，可能对顾客限量供应，或者两者兼用。提高“实际”价格有多种方法，每种方法对顾客产生的影响也不同。

4. 价格变动时机管理

专卖店价格变动的时机主要是指降价时机，因为专卖店是很少提价的。价格变动时机管理其实就是降价时机的选择。大多数情况下，专卖店会发现某种家具必须减价，但是要做出决定，关系重大，要考虑时机的选择，考虑如何迅速贯彻执行。

（1）早降价

为了有计划地保证家具库存更新，专卖店可以采用早降价策略。采用早降价有以下益处：

价格变动时机管理

①在实行这一策略的情况下，当需求还相当旺盛时就低价出售。

②与在销路好的季节后期降价相比，实行早降价策略只需要较少的降价就可以把家具卖出去。

③早降价可以为新款家具腾出销售空间。

④使专卖店的现金流动状况得到改善。

（2）迟降价

迟降价策略的主要好处是能有充分的机会按原价出售家具。

（3）交错降价

除了迟、早的选择，专卖店还可以运用交错降价的方式，就是在销路不好的整个季节期间价格逐步下降。

（4）全面降价

全面降价是指专卖店定期全面降价的一种方式，通常一年两三次。这种策略可以避免频繁降价对正常商品销售的干扰。顾客会知道每半年一次或一年一度的清货大减价，此时很多家具是降价销售的。这样爱买低价商品的顾客，只是在很短一段时间内被吸引了进来。

5. 不同家具价格变动管理

专卖店应根据所经营的家具种类的不同，目标市场、目标顾客群体的不同，分别采取不同的价格变动策略，以达到最佳的效益。

（1）高档家具价格变动

高档家具的目标客户群大多是高收入人群。他们的消费心理一般是把价格作为自身社会地位或经济地位的象征，因此，顾客对于高档家具的关注停留在质量保证与地位显示上，而对于这两种功能的判断几乎只有依据价格的高低这一标准。因此，对于高档家具的价格变动，尤其对于降价，要慎之又慎。因为降价会动摇顾客对于高档家具质量的信心，质疑此家具原有的定价，进一步质疑专卖店的信誉。

（2）中档商品价格变动

在专卖店所经营的家具中，中档家具一般是主角，这是由目标市场的规模决定的。因此，专卖店对于经营的中档家具，应花大力气对其价格进行变动，以达到整体利润最大的目的。顾客购物是一个学习的过程，购买前需了解商品信息，专卖店调低价格可以吸引顾客。

（3）低档家具价格变动

低档家具的主要购买者是中低收入人群，他们对价格非常敏感，常常是微小的价格上调，就会引起他们的强烈不满和拒绝。同样，即使价格略小的下调，也会刺激他们的购买欲望，受外界影响比较大，很容易受群体的暗示而购买。因此，专卖店对于所经营的低档家具，要挑选一些进行打折，配合专卖店的气氛营造，刺激消费者的购买欲望，以最终达成交易。

五、卖场宣传管理

家居卖场类型不同，销售的商品档次、风格以及针对的客户群体等都不尽相同，因此，卖场宣传的方式是需要卖场管理人员针对卖场具体情况进行灵活选择和自主应用，在卖场内外张贴一些广告、海报或派发传单，以起到宣传产品、活动的作用，从而促进销售。

（一）卖场广告

1. 卖场广告的类型

在实际运用时，可以根据卖场广告的使用形式、使用目的及使用地点进行划分。

（1）按使用形式分类

①招牌卖场广告：包括店面、布幕、旗子、横（直）幅、电子字幕，其功能是向顾客传达企业的识别标志，传达销售活动的信息，并渲染活动的气氛。

②招贴卖场广告：类似于传递商品信息的海报，张贴卖场广告要注意区别主次信息，严格控制信息量，建立视觉上的秩序。

③悬挂卖场广告：包括悬挂在卖场中的气球、吊牌、吊旗、装饰物，其主要功能是创造卖场活泼、热烈的气氛。

④标志卖场广告：指商品位置指示牌，它的主要功能是向顾客传达购物流程和位置等信息。

⑤包装卖场广告：指商品的包装，具有促销和宣传企业形象的功能，例如附赠品包装、礼品包装、若干小单元的整体包装等。

（2）按使用目的划分

卖场广告使用的目的有两个，即促销与装饰。由此，卖场广告可分为促销型卖场广告与装饰型卖场广告。

①促销型卖场广告：指顾客可以通过其了解商品的有关资料，从而进行购买决策的广告。种类有价格标签、拍卖POP、商品展示卡等，使用期限多为拍卖期间或特价日，一般为短期使用。

②装饰型卖场广告：用来提升超级市场的形象，进行店铺气氛烘托的卖场广告类型。种类有形象POP、消费POP贴画、悬挂小旗，使用期较长，但有季节性。

（3）按使用地点划分

按使用地点可划分为外置卖场广告、店内卖场广告及陈列现场卖场广告。

外置卖场广告是将本超级市场的地点以及所经销的商品告知顾客，并将顾客引入店中的广告；店内卖场广告是将超级市场的商品情况、店内气氛、特价品的种类以及商品的配置场所等经营要素告知消费者的广告；陈列现场卖场广告是在商品附近的展示卡、价格标签及分类广告，它们帮助顾客做出相应的购买决策。

2. 卖场广告的作用

卖场广告的作用是促销，是以其强烈的视觉传达效果来直接刺激消费者的购买欲望，从而达到促销的目的。同时，卖场广告还有展示形象的装饰作用。

（1）促销作用

①传达卖场商品信息：卖场的橱窗里、墙面上、天花板下、楼梯口处等都可以将新上市的商品全面地向消费者展示，使他们了解产品的功能、价格、使用方式以及售后服务等方面的信息。目的在于吸引路人进入卖场；告知顾客卖场在促销什么，商品的特性，最新的商品供应信息，商品的价格，特价商品，刺激顾客的购买欲，促进商品的销售。

②促进卖场与供应商之间的互惠互利：通过促销活动，可以扩大卖场及其经营商品的供应商的知名度，增强其影响力，从而促进卖场与供应商之间的互惠互利。

③唤起消费者的潜在意识：经营者虽然可以利用报纸、电视、杂志和广播等媒体向消费者传达企业形象或产品特

点，但当消费者走入卖场时，面对众多的商品，极有可能已将上述媒体广告传输的信息遗忘，不知道应该购买哪种产品。而张贴、悬挂在销售地点的店面广告则可以提醒消费者，唤醒他们对不同卖场产品的潜在意识，使他们根据自己的喜好选购商品。

④使消费者产生购买愿望并达成交易行为：大多数消费者进入卖场时，他们不知道购买哪个品牌的商品更好。这时如果能有一个店面广告来提醒，使他们原有的家居商品印象清晰，就可以加速他们的购买行为。

（2）装饰作用

卖场广告的装饰作用具体表现在创造店内购物气氛。

随着消费者收入水平的提高，消费需求的层次也在不断提高。消费者在购买家具过程中，不仅要求能购买到称心如意的商品，同时也要求购物环境舒适。卖场广告既能为购物现场的消费者提供信息、介绍商品，又能美化环境、营造购物气氛，在满足消费者精神需要、刺激其采取购买行动方面有独特的功效。

（3）塑造形象作用

卖场广告可突出卖场的形象，吸引更多的消费者来店购买。消费者的购买行为分为：注意、兴趣、联想确认、行动。如何从众多的竞品中吸引顾客，达到其购买的目的，POP广告功不可没。同时，卖场广告上会展示品牌的名称、标志、标准字、标准色、形象图案、宣传标语、口号和吉祥物等，以塑造富有特色的企业形象。有些大品牌是店面广告上经常出现的一些标志，它们已经为广大媒体、受众所熟悉，已成为企业的一种专有标志。当广大消费者接触到这些图案时，就会立刻明白它们代表哪些企业。不同卖场广告的作用不同，见表3-3。

3. 卖场广告设计的要点

（1）掌握卖场广告的构思过程

家居卖场的任何卖场广告都不是随意推出的，必须经过一个周密的构思策划过程，这样才能达到最佳的广告促销与装饰效果。其过程如下：

表 3-3　不同类型卖场广告的作用

地点	种类	作用
店头POP	店头看板（招牌）、商品名称	吸引顾客，告知顾客该专卖店的经营特色
	橱窗展示、旗子、布帘	
店内POP	表示专卖店的POP	告知顾客专卖店品牌，吸引顾客进店
	拍卖POP、廉价POP	告知进店顾客专卖店正在进行拍卖或者大减价，并将拍卖内容或减价幅度告知顾客
	告知POP、优待POP、气氛POP	告知顾客专卖店的产品类型，也可以制造店内气氛
	橱柜（陈列箱）、灯箱等	方便顾客选择商品
	厂商海报、广告看板	传达家居商品、厂商信息
陈列场地的POP	展示卡	展示商品的功用、制造材料及厂家名称等，帮助顾客选择商品
	牌架、分类广告	告知顾客推荐产品的位置、尺寸及价格
	价格牌	告知顾客产品的名称、数量等，直接通过价格牌告知顾客产品价格

①了解卖场广告的背景因素，配合新商品上市活动，并以既定的广告策略为导向。

②了解消费者需求，发布最有创意的卖场广告，刺激和引导消费。

③卖场广告必须集中视觉效果。

④卖场广告最好与媒体广告同时进行。

⑤了解家居卖场和周边环境的消费者情况，并听取家居卖场人员的建议，作为卖场广告制作的依据。

⑥考虑好卖场广告的功能、费用预算、持久性、制作品质、运输等问题的综合平衡。

⑦计划好卖场广告的时效性，因为卖场广告是企业整体营销计划的一个组成部分，其时效性必须与营销计划同步。

（2）领会卖场广告的设计原则

卖场广告设计的基本要求就是独特。无论是店外摆放，还是店中陈列，都必须新颖独特，能够很快地引起消费者的注意，激起他们“想了解”“想购买”的欲望。具体来讲，设计卖场广告时必须遵循以下原则：

①少而精：专卖店是以销售家具为主的，顾客既然走了进来，自然已经产生了购买的意愿，过多的广告宣传反而令人疏远，这时广告应起到画龙点睛的作用，重点突出，将本店主要特色告诉顾客。在门口、橱窗、店内空闲处进行适当的宣传。

②简单明了：店内的广告不应该是长篇累牍，顾客没有那么多时间细看。广告内容一般为：企业标志、企业名称、产品品牌、特价商品、重要商品。在材料、结构、品质等各方面不同于其他店面的独具特色的产品。

③顺其自然：卖场的广告不能广告味过浓，要顺其自然，与卖场的装修、饰品摆放浑然一体。比如用于装饰的书籍上写上企业名字，播放居室设计，挂画是企业的标志或产品代言人，将公司的宣传册作为点缀用的“杂志”等。

④避免俗套：新奇的广告吸引人们的视线，耐人寻味，进而使人驻步沉思。

（3）贯彻卖场广告信息的传播原则

卖场广告作为家居卖场重要的促销手段，必须十分重视其信息传达的准确性、逻辑性和艺术性。

①准确性原则：广告是围绕商品促销进行的，必须十分准确地把握卖场的特征、商品的特征、消费者的消费特征。

②逻辑性原则：卖场广告是以视觉来传达企业的促销活动和信息的，因此要有逻辑地建立卖场广告的视觉形象秩序，杜绝视觉形象过多，做到井然有序、装饰与渲染有度。

③艺术性原则：卖场广告的目的是促进销售，因此在广告形式和宣传手段上不能不顾广告实际的效果，而片面追求广告形式纯美的艺术性表现。

（4）突出卖场广告功能的传达

卖场广告的功能传达是与消费者的购买过程相联系的，在消费者购买过程中发挥的作用如表3-4所示。

表 3-4　功能传达在消费者购买过程中的作用

消费心理	消费动作	传达方式
引起注意	注意店头广告	海报等
产生兴趣	接近商品	展示陈列
唤起购买欲	了解商品品质	商品说明书
品牌记忆	产生购买欲，考虑购买	价格标识、展示牌
购买	选择商品，预付款	商品广告、收银台

（二）品牌

品牌是一种名称、术语、标记符号或图案，可用它们的组合识别某个销售者或一群销售者的产品或服务，并使之与竞争对手的产品或服务相区别。它能为顾客提供其认为值得购买的功能利益和附加价值的产品。

1. 品牌的特性

（1）品牌是无形的

品牌不具有物质实体，但有物质载体，并通过一系列物质载体来表现自己。直接载体主要是图形、标记、文字、声音；间接载体主要是产品的价格、质量、服务、市场占有率、知名度、亲近度、美誉度等。

（2）品牌是无形资产

品牌所代表的意义、个性、品质和特征产生品牌价值。这种价值是看不见、摸不到的，却能创造超额利益。

（3）品牌是一种沟通

品牌是把一个符号、一个客体、一个概念同时集于一身，如将标识、色彩、包装都合并到一起。从消费者角度看，品牌作为一种符号与产品信息一同储存于消费者头脑中，而品牌也就成了他们记忆的对象。

（4）品牌具有明显的专有性

品牌代表一个企业的市场地位和形象，是企业进入市场的通行证，是企业和市场的桥梁和纽带。品牌属于知识产权的范畴。企业有时通过保密和企业保护法来维护自己的品牌，有时通过在国家有关部门登记注册、申请专利等形式保护自己的品牌权益，有时又借助法律保护并以长期生产经营服务中的信誉取得社会的公认，如品牌名称、标志，这些都有力地说明了品牌具有专有性。

（5）品牌具有极强的扩张力、延伸力和影响力

品牌成为资产重组的旗帜，有价值的品牌不断地扩张、延伸，逐步形成集团化，随着公司集团化的发展，品牌的行业界限越来越模糊，而其品牌的概念却越来越清晰。

（6）品牌具有一定的风险性和不确定性

品牌的潜在价值可能很大，也可能很小，它有时可使产品取得很高的附加值。

（7）品牌是一种承诺和保证

这是以品牌提供的价值、利益和特征为基础的，品牌必须为消费者提供足够的价值利益，以满足消费者的需求与欲望，以赢得消费者的忠诚，取得他们长期的信赖与喜爱。

2. 品牌的功能

（1）识别功能

识别功能是指品牌能够尽快地帮助消费者找出其所需要的产品，减少消费者在选购商品时所花费的时间和精力。品牌是一种无形的识别器，是产品和企业的“整体”概念。它能使消费者从琳琅满目的商品中很快做出选择。

正因为品牌是产品的标志，代表着产品的品质、特色和承诺，所以缩短了消费者的购买时间和过程。

（2）保护企业及消费者权益的功能

登记注册后的品牌，受到法律法规保护，禁止他人非法使用。如果产品质量有问题，消费者可以与企业进行交涉，依法向其索赔，保护自身的正当权益。

（3）促销功能

由于品牌是产品品质、特色、档次的标志，易引起消费者的注意及满足他们的需求，因此也易赢得消

费者的选择和厚爱，实现提高总销量的目的。

（4）增值功能

品牌是一种无形资产，它本身可以作为商品被买卖，为企业带来巨大的经济效益。随着品牌知名度、美誉度的提高，品牌本身的价值也在逐渐攀升。

（5）有利于企业市场形象的塑造

品牌代表企业形象。在消费者心目中，品牌实力与企业的形象联系在一起。品牌有利于塑造企业的形象，提高企业的知名度、信赖度，为企业多元化及品牌延伸打下坚实的基础。

任务二　家居卖场促销期经营管理

促销管理是指制造企业通过利用媒体广告、人员推销、公共关系等方式而进行的阶段性造势，并刺激销量、塑造品牌等活动方式的管理。它对单个店面运营有着聚集人气、吸引人流、增加销量、对抗竞争对手、提高市场占有率的作用。

促销管理是市场营销管理中最复杂、最富技巧也是最具风险的一个环节，当然也是有才华的企业家最能大显身手的领域。

一、促销活动策划

所谓促销活动策划，其实就是制订一种市场营销活动方案，是一种为活动而进行的总体规划，除了用文字表现之外，还需要在实际活动中进行兑现、实操。一个好的活动策划，可以进行品牌推广，提高企业声誉，更是提高市场占有率的有效行为。

（一）活动策划的作用

活动策划并不是凭空出现的，它之所以被各大企业所看重，是因为它能有效提升企业品牌在消费者心中的美誉度。活动策划的作用有以下几点：

1. 调动受众积极性

一个好的活动策划能吸引受众主动参与到活动中，达到企业通过活动的方式向受众传播商业信息的目的。例如支付宝推出的集福活动，就很好地吸引了群众的目光，并让他们主动参与其中。

2. 提高品牌曝光率

好的活动策划是提高企业品牌曝光率的一个有效渠道。消费者积极参与到活动中，企业在活动中注入的商业信息不仅不会让消费者厌恶，他们反而更愿意接受，大大提高了商业信息或品牌的曝光率。

3. 开发受众连接性

一个好的活动策划，并不只是对企业有益处，对于参与活动的受众也有很多益处，最大的益处在于能促进受众之间的交流，增加受众间的情感。人们可以通过活动，与自己的亲朋好友连接在一起，一起分享活动的快乐，也可以在活动中结交新的朋友。活动成为人与人之间加深感情的桥梁。

（二）活动策划的理由

策划者在进行活动策划的过程中，要为活动找到可以凭借的推动力，即活动的理由。赋予活动理由，可以大大增加活动的信服力，还能吸引受众主动参与活动。

1. 合适时机

不管是现实生活还是在互联网，以时间为理由的活动策划是常见的活动类型，例如各家居卖场的“金九银十”促销活动，就是在每年十一小长假进行促销活动，且活动力度是消费者所期待的。活动策划中所指的时间，并不单指日期，还可从假日和时节两个方面考虑。

2. 时事热点

时事热点是人们最为关注的话题，活动策划者可以借助热度，让自己的活动更容易被人们所接受。

3. 自身亮点

除了时间和热点两个可以凭借的理由外，活动策划者还可以将产品的亮点作为策划活动的凭借，以吸引受众的注意力。在现今以追求新奇为时尚的大环境下，“新品”一词无疑有着巨大的吸引力，新品发布会就是一个典型以亮点为理由的活动类型。例如青木堂组织的整木家居新品发布会，就是以强大的设计理念作为活动亮点，吸引各大媒体以及粉丝的注意力。

（三）活动策划者的素质

任何行业对于从业者都会有一定要求，活动策划也是如此，活动策划者应具备创新性思想、强协调能力、良好的心理素质。

1. 创新性思想

活动策划者需要具有创新性思想，这样才能激发全新的思维，策划新活动，为产品宣传带来新意，为产品开发新市场。

2. 强协调能力

活动策划者可以说是整个活动的“指挥员”，他们必须具有较强的协调能力，才能与其他人员相互交流，才能保证活动正常运行。那么活动策划者的协调能力在活动中如何体现呢？如图3-2所示。

3. 良好的心理素质

对于活动策划者来说，良好的心理素质是必须具备的，特别在处理突发事件上，更能体现活动策划者的心理承受能力。活动策划者在心理素质方面需要具备的几点要素如图3-3所示。

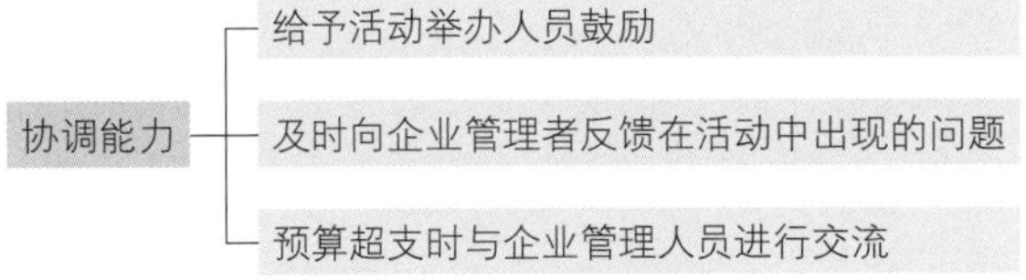

图3-2 强协调能力的体现

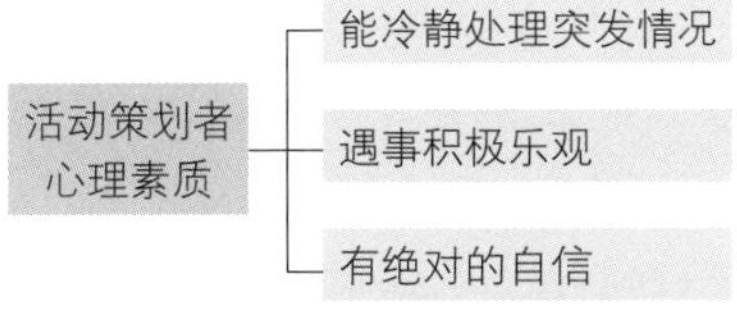

图3-3 活动策划者心理素质

二、活动策划的步骤

（一）活动策划前考虑的因素

为了让活动变得更有意义，为企业实现更高的目标，活动从开始到结束，整个过程中的人员配备、活动地点、活动宣传等方面都需要一定成本，需要牢记活动策划的要点步骤，根据要点进行活动的策划工作。

1. 明确活动举行的根本目的

活动策划者在接手活动策划工作时，一定要向委托人或者主办方了解清楚活动的根本目的，然后再进行后续工作。

如果活动的根本目的是提升企业形象，那就可以由企业主导，进行一场公益活动，提升企业在社会大众心目中的形象，如企业公益论坛等。

如果活动的根本目的不是宣传而是盈利，那就可以以产品促销为中心，举办一场盛大的营销活动，为了让效益最大化，一般应选择在节假日进行活动。

如果活动的根本目的是既想宣传品牌，又想促销盈利，那就可以考虑将活动策划移到互联网上来进行，利用网络的强大功能来实现降低成本、扩大宣传的目的。

2. 构思活动策划的总体方案

在进行促销活动策划之前，需要制订简单的活动总体方案，策划大体的活动雏形，为后续工作提供有效指导。

拟定促销方案主要用于决定以下事项：

（1）激励规模

对促销对象的激励规模，要根据费用与效果的最优化比例来确定。要获得促销活动的成功，一定规模的激励是必要的，关键是要找出最佳的激励规模。最佳激励规模的要求是费用最低、效率最高。如果盲目扩大激励规模，虽然仍能促使销售额上升，但效益将相对减少。

（2）激励对象

范围控制多大？哪类人是主要目标？选择的合理与否直接影响促销的最终效果。

（3）送达方式

专卖店必须研究通过什么样的送达方式让激励对象来参与，才能达到理想的效果。专卖店要根据激励对象以及每种渠道的成本和效率来选择送达方式。

（4）活动期限

促销必须规定一定的期限，不宜过长或过短。具体的活动期限应综合考虑时间段、消费者的购买习惯、促销目标、竞争者的策略等，按照实际需求确定。

（5）时机选择

促销时机的选择应根据消费需求时间的特点，结合总的市场营销战略来确定。

（6）预算及其分配

可根据全年促销活动的内容、所运用的促销方式及相应的成本费用来确定促销预算。促销成本由管理成本、激励成本等构成。

被确定的活动对象一般是产品的忠实用户和潜在用户，所以活动的时间和地点要根据忠实用户的特点和需求来决定。

在进行活动策划之前，活动总体方案无须太过详细，不要花太多的时间在策划活动前的准备上，只需满足3个要求即可，即简单、明了、易懂。内容无须过多，但方案要素需全面。

3. 估算活动整体花费

对于活动策划者来说，需要将活动经费的去向罗列清楚，只有这样才能把控好活动经费的支出，也能让企业管理者快速了解活动经费的去向，从而放心地将活动经费交给活动策划者。

活动策划者需要根据活动类型、活动项目、企业具体情况来制作真实、合理、详细的活动整体预算表，例如需要为某产品举办新品发布会活动，其整体预算表如表3-5所示。

表 3-5 活动整体预算表

活动名称	××新品发布会			
活动主题	将××新产品正式向外推广			
用途	项目	单价	数量或时间	总价
前期推广	在某电视节目上投放广告	50000元/天	7天	350000元
	制作传单	0.5元/张	10000张	5000元
	制作邀请卡	2元/张	100张	200元
场地租赁	某酒店大厅	30000元/天	1天	30000元
	椅子	5元/张	200张	1000元
	摄影设备	3000元/台	4台	12000元
	摄影机	3000元/台	1台	3000元
	桌子	10元/张	10张	100元
	音箱	400元/个	4个	1600元
	话筒	5元/个	6个	30元
食物（含饮用水）	茶歇糕点	60元/箱	6箱	360元
	水	24元/箱	20箱	480元
	水果	80元/箱	10箱	800元
发布会节目	礼仪小姐走秀	400元/人	10人	4000元
	专业串场节目	1000元/次	3次	3000元
临时雇佣劳务费	签到人员	100元/人	4人	400元
	摄影师	300元/人	3人	900元
	主持人	1000元/人	1人	1000元
	安保人员	100元/人	10人	1000元
	场地布置人员	200元/人	15人	3000元
不可预计费用				8700元
总计				426570元

活动策划者在制作活动整体预算表时，需要遵循真实详尽、凑整、不超10%和具体分析这四个原则进行，如图3-4所示。

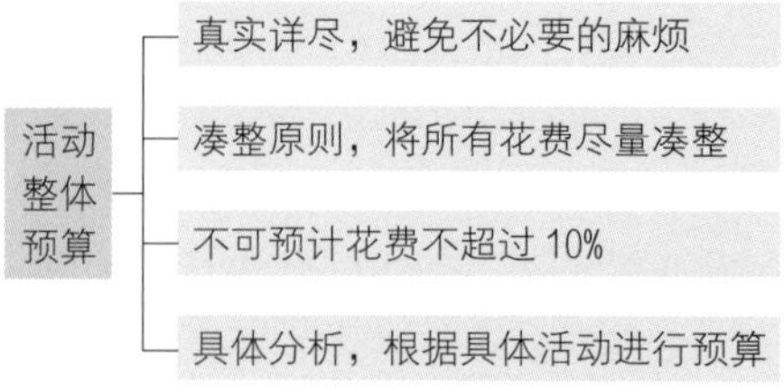

图3-4　活动整体预算表制作原则

4. 确保活动内容的切实可行

活动策划者在构思完初步的策划方案后，还要分析初步方案中设计的内容是否切实可行，只是预算通过还不行，还要考虑到现场、人员、法规等多方面的因素。

一般来说，确定一项活动策划是否切实可行，应该从可执行性、实际操作性、绩效性三个方面进行分析。

（1）可执行性

从可执行性方面进行分析要了解四点，即利益和危害之间的指数、成本与效益之间的指数、方式方法是否科学和内容是否合法。活动既有效益也有风险，成功的活动可以带来效益，若活动失败，不仅不能带来预期效益，还会让努力白费，所以活动策划者在规划活动内容时要尽量把存在风险的因素去除，以确保活动能够顺利进行。

此外，活动还需要成本，要把握好效益和成本之间的倾向关系。通常来说，策划的活动效益都要大于成本，特别是促销活动，得到的效益若不能远大于付出的成本，那就背离了根本的目标，活动也就没有举行的必要了。

活动进行工作的方式方法是否科学合理也需要重点分析，科学合理的工作方式和方法可以节省活动成本，缩短活动筹备时间，保障活动顺利完成。

此外，活动策划者一定还要保证活动的内容合法，活动会场的设施布置要符合相关规定。

（2）实际操作性

从实际操作性方面进行分析，需要考虑活动策划的运行能力这一主观条件和人力、物力等客观条件。抛开运行能力不谈去聊活动策划无异于纸上谈兵，所以活动策划者在策划活动时不要一味地追求充满创造性、新奇独特的活动方案，也要适当考虑主办方的运行能力。人力、物力等客观条件，也是活动策划中要考虑的一点。

（3）绩效性

从绩效性方面进行分析，需要考虑活动盈利能力和活动目标价值。

不管是什么活动，始终是需要回报的，确保活动获得回报是活动策划者必须考虑的重点。

对活动目标价值的论证也是活动策划者必须关注的重点，有价值的活动人们才会相信并参加，才值得投入成本运作。

5. 制订活动工作的详细安排

制订活动工作安排表也是活动策划者所需要关注的问题，更是活动策划不可缺少的一环。活动策划者需要将工作落实到三个环节，如合适的部门、合适的人、具体完成时间。

活动策划者在进行工作安排时，需要细分工作表，严谨地将工作分配到合适的部门，且制订合理、具体的完成时间。一般来说，活动工作安排表需要包括前期准备工作和当天工作安排两个部分。

还是以举办某产品新品发布会活动为例，其活动工作安排如表3-6所示。

表 3-6　活动工作安排表

活动名称	××新品发布会		
活动主题	将××新家具系列产品正式向外推广		
活动开始时间	2021年6月18日下午13:30		
项目	责任部门	时间	日期
确定会场	人力资源部	5天	2021年4月15日—2021年4月19日
会场使用物料购买	行政管理采购部	两周	2021年4月19日—2021年5月2日
发送邀请函	人力资源部	一周	2021年5月3日—2021年5月9日
会场设计	设计部	两周	2021年4月20日—2021年5月3日
会场布置	设计部	三周	2021年5月4日—2021年5月24日
检查会场	审检部	三周	2021年5月25日—2021年6月14日
临时雇用人员	人力资源部	两周	2021年5月18日—2021年5月31日
宣传广告	产品宣传部	一周	2021年6月11日—2021年6月17日

活动策划者在安排工作时，最好是将时间安排到分钟，越精确越好，这样可以克服工作落实慢的问题，避免活动当天出现意外情况。

6．确定活动具体的必要流程

在活动策划中，活动具体流程表也是一个要点，活动策划者需要将活动当天的流程安排到位，将它们一一列举出来，让领导、操作人员知道活动整体的大概流程，这样的活动安排才会更加严谨，更容易举办成功。

活动具体流程表需要根据活动内容合理制订，不要套模板，应做出一个与众不同的流程，且各个流程之间的时间一定要精确，并将整个活动连接起来。

7．收集活动来宾的感受评价

活动结束之后，最好是制作一个评估调查问卷，向员工、参与活动的媒体投放，了解他们对活动的满意度，以便为以后活动策划提供思路。

活动策划者在制作评估调查问卷时，需要明确两个内容：评估目的和评估内容。

活动策划者需要根据评估目的确定评估内容，常见的就是对整个活动进行评估，找出活动开展过程中的优缺点，积累经验，以使以后的活动更加完善。

一般来说，活动策划者可以针对四个方面进行评估，如表3-7所示。

表 3-7　活动评估的四个方面

评估方面	评估内容
活动前准备工作评估	针对活动参与人员、活动宣传等事项进行评估
活动整体过程的评估	针对活动人员安排、活动流程等事项进行评估
活动整体花费的评估	针对各方面的支出费用，以节约原则进行评估
活动整体效果的评估	针对活动效果、影响方面进行评估

评估调查问卷中的内容应尽量简短，且需要根据活动内容来确定问题。

8. 应对突发情况的备用方案

活动策划至少在活动开展前的一个月进行，由于无法预测活动当天会发生的事情，所以活动策划者需要制订一份备用活动紧急方案，以应对突发情况带来的难题。一般来说，备用活动紧急方案与活动总方案大致相同，只是为了一些不可控制的因素而制订的备用方案。例如总方案的活动场地是在室外，可能活动当天会下雨，则可在备用方案中将活动场地改成室内或者是在室外加一个雨棚或者准备一些简易的雨衣；有可能在活动当天遇到情绪比较激动的受众，需要有应对的准备，或者聘用安保人员维护现场秩序等。

（二）活动策划的要点

确定了活动的大致方案后，需要对活动策划的具体工作进行落实，对于这些工作，下面将选取七个要点来进行讲解。

1. 提前宣传

活动的宣传方式是活动成功的首要条件，当宣传效果非常好时，活动成功率会大大提高，若宣传效果不佳，那么活动效果必然受影响。活动都有一个相对固定的时间段，想要在这个固定的时间段内实现活动效益的最大化，就一定要在活动还没开始之前着手宣传工作。

（1）宣传的主要作用

活动宣传的主要作用在于吸引人流量，让人们知晓活动的存在，只有这样才能提高成功率。在活动策划书中也可以将活动宣传的方式描述出来，以加深企业管理者对宣传工作的了解。

（2）宣传的考虑因素

活动策划者在选择宣传渠道时，需要考虑该渠道是否能为活动带来最好效果，否则宣传就会变成一种既“烧钱”又“无用”的活动。因此，活动策划者在选择宣传渠道时，需要考虑企业精准人气是否在此渠道比较聚集，此渠道能给活动带来怎样的宣传效果及活动是否适合此渠道的整体风格。

活动策划者在选择活动宣传策略时，需要在宣传策略中嵌入六大特色，才能具有吸引人们注意力的作用，如图3-5所示。

（3）宣传的方式

活动宣传方式多种多样，活动策划者若想选用一个最合适的方式，则需要从活动成本、活动宣传面对的受众是否是活动需要的及是否适合活动主题三个方面考虑。

除此之外，活动策划者还需要对活动宣传方式有一定的了解，才能从客观上进行选择，以微信朋友圈、热门互联网载体和实体宣传单为例，相关分析如图3-6所示。

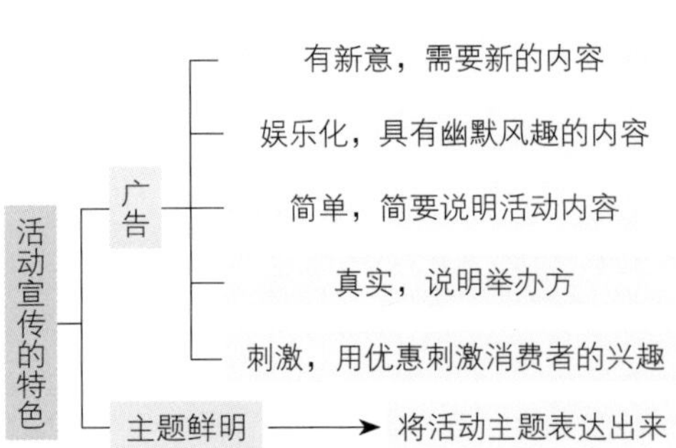

图3-5 活动宣传的特色

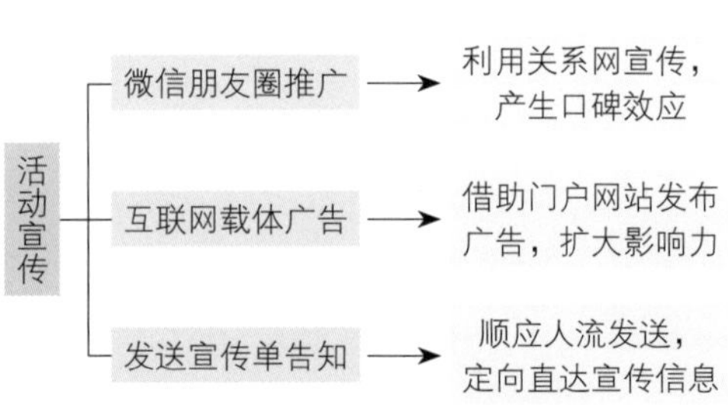

图3-6 选择宣传方式的举例分析

2. 促销方式选择

促销型活动是指以产品促销为目的的活动类型。这类活动的策划要求并不高，一般在活动策划书中将促销力度、促销背景、促销时间、促销目的等内容写清楚，获得批准的可能性较大。

当然，促销型活动的目的并不只是为了促销产品，还可增加产品知名度、提高产品销量、提高品牌美誉度、处理过季产品等。

（1）常见促销形式

家居专卖店的商品促销一般有如图3-7所示几种形式。

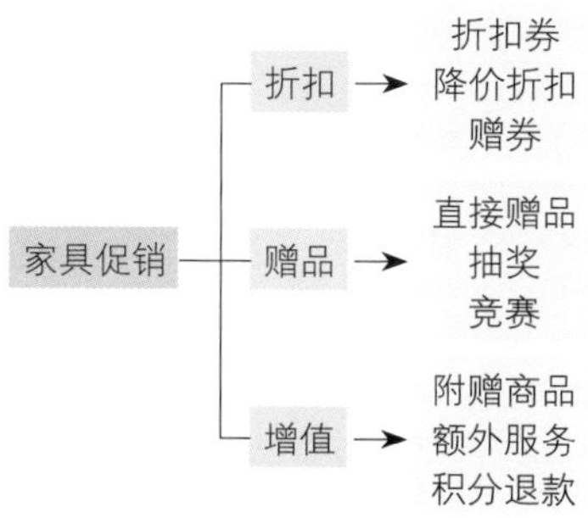

图3-7　家居专卖店的商品促销形式

（2）各种促销活动效果分析

①发行折价券：发行折价券可以吸引消费者购买商品，提高产品购买率。发行折价券的办法不同，效果也不同。

a. 推销员直接派发。

优点：可针对目标顾客群；可创造推销访问的附加价值。

缺点：每一折价券分送成本高；发出的折价券数量有限。

b. 报纸广告。

优点：折价券分送成本低，可针对局部地区，折价券广告设计较有弹性。

缺点：兑换率低；易受竞争者广告干扰。

c. 杂志或特刊。

优点：折价券分送成本低，分送地区具选择性，复制效果佳。

缺点：因杂志出版准备时间长，时间上缺乏弹性，与其他促销方式相比，兑换率较低。

d. 夹页广告。

优点：针对局部地区大量发行，能更具创意。

缺点：被他人持券兑换的可能性很高，受众针对性不强，印刷及夹页准备时间比较长。

②附带赠品：附带赠品的目的是提高顾客的购买频次和购买量。

优点：成本很低，可作为产品定位和品牌形象的良好补充，操作富有弹性。

缺点：非普遍性赠品可能无法激发消费者的购买欲望，在刺激销售方面，不如免费赠品有效。

③购买凭证。

优点：可鼓励消费者购买多项产品或持续性购买，可采用较高价值赠品，鼓励消费者购买更大或更贵的产品。

缺点：兑换率低，缺乏立即刺激效果，会降低消费者兴趣。

④降价促销：刺激购买，提高单次销售数量。

优点：预期销售增加，提高阶段销售额及利润总额，削弱竞争者的市场活动。

缺点：会损坏品牌形象，可能引发价格战，可能导致价格难以恢复。

⑤返还货款：当顾客的购买量达到一定金额时，返还部分货款。

优点：消费者认为价值较高，吸引力大。

缺点：缺乏立即满足感，会降低购买兴趣。

⑥竞赛、游戏和抽奖：能提高消费者购买兴趣、购买频次和购买量。

优点：可提高消费者购买兴趣，形式活泼，有助于得到更多人的支持。

缺点：影响力有限，并不能保证一定获奖或所获奖品无冲击力；受法律和法规限制。

3. 促销时间

对于活动策划来说，时间的选择是比较核心的一个环节，时间选择是否合适很关键。

（1）作用

对于活动策划来说，若时间选择不恰当，则会影响活动的举办效果，例如活动时间安排在工作日的晚上，第二天出席者多要上早班，则会出现出席者停留时间短的情况，时间太短，很难在出席者心中产生深刻的印象，活动效果也会不佳。

（2）阶段

一般来说，活动时间分为三个阶段：活动准备时间、活动协调时间、活动开始与结束时间。这三个阶段都需要根据活动的内容及目的进行时间选择。

（3）问题

活动策划者在选择活动时间的过程中需要考虑的问题为具体时间、活动时长、预留时间，需要考虑的因素见表3-8。

表 3-8　选择时间需要考虑的因素

因素	注意事项
关于出席者	避开出席者工作日时间，最好选择星期五的晚上至星期日下午的时间段
关于主持人	若主持人是公司高管，则需要考虑主持人的时间安排表
关于天气	天气不好，会影响出席者、工作人员的心情，且对出行有所影响，很有可能会让出席者产生不出席活动的想法
关于高峰期	若在工作日进行活动，则需要避免在下班高峰期结束
居民生活习惯	时间不要太早或太晚，且历时不宜过长，一般控制在1~2h比较合适
注意风俗习惯	需要注意出席者所忌讳的事情等
合理选择节日	活动最好能借助节日来烘托气氛，但像春节这样的节日，大家都希望和家人一起团聚，应尽量避开

4. 安排地点

活动策划中，地点选择也很重要，是成功的核心要素。

活动策划者在选择地点时，务必要挑选一个合适活动的地点，可以从地点的人流量、地理位置等方面考虑是否合适，此外，还需要考虑其他方面的问题，如图3-8所示。

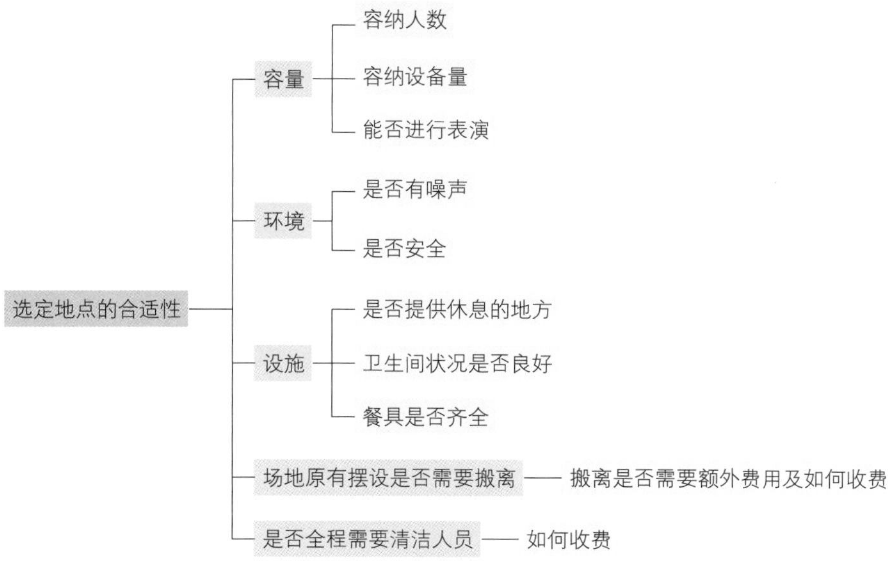

图3-8 选定地点时需考虑的问题

活动策划者选定地点后，需要将考虑的事项都写在合同中，与活动场地租赁方签订合同，以免出现租赁方面的差错。

5. 组织团队

活动策划者需要亲临活动现场，但是也不必事必躬亲。活动策划者是活动工作的决策者和指导者，主要工作是进行指导和决策，这样活动才能有条不紊地进行。因此，活动策划者在进行活动策划时需要组织一个团队，一起完成活动任务，团队人数可根据活动大小来确定。一般小型活动在10人以下即可，大型活动要根据活动的具体要求确定人数。活动总策划者需要根据团队人员的性格、爱好、技能来分配任务，团队人员可更有效地处理问题。在团队中，还需要多开会，征求团队成员对各方面工作的意见和看法，以及考虑是否需要求助外援，例如专业活动策划人士、公关公司、活动运营导演等，通过他们专业的技能给活动添彩。此外，活动策划者还需要考虑活动安全、相关许可证等因素，确保活动完美开展。

6. 调研来宾

虽然活动的最终目的和利益指向活动主办方，但活动的直接服务群体还是受众，即参与活动的来宾。因此，活动策划者在进行活动策划之前，一定要明确受众对象，并且围绕活动受众的需求和喜好两方面进行活动策划工作的开展。

对于一些十分重要的受邀来宾，活动策划者需要将邀请的客人列在表格中，再确认客人是否能如期到达，且活动座位有一定次序，一般应将比较重要的客人安排到靠前的位置，然后按客人的主次安排座位。

在邀请客人之前，还可以拟出两份客人名单，第一份名单是主要客人，第二份名单是次要客人，若主要客人有人不能如期到达，则可以立马邀请次要客人补位。

7. 互动和节目

互动和节目是活动的重要组成部分，活动策划者在策划活动时一定不可忽略。

在晚会活动中，节目表演是活动的主体内容，因为场景的布置或者后台道具的准备等原因，两个节目间通常会有一段间隙时间，这时候一般是由主持人在幕前支撑这段时间。但这种节目衔接方式就像电视节目插播广告一般，过多就会使人厌烦，特别是在小节目多的活动中，间隙时间的问题就更加难以回避了，这时候就可以在间隙时间加入简短的观众互动或者小节目来提高受众人群的兴趣。当然，互动环节和节目环节的作用不只是过渡间隙时间，相关作用分析如图3-9所示。

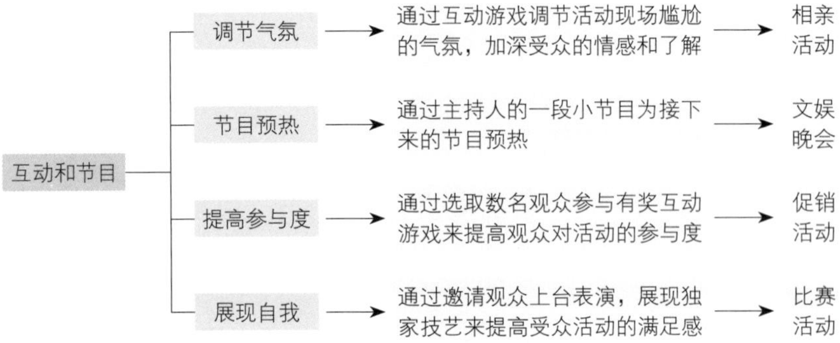

图3-9 互动和节目作用分析

（三）活动进行时该做些什么

1. 确认活动流程表

活动流程表是在活动筹备期间就制作完成的，但是在进行活动时还需再次确认，确认现场工作人员都了解活动流程，熟悉自己的工作是什么，知道相关人员的任务是什么。确认活动流程表是在活动进行前确保活动顺利进行的最后一道屏障，所以活动策划者对这一工作必须确保落实。

2. 发挥主持人的作用

主持人对活动的顺利进行起着重要作用（图3-10），所以活动策划者团队在决定主持人选时一定要严格甄选，注意人选的职业素养。如果无法寻得一个各方面技能符合要求的人选，也可以选择两个人或多个人主持，形成优势互补。

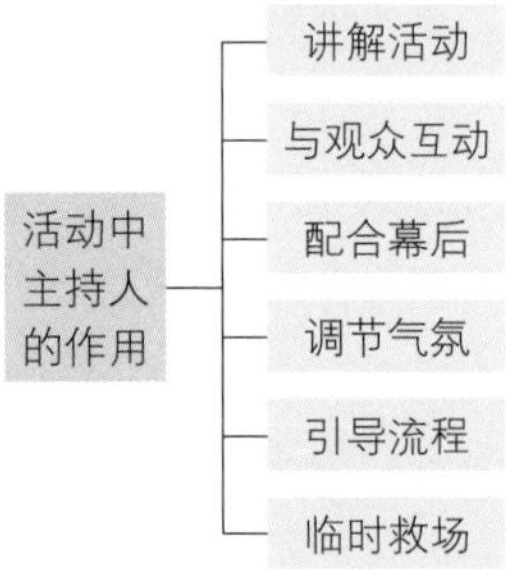

图3-10 主持人对活动的作用

3. 引导现场秩序

对于大型活动来说，参与者众多，策划者应将人员的引导分流问题考虑好、解决好。通常来说，最常见的引导就是引导参与者排队或引导参与者配合活动。此外，还有在活动现场的主要通道放置广告牌和贴挂宣传标语，引导群众接受宣传等被动引导。

4. 确保工作人员沟通顺畅

越是大型的活动工作环节越多，工作人员也就相应地有所增加，要确保活动工作人员间沟通顺畅。

①确认各相关工作人员之间有通畅的沟通渠道。

②确定统筹活动工作信息管理的人员或团队。

5. 防范活动现场失序

可以从以下两个方面进行活动现场失序防范：

①全面监控活动现场，及时排除影响安定的因素。

②定时巡逻检查设施，实时确保活动现场的安全。

6. 控制活动节奏

活动策划者对于活动节奏的控制十分关键。节奏太快，受众跟不上，只有放弃参与；节奏太慢，受众等不及，也会离开活动现场。合适的节奏才能增强活动效果。想要营造合适的活动节奏，需要从氛围节奏、时间节奏、流程节奏三方面入手。

7. 清场收尾

清场收尾包括两部分：一个是清场工作，另一个是收尾工作。清场工作是指疏散和清退活动现场的所有工作人员和活动参与者，主要内容如图3-11所示。

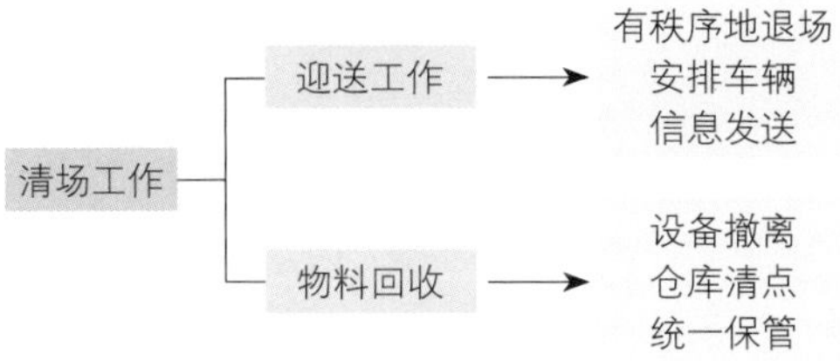

图3-11　清场工作内容

收尾工作是指对活动费用核对结算和对活动工作进行总结。活动总结的内容在后面的项目中会详细介绍，这里就不再赘述。活动费用核对结算的主要工作有确认合同依据、保留票据、费用确认签字、预算复核。

（四）活动策划原则

掌握活动策划的规则，才能在活动策划的过程中避免一些问题的发生，为自己增加信心。

1. 一个主题原则

活动策划者在进行活动策划时，只需要确定一个核心主题，并围绕此主题展开活动策划。一般来说，活动主题在以下三点的基础上才能得以确定：

①从企业实际情况出发。

②根据市场发展状况确定。

③是目标受众所需要的内容。

例如节日活动，活动主题都紧扣节日内容来进行，让受众感觉不违和，也易于让人接受并参与。

2. 直明利益原则

一个好的活动策划，一般都会将对受众有利的方面直截了当地告知，这样更容易让受众受到活动的感染。例如要举办一场优惠促销活动，那么就需要在宣传的过程中让受众了解优惠力度，这样比较容易激发消费者的购买心理，如图3-12所示。

图3-12　直明利益的宣传海报

3. 切实可行原则

活动策划者在进行活动策划的过程中，需要把控好自己是否具有执行能力，可以从考虑执行人员的情况、活动安排是否周全、考虑外部环境问题三个方面进行把控。还需防范意外情况，准备一个“低配版”的执行方案。

4. 随机应变原则

活动策划者千万不要只盯着一种活动类型进行策划，要转换活动类型，这样才能学会在正确的时间运用正确的活动类型，并且提高活动的可执行力以及策划者的策划能力。确定了活动的类型方向后，也不必拘泥于该方向上特定的活动形式，例如商场的促销活动也不是只有优惠和礼品，再由讲解员推销商品。用一些其他的新奇方式吸引顾客效果有时可能会出人意料，如图3-13所示。

5. 创新活动原则

企业利用活动进行营销已经是一种司空见惯的手段了。活动策划者需要秉承创新性原则，从“科学实践，求真务实”出发，设计出让顾客感到新颖，企业认为可行性、实用性强的内容，以此增加对顾客的吸引力。

此外，活动的创新性除了可以吸引大量受众外，还可以给企业带来多方面的益处，如可以展示企业先进生产力，让企业收获利益、树立口碑，展示企业文化等。

值得注意的是，活动策划中的创新不是标新立异、胡乱策划，仍然需要遵循在合法的基础上力求新颖，在合理的基础上创造。

活动策划者在遵循创新性原则的同时，还需注意三个事项，如图3-14所示。

图3-13 灵活宣传的促销活动（一跃千金）

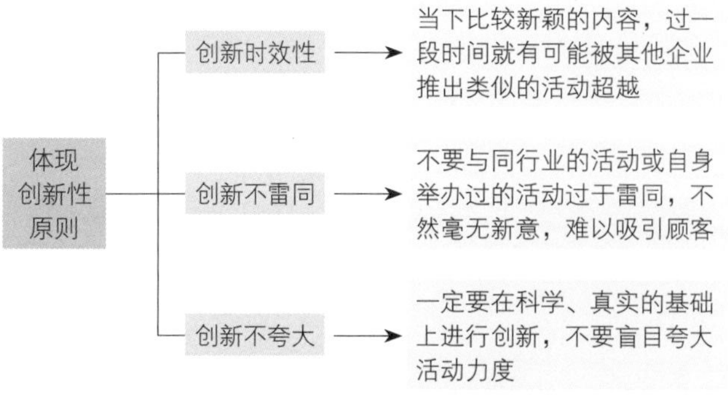

图3-14 体现创新型原则的注意事项

（五）活动策划应注意什么

复杂的活动环节中有许多细节问题需要活动策划者注意，注意事项如图3-15所示。

1. 活动策划书需要规范

活动策划者在进行活动策划前，需要撰写活动策划书。

（1）活动名称

一般来说，在活动策划书上，活动名称主要包含时间、地点、活动主题三项内容。

（2）活动主题

在活动策划书上一定要明确活动主题。一般来说，活动主题应控制在300字以内，其中包括活动的目的和意义，务必要用精练的语言，让企业管理者快速了解整个活动的核心内容。

（3）活动开展

在活动策划书中，活动开展包括四个部分，如图3-16所示。

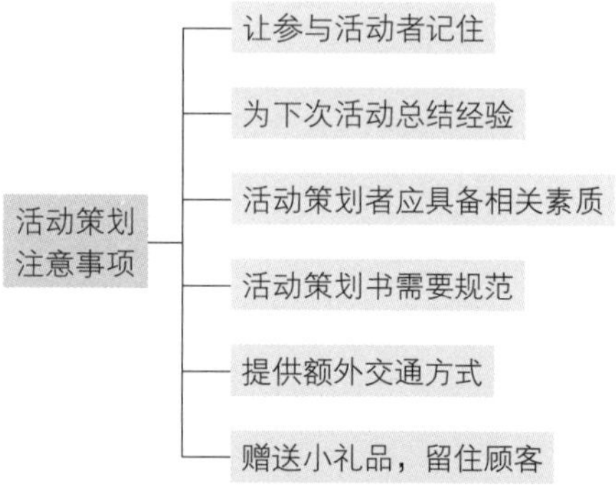

图3-15 活动策划注意事项

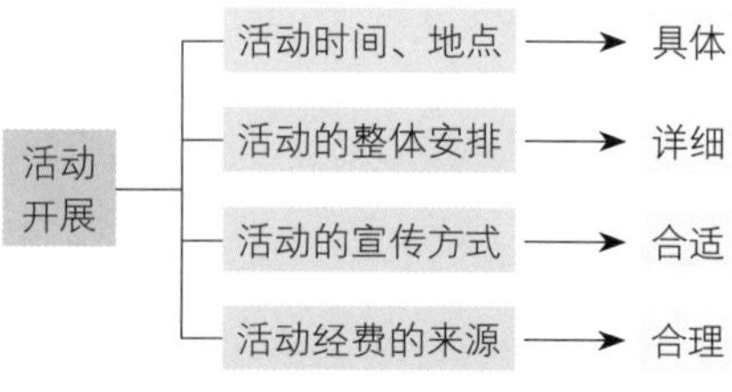

图3-16 活动开展包含的内容

（4）活动要求

在活动策划书的结尾部分，必须详细写出对整个活动的要求，即举办活动应注意的事项，避免开展活动时出现不可控的问题。

2. 提供额外的交通途径

活动地点虽可由活动策划者选择，但在实践过程中，理想合适的地点往往很难找到，特别是一些以地点为主题的活动，地点更是难以变更。所以此时活动策划者就可以从交通方式方面入手，以此解决活动困境。通常是通过提供额外的交通方式来解决交通问题，比如在城市的中心和活动场地之间设置直达的巴士，如果预算充足，还可以将巴士设置为免费乘坐，再在巴士车身张贴活动广告，写上“活动专用车辆”，“免费”和“专用”对人的诱惑力是十分强的，这样即使是在远离人群的地方，活动也依然可以吸引不少受众参与。

3. 赠送小礼品，留住观众

人流量对活动的效果有着十分重要的影响，人流量大能够扩大活动效果，相关分析如图3-17所示。

活动策划者不仅要思考如何吸引受众，还要考虑留住受众的方法，确保人流量保持在增加或稳定的状态，防止人流量减少。

在常见的商业促销活动中，常用更加直接简单的方法留住受众，比如赠送小礼品，小礼品种类及形式多种多样，通常可以利用抽奖、有奖问答的方式赠送优惠券、会员卡、日用品、小家电等，如图3-18所示。这种方法的好处就是操作简单，执行方便，小礼品价格不高，所以可以大量赠送，提高中奖率。高中奖率有助于保持参与者对活动的高涨热情。

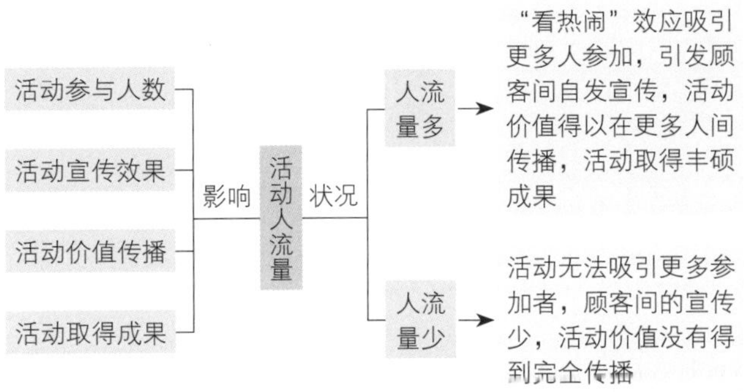

图3-17　人流量对活动效果的影响

图3-18　礼品堆头

此外，商场在促销活动中加入赠送小礼品还具有一定的筛选功能，被小礼品吸引驻足的受众往往对“优惠”和“便宜”比较敏感，对他们进行销售推广也往往更加容易成功。

一般在露天场地进行的演出活动经常运用新颖刺激的节目或有趣味的互动环节吸引观众，防止冷场。

4. 让参与者记住

活动只是顺利圆满地完成了还算不上成功，只能说是合格的活动策划。如果还能给参与者良好的体验并且获得多数参与者较好的评价，那么才可以说这个活动策划让人比较满意。但成功的活动策划还远远不止这些，成功的活动策划不仅要顺利圆满地完成和得到受众的好评，还要让受众记住，并在活动结束后依然能产生一定持续的影响。

5. 为下次活动总结经验

活动顺利结束后不要急着开庆功会，因为活动策划者的工作并没有结束。活动策划是一份需要经验积累的工作，而活动结束后正是活动策划者积累策划经验，总结优点、不足，是活动复盘的大好机会。

活动总结必须客观、严谨，总结活动中出现的不足之处和本可以避免的问题是活动总结工作的重点。活动策划团队中的策划方和执行方可以相互指出对方的问题，以及由于对方的问题而引发的其他问题，这并不是互相推卸责任，而是通过这种暴露问题然后解决问题的方法来增加活动策划团队的磨合度，对今后的活动策划工作十分有帮助。此外，不要忽略活动策划中优秀的地方，这是宝贵的经验。

从某种意义来看，复盘的内涵大于总结，对活动进行复盘推演有助于活动策划者发现难以注意到或是容易被忽略的细节问题，可以及时提升活动策划者的活动处理经验和技能。

三、开业庆典实施办法

专卖店的开业标志着经营的开始，作为有纪念意义的一天，新店开业“打响头一炮”是有历史意义的活动。对开业庆典进行周密的策划，可以给公众一个良好形象，赢得潜在客户，甚至可以在当天获得利润。

（一）开业前的造势方法

1. 装修期也是广告期

“××家具”店在装修时采用设计精美的喷绘，打出促销的广告语，注明了开业和促销活动主题与时间，另外，还张贴了招聘广告，不仅写上了招聘店员的信息，还包括员工培训的照片，吸引人才的同时也推广了企业文化。

2. 良辰吉日的选择

开张时间的选择要注意以下原则：

（1）销售旺季

在家具销售的旺季开业，有利于成本的回收，可以使专卖店有较强的支持运作的能力。淡季开业易让人心灰意冷，失去信心。家具销售旺季包括：元旦、春节前、五一、十一，以及所在商圈内大型楼盘的交楼期等。

（2）吉祥日期

吉祥日期是被广大民众所习惯接受的一些日期，比如双数的日期、红色的日期（即星期六、日）等，6和8也是大家所喜欢的。

（3）回避禁忌

一些禁忌不一定是有道理的，但也没必要故意去冲撞它。

（4）顾客空闲之时

开业庆典是为了形成良好的影响，让公众知道，所以要尽可能选在大多数顾客放假、休息之时，这样才能收到事半功倍的效果。最好选择在节假日开业，人流量大，进店率也高，显得热闹、有人气。冷冷清清的开业现场会影响业绩和员工的情绪。

3. 提前派单

开业前一周在小区周边和店面周围由店员进行宣传单的派发。

4．确定促销方式

利用开业进行促销，能够起到很好的效果。

①开张让利：在开张后的某一时段，让利或打折售卖，以吸引顾客。

②有奖销售：对于开业期间购买家具的顾客，实行奖励，包括直接赠送与抽奖等。

③赠券：对于开业期间购买家具的顾客，赠送一定金额的购物券，可用来购买本店的其他家具或饰品。

④赠送服务：开展赠送服务，如免费参加家具保养讲座、家具装饰讲座，赠送家具保养、包换服务、免费送货等。

⑤赠送礼品：对于无论是否购买本店家具的人，均赠送纪念品，以扩大企业影响。

5．开业前的演练

开业前在店面周边人流量较大的路段设置产品展示台、宣传单和促销导购，让顾客提前预知产品信息。

开业活动一般有以下几类：

①剪彩：除了专卖店的负责人之外，还可以邀请政府和社会上的知名人士、家具界德高望重的专家学者等，也可以邀请普通的市民，儿童家居专卖店还可以邀请小朋友。

②讲话：邀请嘉宾或领导在开业庆典仪式上讲话，可以提高卖场在顾客心目中的可信度。

③文艺活动：开展如舞狮、文艺表演之类的活动，更多地吸引顾客。

④产品推介：开业庆典制造了热闹的气氛，吸引了顾客，利用这一大好时机进行产品的推介。可以发放产品介绍和服务介绍传单，专门配置导购员进行产品介绍。

（二）开业当天的造势方法

开业当天的造势包括店内和店外的氛围造势。店外要做到开业提醒醒目，店内要做到顾客购物热烈。

1．店外的造势方式

店外造势可以选择的道具主要包括喜庆的拱门、彩旗、地毯、吊旗、气球、易拉宝、花篮等，如图3-19所示。要做到气势十足：比如花篮要多，上面要注明庆贺的、有影响力的单位名称；礼品摆放要有气势，堆头要大，礼品丰富、有价值。

图3-19 店外造势

2. 店内的造势方式

店内造势可以选择以下方式：

①选择喜庆、热烈的音乐滚动播放。

②配置礼仪小姐迎宾，配置咨询员进行现场咨询。

③张贴促销活动宣传广告。

（三）开业前准备

开业前12天左右开始准备工作，具体工作见表3-9和表3-10。

表 3-9　开业活动工作流程表

完成时间	项目	控制要求
12天前	活动方案确定	确定活动方案、礼品
10天前	礼品采购	采购礼品，最好能在礼品上印有品牌LOGO
10天前	活动道具设计	活动氛围布置道具和广告宣传资料的设计
8天前	活动道具制作 宣传单派发，持续一周	印刷、写真、制作 在店铺周围的超市出入口、小区出入口、人流量较大的十字路口等
3天前	活动道具和临时聘用人员到终端店	入终端店库房
2天前	人员分工安排	对所有参与人员进行分工安排及活动培训，如收银、派单、销售分区、后勤等
1天前	活动现场布置与准备	气氛布置和陈列调整，相关物料准备，如单据、货品陈列、礼品陈列、音响、饮用水等
1天前	店内演练与检查	演练销售中可能遇到的突发事件

表 3-10　店员分工表

阶段	组别	人员	执行时间	执行重点
活动前	策划组	1人	至少12天前（如物料准备的时间较长，时间还应往前提）	撰写促销方案，包括时间、地点、活动内容、刺激力度等
	物料组	1人	活动3天前	将活动所需的物料进行设计、制作、购买，准备到位
	货品组	1人	活动3天前	活动所需的商品、礼品等准时到位
	派单组	3～4人	活动7天前 上午9:00—12:00 下午16:00—19:00	专卖店附近的地铁口、写字楼，上下班时间的小区门口，上下学时间的学校门口，早、中、晚吃饭时间的餐馆门口，人流量较大的时间点，适合安排发单宣传，如有报纸需提前1~2天进行分摆并监督过程
	卫生、陈列组	2人	活动1天前	包括卫生、橱窗布置、音乐曲目选择、销售区域划分、软装配饰、产品、广告、价格牌等陈列

续表

阶段	组别	人员	执行时间	执行重点
活动前	氛围布置组	2人	活动1天前	店门外布置气球、横幅、海报、特价牌、指示牌、音响、话筒等
	收银组	2人	活动1天前	准备：手工单、零钱、VIP档案、礼品等
	导购组	4~8人	活动2天前	熟悉产品，了解活动内容，并针对相应的导购语言进行培训
	主持组	2人	活动2天前	准备和熟悉主持稿
活动中	派单组	2人	活动当天	在店门口附近进行顾客推介
	收银组	2人	活动当天	开票、收银、VIP办理、发放礼品、统计当天的销售情况
	导购组	4~8人	活动当天	进行销售和推荐
	后勤组	1人	活动当天	准备饮品、零食、水果
	主持组	2人	活动当天	在活动现场进行活动内容及产品介绍，增加进店人数
活动后	氛围布置组	2人	活动后第一天	清理所有活动道具
	卫生、陈列组	4人	活动后第一天	卫生、橱窗、陈列，打扫卫生、恢复陈列

（四）庆典预算

主要对公司的宣传手册、优惠券、小礼品、广告、手提袋、活动开支等项目进行预算。以表3-11为例。

表3-11　开业庆典预算表

序号	项目	规格	单位	单价/元	数量	合计/元
1	门口拱门	12m拱门	座	350	1	350
2	空飘	1.8m直径气球	个	160	14	2240
3	立柱	5m，含条幅	座	130	6	780
4	场地新地毯	含铺设及辅材	m^2	10	待定	
5	彩旗	长1m，宽0.5m	面	6	100	600
6	舞台	长1.23m，宽1.23m	m^2	255	12	3060
7	舞台背景架	长6m，高4m	m^2	3000	1	3000
8	背景喷绘	长6.2m，高4.1m，550高精灯布	m^2	15	1	15
9	音响	主箱2个，辅助箱2个、立式麦克风架等周边配套设备及DJ	项	1000	1套	1000
10	签到处背景架、喷绘	长3m，高2.6m	m^2	380	1	380

续表

序号	项目	规格	单位	单价/元	数量	合计/元
11	演讲台（含花）	瀑布型花	个	260	1	260
12	签到桌租赁	含长桌及绒布	张	50	2	100
13	桌花	高档鲜花	束	180	1	180
14	签到用品	高档签到本、签字笔	套	100	2	200
15	胸花	根据需要选择	朵	10	10	100
16	剪裁用品	金剪刀、托盘、绸布、花球	套	50	6	300
17	双层鲜花篮	高档鲜花	篮	100	待定	
18	礼仪小姐	1.68m以上专业礼仪小姐（含旗袍）	位	150	6	900
19	小钢炮	—	门	160	6	960
20	主持人	专业主持人，女	位	1600	1	1600
21	X展架	1.8m×0.8m（含架子）	个	60	6	360
22	小气球	粉色、紫色、红色	包	18	待定	
23	布置点缀	气球、福字拉花、灯笼（含人工费）	组	800	1	800
合计						

任务三　家居卖场客户关系管理

客户关系管理，是围绕客户群体进行组织、强化而让客户满意的行为，以及实施以客户为中心的流程，从而创造出优化利润、收入和客户满意度的结果的商务战略。

一、客户关系维护及管理的现实意义

维护客户关系对家居企业来说至关重要，下面从五个方面进行说明。

1. 有利于企业把握市场动态，不断创新和发展

（1）终端客户是家具新产品构思的重要来源

家具作为与人们生活密切联系的产品，如果设计思路仅仅来自设计师个人的生活体验，就有很大的局限，而客户的建议则是设计师灵感的最好土壤。当一位顾客提出某种意见时，甚至是抱怨，都给我们提供了改进的机会，一种新的产品构思可能也就随之产生。所以说顾客的知识、经验和需求都是企业重要的资源，有利于企业更有针对性地设计和开发产品与服务。

（2）终端客户提供的信息为企业决策提供重要依据

进行客户关系管理的目的就是要充分利用顾客资源，通过与客户交流、健全客户档案及与客户合作

等，可以从中获得大量针对性强、内容具体、有价值的市场信息，包括有关产品特性、销售渠道、需求变动、潜在用户等，可以将其作为企业各种经营决策的重要依据，有利于企业更有效地制订销售、营销和客户服务策略，更科学地衡量面向客户的所有活动的效果。

2. 有利于企业更准确地发现顾客的需求和价值观，更精确地锁定客户

从长远利益出发，企业应保持并发展与客户的长期关系，建立客户忠诚度。这样可以更好地理解关键客户群体，更准确地发现客户的需求，更精确地锁定客户。要树立品牌，做百年企业，就要维护好客户关系。企业提供的不仅是家具产品，也是为提升客户生活品质而提供的长期服务，与客户建立信任和感情。双方越是相互了解和信任，交易越容易实现，并可节约交易成本和时间。

3. 有利于企业建立品牌形象

家具企业进行客户关系的维护及管理，能够与客户进行更有效的互动，更好地了解并理解客户，给予客户更多的关心和支持，从而培养越来越多的忠诚客户，有效地提升企业应对激烈竞争环境的能力，改善行业零散特性，实现家具企业迅速集中并占据竞争优势。这样不仅有利于销售额的提升，更有利于企业更加长久地在客户心目中树立良好形象。

4. 有利于提高客户满意度，并影响更多潜在客户购买

维护及管理客户关系，必然会造就一大批忠诚客户，而忠诚客户的另一个优点是口碑的宣传效应。家具企业详细记录个人用户资料，统计、识别个人用户购买周期，可以提升客户满意度。满意的客户会影响到其他客户的购买，也会间接地为企业带来更多的客户，从而创造更多的收入和利润。

5. 有利于提高顾客终生价值，为企业带来更多利润

客户终生价值描述的是企业预计客户在长期的购买行为中，会对该企业带来未来利润的加总现值。家具消费者通常都是分步骤购买产品，购买过程大致可以分为：先买一部分，根据第一部分搭配其他产品、添置小物件，家庭有新成员加入时的补偿购买，更换旧家具等。随着生活水平的提升，特别是随着城镇人口住房流动性加快，家具消费者的购买周期缩短，更新速度加快，购买重复性与日俱增，因此，维护和管理客户关系，及时地获悉客户的购买动向，能使客户的终生价值增加，从而为企业带来更多利润。

二、家居卖场日常客户管理

家具生产企业的客户大致分为三大部分：经销商（包括零售客户和批发客户）、公关客户（包括职能部门和媒体）、终端客户（包括最终的个人用户和批量购进客户）。对于经销商和公关客户，企业都有专设部门进行管理，而对于终端客户的管理工作却不够规范。

对于导购员来说，在日常的店面销售工作中，与终端客户的接触最直接、最频繁，导购员所获得的客户资料也最全面且真实可靠，终端客户的管理工作应作为导购员的日常工作来开展。终端客户关系维护及管理工作贯穿于导购员日常销售工作中。本任务的主要内容就是针对终端客户，为导购员解读日常客户关系维护及管理。

（一）客户档案管理

1. 客户信息的收集

要做好客户信息的收集，即建立客户档案，一般应包括以下三方面的内容：

（1）客户原始记录

客户原始记录即有关客户的基础性资料，它往往也是企业获得的第一手资料，具体包括以下内容：地址、邮政编码、联系人、电话号码、邮箱、价格、优惠条件、付款条款、接待的导购员、房型、家庭成员、工作单位等。导购员接待顾客时一定要做好记录，请顾客在购买意向表中填写较为详细的个人信息，获得的信息越详细越有利于留住顾客。

（2）客户服务记录

对主动与顾客进行联系或服务的时间、地点、方式（如访问、打电话）进行记录，如回访电话等；在提供产品和服务的记录过程中往往会发现新的有价值的信息。为争取和维护每个客户所做的其他努力都应当记录。导购员要有自己的记录本。

（3）客户反馈记录

对于客户主动提供的信息，包括对产品和服务的态度和评价、反映存在的问题以及投诉，都要记录在案，以便跟踪落实。

2. 对客户进行管理

（1）客户分析

该项工作主要分析谁是企业的客户、客户的基本类型、客户的不同需求特征和购买行为，并在此基础上分析客户差异对企业利润的影响等问题。家具企业在推出一个品牌时大概都有对消费人群的定位，导购员通过客户分析可使定位更加清晰，更加有利于销售工作的顺利进行。

在收集、记录客户信息的基础上，对客户进行分类，建立客户消费模型。

建立数据库以后，依据客户购买频率、数量和偏好将客户分类，针对每一类别客户建立客户消费模型。简单明了、实用的分类方法是A、B、C分类法，短期内需紧急购买且购买意向强的为A类客户，有意向但不急迫的为B类客户，为了解行情、意向不明确的为C类客户。

导购员要根据不同顾客类别安排访问频率，以达到销售的最终目的。

（2）客户信息交流

客户需求是一个变化的过程，只有通过双向的信息交流，才能更好地识别客户随生活变化而产生的新需求。从本质上说，客户管理过程就是与客户交流信息的过程，实现有效的信息交流是建立和保持企业与客户良好关系的途径。更为重要的是关注各类客户变化中的需求，可以针对各类终端客户家庭结构的变化、收入的变化、审美观的变化等做出分析，依据分析结果，针对各类客户的不同需求进行针对性的活动。

（3）客户反馈管理

客户反馈对于衡量企业承诺目标实现的程度、及时发现为客户服务过程中的问题等方面具有重要作用。投诉是客户反馈的主要途径，如何正确处理客户的意见和投诉，对于消除客户不满、维护客户利益、赢得客户信任都是十分重要的。

3. 与客户建立关系

与客户保持长期稳定关系，首先要取得客户的信任，通过与客户接触的导购员所表现出的专业水准赢得客户的尊重，了解客户的喜好和需要，并采取适当行动，与客户联络感情，建立并保持客户的忠诚度。只有树立为每一个客户服务一生的观念，才能在购买行为发生后仍然以适当的形式保持联系。让客户感受到真诚的关怀。通过提供超过客户期望的服务，可将企业极力争取的客户发展为忠实客户。争取新客户的成本要远远超过维系老客户，而且随着客户和企业间的来往，客户的个别需求和偏好也会变得更详细明了。

（二）客户回访

客户回访是导购员进一步拉近与客户之间距离的很好的方式，也是导购员最实用、最便捷的客户管理方法。通常，导购员进行客户回访的主要方式是电话回访。

1. 客户回访的作用

作为最基础的工作，客户回访在整个信息评估中有举足轻重的作用：

①通过客户回访能够准确掌握每一个客户的基本情况、维修动向和购买需求。

②在对客户有详细了解的基础上，有针对性地对不同客户进行不同方法的维系与跟踪回访。

③了解客户需求，便于为其提供更多、更优质的增值服务。

④发现自身存在的不足，及时改进提高。

⑤提高客户满意度。

2. 客户回访工作流程

（1）销售回访流程

①家具送货上门当日进行电话回访，询问安装等情况。

②定期询问家具使用情况。

③解答客户疑问，提供保养方法。

④了解客户潜在需求，引导再次消费。

⑤与客户拉近关系后，请客户介绍准客户。

对于每次的回访内容，导购员都应该详细记录。

（2）维修回访流程

①维修后电话回访是否解决了家具出现的问题，并请顾客评价维修质量。

②询问维修后家具使用情况。

③对整体服务进行满意度调查。

④及时记录客户抱怨的问题。

（3）特殊日期回访

①客户生日时寄送或亲自送上礼物，生日当天通过电话或短信表达祝福。

②节假日问候或寄送礼品。

③促销活动时，给客户发送活动优惠信息。

3. 客户回访中的注意事项

对客户进行回访时，要注意以下几个方面：

①调整好情绪，得到客户信任，与客户坦诚交流。

②对客户进行正面引导、提醒，让他们感受到家具的良好性能。

③给没有准备的客户时间，以便他们能记起细节；语速不要太快，不要给客户留下匆忙的印象。

④让客户把话说完，不要打断，进行简要记录。

⑤如果客户抱怨，不要找借口，问题解决后要在第一时间及时回访客户，告知处理结果。

⑥导购员要注意了解相关的专业知识，以便更好地与客户沟通。

⑦提高对突发事件的处理能力，每天回访时需要面对不同的客户，具备良好的心理素质和应变能力十分重要。

（三）开发潜在客户

客户就是市场，客户随机非理性的消费风潮日益风行，家居导购员必须有“创造需求，引导消费”的战略思维，积极主动发掘市场机会，开发客户潜在需求，从而取得主动权，引导消费。

1. 开发潜在客户的重要性

潜在客户的重要性主要体现在价值、数量。潜在客户在一定条件下能转化为新客户，是企业发展的动力，可以为企业创造价值。此外，潜在客户数量庞大，许多客户处于观望状态，一旦有利好消息，很容易转化为新客户，这部分群体的数量是不容忽视的。

2. 开发潜在客户的方法

开发潜在客户的方法有很多，如：资料查询法、客户推荐法、网络查找法、电话营销法等，对于导购员来说，最实用的方法莫过于客户推荐法。

所谓客户推荐法，就是让现有客户帮助介绍新客户，这是导购员开发新客户的黄金法则。优秀导购员常用客户推荐法获取许多新客户。要想让现有客户推荐新客户，关键是导购员的服务要让其满意，树立自己的个人形象，用优质的服务征服现有客户，取得客户的信任。

导购员实施客户推荐法的具体步骤如下：

①用优质的服务取得现有客户的信任。

②详细记录现有客户资料，建立客户关系档案，如请现有客户推荐朋友中有购买需求的人。

③联系现有客户推荐的潜在客户，初步建立客户关系。

④定期电话跟进，拉近距离。

⑤必要时登门拜访，并送上产品资料及小礼品。

⑥特殊日期，温馨问候。

3. 潜在客户的管理

优秀的导购员懂得如何管理好潜在的客户资源，他们既不会在永远没有可能的客户身上浪费时间，更不会放过任何一个捕捉重要客户的机会。导购员应根据紧迫性和重要性两方面对潜在客户进行管理。

（1）根据紧迫性分类

紧迫性是指潜在客户在多长时间内做出对产品和服务的购买决定。通常情况下，在一个月内能做出购买决定的潜在客户，称为渴望型客户；在两个月内能做出购买决定的潜在客户，称为有望型客户；在三个月内能做出购买决定的客户，则称为观望型客户。导购员在与潜在客户的沟通中，要甄别客户购买的紧迫性，根据客户的不同类型，安排不同的频次和深度，包括电话拜访和登门拜访。

制作《潜在客户资料卡》（表3-12），便于导购员管理。

表3-12　潜在客户资料卡

编号	姓名	电话	推荐人	等级	家庭住址
拜访记录					
备注					

注：◆将每一位潜在客户的资料填入资料卡，同时编号、分类，根据紧迫性分成A、B、C级。

◆每周至少整理资料卡两次，按照客户变动情况重新分类、分级。

◆对A级客户的资料卡每天翻阅，对B级客户的资料卡每周翻阅，对C级客户的资料卡每月翻阅，并依发展情况进行调整。

（2）根据重要性分类

重要性指的是潜在客户可能购买产品和服务的数量。虽然每个潜在客户对导购员来说都是非常重要的，但根据“80：20”法则，即帕列托法则，优秀的导购员开发潜在客户更应该关注带来80%利润的20%的关键客户。为此，可以根据业务情况将客户分为三类：最重要的是关键客户，这类客户需要导购员投入更多的时间和精力，增加访问频次和深度；其次是重要客户，这类客户应该安排合适的访问频次和内容；最后一类是一般客户，这类客户维持正常的访问频次和内容即可。

（四）客户忠诚度管理

1. 客户忠诚度概述

所谓客户忠诚度是指客户在自身需求得到很好满足的同时产生的给予某品牌的一种情感上的认同。它是一种心态，是态度、信念、愿望的结合。客户忠诚度管理是通过维持客户关系和培养客户忠诚度而建立客户长期需求，吸引并忠诚于某一品牌，并降低其品牌转换率的客户计划。

客户忠诚度管理的目的是平衡销售、成本和最大化利润之间的矛盾，以最低成本实现客户满意，因此客户忠诚度管理的目标不是使所有的客户保持忠诚度，而是着眼于提高那些可能做出反应的客户的忠诚度。要用产品或服务的质量、个性的营销手段、适合的管理方法来达到客户忠诚度管理的目的。

客户忠诚度管理的形式通常包括客户分级会员制、累计消费奖励制、积分营销制、关怀管理制等。在近年来信息科技发展的背景下，客户忠诚度管理应该包含以下三个要素：信息科技的运用、客户信息的洞察与分析，以及直接与个性化的客户沟通手段。

赢得一个新的客户比留住一个现有的客户所花费的成本要多得多。随着产品的无差别化和竞争的日益加剧，如果要增加销售额，客户忠诚度管理对于企业来说就至关重要。

2. 客户忠诚度管理的意义

（1）利于提高客户忠诚度

客户忠诚度是品牌营销活动的重要指标之一，是消费者对品牌感情的量度，反映消费者从这一品牌转向另一品牌的可能程度。比如，当该家具产品在价格、品质、造型、色彩或者服务上有变动时，客户家具品牌的忠诚度也会随之变化。而客户对家具品牌的忠诚度则直接影响家具企业的销售业绩与经营利润，更重要的是，它是家具企业未来提升业绩的基石，是家具企业发展壮大的基础。

（2）降低销售成本，促进企业利润持续增长

培养、提高客户的忠诚度，与客户建立持续发展的良好关系，对于家具企业来说，有助于为企业带来稳定的收入，同时可以降低销售成本，提高企业利润。对于许多行业来说，企业最大的成本之一就是吸引新客户的成本，企业用来加强或维持、延长现有客户忠诚度的支出，包括了解客户需求、提高客户购买率、重新激活客户等。客户逐渐熟悉一个企业后，就不会再过多依靠广告宣传或导购员介绍来了解情况、获得咨询。比起开发新客户，留住老客户要相对“便宜”得多，特别是客户关系越长久，维系成本越低。同时，忠诚的客户对于价格的敏感度经常会比新客户低，也要比新客户更能接受公司在服务方面的失误。

（3）客户对企业的忠诚持续的时间长短与企业获得的利润成正比

客户品牌忠诚度与公司的利润之间具有较高的相关性，在企业经营的大部分情况下，来自客户的利润与其停留的时间成正比。因为时间久了客户对企业所提供的全部服务系列逐渐熟悉，进而对企业建立了某种程度上的信任，客户忠诚度会产生一种“溢出效应”，由对家具企业的产品进而扩大到对家具企业所有服务的忠诚，其购买量就会大幅上升，带来企业的利润增长，因此培养顾客忠诚度是家具营销的一种战略。

（4）忠诚客户会成为企业免费的品牌推广者，从而带来推荐销售

正面的客户推荐对公司的盈利和成长至关重要。忠诚客户的口碑宣传比企业花费巨额资金打造的广告宣传更有效，它可以为企业带来源源不断的客户群，显而易见，个人间的推荐比传统的市场营销更有分量。

3. 培养客户忠诚度的关键

家具企业在营销中应通过对客户的研究，识别出有盈利潜力的客户群，并努力为他们提供价值，这是家具企业建立客户忠诚度的前提。实际上，家具企业一味“大而全”地吸引客户并非明智之举，因为在家具企业的客户群中有盈利贡献者只占一部分，对所有客户“平均施力”只会使重要的客户得不到关注。家具作为家庭中一项大的支出，客户更希望得到足够的关注和帮助。

客户满意度与客户忠诚度之间的关系比较密切，一般来说，只有客户对家具企业的满意程度达到一定的水平，客户才会有忠诚于企业的意愿，当这种满意程度得到进一步提升时，客户才会产生忠诚于企业的行为。一般可以运用以下指标来衡量客户的忠诚度：

①客户重复购买的次数：在一定时期内，客户对某一品牌家具重复购买的次数越多，说明对这一品牌的忠诚度越高。

②客户挑选时间的长短：客户挑选家具的时间越短，则对这一品牌的忠诚度越高。

③客户对价格的敏感程度：对于喜爱和信赖的品牌，客户对其价格变动的承受能力强，即敏感度低。

④客户对其他竞争品牌的态度：如果客户对竞争品牌没有好感，兴趣不大，则说明其对其他某一品牌的忠诚度高，购买比较稳定。

⑤客户对家具质量事故的承受能力：客户对某一家具品牌的忠诚度高，对出现的质量事故会以宽容的态度对待，不会因此而拒绝家具产品。

4. 培育客户忠诚度的方法

导购员要做到使客户满意度达到最高，从而提高客户的忠诚度，最终留住客户，应该从下面几个方面入手：

（1）从思想上认识到客户忠诚度的重要性

许多企业平时口口声声称客户是自己的衣食父母，但在产品生产、质量保证、售后服务等环节却很难看出其真正认识到客户的重要性。对此，导购员要认真履行企业制度，树立对企业的忠诚，为客户提供全方位的优良服务，从而赢得客户的忠诚和信赖。

（2）通过关系营销培育忠诚客户

企业培育忠诚客户可以借助于关系营销。所谓关系营销是指识别、建立、维护和巩固企业与客户关系的活动，并通过企业与员工的努力，履行自己的承诺，使双方目标得以实现，达到“双赢”的效果。树立“客户至上”的意识，通过客户管理、定期回访等方式，与客户建立起一种长久的稳固的合作信任、互惠互利的关系，使各方利益得到满足，客户才能成为企业的忠诚客户。

（3）注重客户差异化

客户的满意需求是个性化的，企业要有意识地接触客户，发现他们的需求，结合实际，提供满足客户个性需求的有价值的产品和服务。除了要关注其今后的购买情况和需求动向外，还可以采取特殊的营销服务，培育忠诚客户。要重视开拓新的客户，但留住老客户也很重要。对于企业的重要客户，要给予特殊的礼遇，例如发放会员卡、降低价格、赠送礼品等，进而将他们培育成企业的忠诚客户。

（五）客户投诉管理

1. 客户投诉概述

对于家具导购员来说，面对的客户投诉事件主要是终端客户的投诉，包括恶意投诉。对于那些心存抱怨而进行投诉的客户，企业如果处理不当，那么他们很容易就转向其他企业。及时恰当的投诉处理、服务补救能够变客户的不满意为满意，甚至忠诚。只有尊重客户、服务客户，企业才能稳定发展。只有做到真心对待客户，为客户着想，为客户谋福利，才能取信于客户，从而稳定和增加收入。服务客户工作任重而道远，导购员要树立良好的态度，正确认识和妥善处理客户投诉，勇于承认错误，承担责任，才能赢得客户的信任，留住客户，建立牢固的客户关系。

作为一线的销售人员，导购员是直接接触客户的人，客户通常会选择到店面向导购员进行投诉，面对这样的投诉事件，导购员一定要提升自己处理突发事件的能力，临危不乱，妥善、及时地消除客户的不满情绪，并给出满意的解决方案。

2. 处理客户投诉意义

（1）维护顾客的合法权益

客户都希望购买到质量上乘的家具商品，而在我们销售的过程中难免会出现一些问题，这时，我们的家具商品便会与客户的期望值和应享有的权益出现一些偏差，要积极维护客户的合法权益。

（2）维护企业的良好信誉

一个好的企业最注重的是本企业的信誉，而客户对企业产生投诉之际，也是对企业的信任产生危机的时候，正是企业挽回和维护自身良好信誉的重大关口。正确判断客户投诉中所包含的价值取向，有助于企业更有效地响应客户，最大限度满足客户需求。如果企业在处理投诉的过程中处理得当，客户的满意度将会得到提升，可重新建立企业的良好信誉，否则必会适得其反。

在终端销售服务工作中，有些导购员为求得到更多的销售，没有考虑到客户的利益，给出承诺，却又不兑现，带来不必要的麻烦，也使企业在客户心目中失去了信誉。在客户来询时，又未将此事补救和处理好，造成了客户的投诉。因此，导购员必须拿出诚意来，主动向客户道歉，并及时、迅速地解决问题，这样才能真正消除企业在客户心目中的信任危机，维护企业的信誉。

（3）正确解决客户投诉是销售的另一种形式

很多导购员惧怕客户投诉，怕引来退货，使自己的销售受到影响。或者觉得来投诉的客户是找麻烦，总是冷面相对。这些想法和做法都是非常不可取的，实际上客户不辞辛苦地来到店面投诉，说明他虽然对企业的商品和服务有不满的地方，但在某种程度上还是对企业抱有很大的期望。这时，只要能够正确对待，不惧怕或不嫌麻烦，而是把投诉看成销售的另一种形式，圆满地处理投诉，也就等于在客户对企业信任的天平上加了码，可能成为客户今后购物的首选，即由普通客户转变为本企业的忠诚客户。忠诚客户给企业带来的销售将是无法估量的。对于提出投诉的客户来说，如果他们的投诉能够得到妥善解决，他们会比没有投诉的客户更加感到满意。

（4）客户投诉是联系客户和企业的纽带

客户投诉是企业弄清客户的真正需求、尽可能地消除差异、贴近市场的机会。从客户投诉的分析中，我们可以挖掘出有价值的东西，检视服务存在的问题，进而将信息资源变为知识资产，寻找服务商机。正确处理客户投诉，使客户的抱怨和投诉得到妥善解决，也使之真正价值最大化，使客户所提供的信息能够被有效利用，对企业的不断改进发挥积极的作用。

3. 客户投诉的原因

客户对家具企业或导购员投诉的原因是多种多样的，也许是由于商品质量、价格、卖场环境、导购员的服务等，也许是由于卖场设施、安全服务等。不论哪种投诉，对客户来说，都会对其产生一定的伤害。

对家具企业而言，客户的投诉主要有以下几方面。

（1）客户对家具产品质量的投诉

目前，在客户的投诉案例中，对产品质量的投诉还是占了较大的比重，归纳起来主要集中在以下几个方面：

①开裂

a. 木材自身开裂。不少木质家具在使用过程中常常出现纹裂、断裂等现象，即木材自身开裂。究其原因，主要是木材干燥质量不高或者干燥后陈化时间不够就用于生产。遇到环境变化时，由于木材内部的应力作用，致使木材出现自身开裂现象。

b. 拼板（指接）处开裂。由于木材的宽度和长度有限，于是出现了木材的纵向和横向的拼接，以增加板件的长度和宽度。有些家具在使用过程中，在这些结构处（拼接处）会出现开裂现象。出现这种情况主要原因：一是木材没有干燥好，含水率相差较大；二是生产加工工艺有问题；三是与胶黏剂的质量有关。

c. 结构处开裂。有不少家具在使用过程中，在一个部件的结构地方（比如开门的帽头和门边结合处）出现开裂的现象，即结构处开裂，出现这种情况除上述所说原因外，就是结构设计不够科学。

d. 薄木（复合处）开裂。目前，许多生产厂家为了降低成本，采用“复合结构”技术，这种结构就是四周用实木边条做成框架，中间用人造板做芯板，上下两面压贴同种木材的薄木。这种结构降低了生产成本，保持了原实木的风格，由于价廉物美，颇受顾客的青睐。但是当两种或两种以上不同材质或不同状态下的材料组合在一起，外界环境发生变化时，它们各自的变化程度不尽相同，就很容易产生裂缝、凹凸不平等现象，从而使上下表面压贴的薄木产生裂纹，开裂。由于薄木拼接技术有问题或拼接质量不高，再加上压贴质量不高，外界环境稍有变化，就容易产生薄木开裂，外观质量大打折扣。

②弯曲、变形

a. 开门弯曲变形。木质家具在使用中常常会发生门关不严或关不上的情况。如果仔细观察会发现，主要原因是开门或柜体产生了翘曲或窜角。实木开门发生变化的大都是门边，因其长而窄，木材干燥质量不好或陈化时间不够的情况下，使用时间久了，外界环境反复变化后，极易发生弯曲。在使用时，家具摆放不平稳或在家具上搁置许多重物，时间久了，开门（柜体）也很容易发生变形或窜角现象，不易开启和关闭。

b. 水平板件弯曲变形。不少家具的横向板件由于长期受到压力，且压力不均衡，很容易发生弯曲。比如书柜的隔板，由于长期受到书本的压力，且各点所受到的压力不等，时间久了，就容易发生弯曲。

c. 直立板件弯曲变形。直立板件弯曲变形主要发生在比较长的部件中，如果油漆封闭效果达不到要求，由于环境的变化而使材质后期发生变化，产生弯曲变形。

③磕碰划伤：不少家具在使用一段时间后，如迎着光线仔细查看，就会发现一道道不明显的痕迹。这主要是因为漆膜及木材的硬度有限，一旦遇到尖锐的物件，表面很容易被划伤。如果使用时间不长就发现许多划痕，很有可能是漆膜的硬度达不到基本要求；家具在拆装或搬运时，受到磕碰，也会产生塌陷或凹陷等现象。由于木材的弹性和塑性有限，不易恢复，因此在拆装或搬运家具时需要格外小心。

④松动或脱落：部件与部件的结合点（也叫结构处），常见的结合点有传统的榫卯结构和现代的拆装结构。这些结合点如果处理不当，极易发生松动或脱落现象。

a. 榫卯结构的松动脱落。榫卯结构是我国传统的木质结构，这种结构出现松动原因有：一是生产加工工艺不够严谨或不科学，二是客户使用不当。这种现象常发生在支承类（也叫坐卧类）家具中，比如餐椅，大都仍采用古老工艺榫卯结构，由于经常使用，来回搬动，或人坐在上面左右或前后来回晃动，时间久了，极易发生结构松动或部件脱落现象。

b．拆装结构的松动。这种结构多出现在板式家具中，目前实木家具中也有采用这种结构的。这种结构的家具如果经常搬动，较易出现松动现象，原因主要是结构设计不合理或不科学。

⑤虫蛀、变色：出现这两种情况的主要原因是木材干燥质量不高。当温度、湿度、空气和养料达到菌、虫寄生所需要的条件时，这些微生物就会复活、繁殖，使家具出现虫蛀和变色的现象。不过这两种现象发生的可能性较小。

⑥甲醛含量超标：由于目前市场上人造板价格相差悬殊，不少生产厂家往往因追求高利润而忽略家具质量，致使家具存在甲醛超标现象，甚至一些家具在消费者购买后两三年甲醛都无法完全挥发。

（2）客户对服务的投诉

在企业的投诉案例中，除了对家具产品质量的投诉外，服务投诉也占了相当大的比重，主要有以下几个方面。

①导购员缺乏服务意识和对工作的责任感：第一，不守承诺，对服务工作不能够认真负责。如一位客户到某家居卖场床品部订购了凉席，因没有客户所要的尺寸，导购员承诺一个星期后来货通知客户。客户交款后等了两个星期也未接到其通知，因此亲自到卖场询问，得知商品一直未到，而那位导购员却无动于衷，也未通知客户，由此而造成客户投诉。其实即使货未到也应通知客户，让客户耐心等待。第二，在工作中没有服务意识。工作中马马虎虎或耍小聪明，不按工作程序办事，造成工作失误，引发客户投诉。

②导购员缺乏相关的业务知识：缺乏商品知识，或对自己所售的商品不了解，不能解答客户疑问；缺乏对卖场相关制度和临时促销活动的了解，误导客户。

③企业提供的服务与客户的期望有距离。

④送货不及时。

⑤送错货。

⑥售后维修不及时。

（3）客户对购物环境的投诉

一般家居卖场购物环境都较好，尽管如此，也难免会出现不完美。通常，顾客对购物环境的投诉较少，主要有：店面频繁装修、卖场保安措施不严、存在安全隐患、噪声太大等。

（4）客户自身的原因

客户由于自身素质修养或个性原因，对企业经营方式及策略的不认同、对企业的要求或许超出企业对自身的要求，或对企业服务的衡量尺度与企业自身的衡量尺度不同，对企业提出过高要求而无法得到满足或者是当客户购买家具时，对家具本身和企业的服务都抱有良好的愿望和期盼，如果这些愿望和要求得不到满足时，就会心理不平衡，由此就会产生抱怨和投诉。这其中也包括有些客户故意找茬、恶意投诉，导购员一定要准确判断客户投诉的合理性，并及时解决。

4．客户投诉分类

针对不同类型的投诉客户，需采用不同的解决方式。

（1）易怒的客户（脾气比较暴躁）

处理方法：“泡茶叶法”。就像茶叶，多冲几壶水，颜色就变淡了。针对这样的客户，要“以柔克刚”，要多沟通，让客户知道自己的错或是我们的什么原因造成了问题等，并妥善解决。这类客户最容易成为忠实的口碑传播者，所以导购员不要吝啬自己温暖的语言和真诚的道歉。

（2）古怪的客户（性情难以琢磨）

处理方法：由着他的性子来。越是投诉的客户，越是方便导购员与其进行“感情”交流，恰当的时间往往使客户被品牌或导购员的行为所折服。

（3）霸道的客户（强词夺理）

处理方法：霸道的客户，应该说也属于占小便宜之类的人物，表现出自己“上帝”的地位。针对此类客户，道理讲不通，就要通过法律、法规来证实自己的实力和不卑不亢的职业精神。

（4）文雅的客户（不瘟不火，头头是道）

处理方法：别认为这样的客户容易解决问题，正因为这样的客户本身具有一定的知识，这就要求导购员从知识方面入手，见机行事，巧妙处理，若处理得好，或许这样的客户还会带来意想不到的收获。

（5）欣赏水平有些差的客户

处理方法：这样的客户不懂得欣赏或使用产品，导购员处理这样的客户投诉一般都不是很顺利。遇到此类客户投诉不要急，他们缺少的只是对产品的认识和认同，导购员可以根据其需要着重对其服务。

（6）喋喋不休的客户（总是说个没完）

处理方法：针对这类客户的投诉，我们要听他的唠叨，让他感觉到只要听到他的唠叨我们就能完美地解决问题。这类客户在精神上得到了满足，再按照公司的规定商议解决办法，如果处理得好，这样的客户可能会长期给企业做广告。

5. 客户投诉时心理分析

从客户气质特征分析，可以将客户的气质分为四大类：胆汁质型、多血质型、黏液质型和忧郁质型（表3-13）。

表 3-13　客户气质类型

类型	表现
胆汁质	直率热情，精力旺盛，脾气急躁，情绪兴奋性高，容易冲动，反应迅速，心境变化剧烈，具有外倾性
多血质	活泼好动，反应灵敏，乐于交往，注意力易转移，兴趣和情绪多变，缺乏持久力，具有外倾性
黏液质	安静，稳重，沉着，反应缓慢，沉默寡言，三思而后行，情绪不易外露，注意力稳定而较难转移，善于忍耐，偏内倾性
忧郁质	情绪体验深刻，行动迟缓，具有较高的感受性，善于觉察他人不易注意的细节，富有幻想，胆小孤僻，具有内倾性

经研究，大多数重复投诉的客户属于胆汁质型和多血质型，这两类气质的客户类型属于兴奋型和活泼型，他们的情绪兴奋性高，抑制能力差，特别容易冲动，因此，他们在投诉时的心理主要有以下三种。

（1）发泄的心理

这两类客户在接受服务时，由于受到挫折，通常会带着怒气投诉和抱怨，把自己的怨气、抱怨发泄出来，这样客户的忧郁或不快的心情会由此得到释放和缓解，以维持心理上的平衡。

（2）被尊重的心理

多血质型的客户情感极为丰富，如果他们在接受服务过程中产生了不快，当他们进行投诉时，总感觉自己投诉是对的和有道理的，他们希望得到的是尊重和重视，要求企业向其表示道歉，并立即采取相应的措施。

（3）补救的心理

客户投诉的目的在于补救，补救包括财产上的补救和精神上的补救。当客户的权益受到损害时，他们希望能够及时得到补救。

6. 解决客户投诉的基本方法

导购员每天都会面对形形色色的客户。客户在购买家具时，难免会对产品的质量及店内的服务产生异议。由于年龄、生活环境、教育背景、经济状况的不同，对事物的看法也会不同，对满意的感觉标准也会因人而异，因此解决客户的投诉必须因时、因地、因人、因事采取不同的方法。特别是对特殊客户的投诉，如爱争辩的客户、易怒的客户、霸道的客户、喋喋不休的客户等，企业或导购员要本着有效化解纠纷和抱怨的原则来处理问题，既让企业、导购员没有丧失尊严，也没有让客户损失利益。

（1）主动迎接投诉客户的到来

客户来投诉，在心里必然是怒气冲冲，这时“主动”显得尤为重要。“主动”是解决客户投诉人员应掌握的一种最基本的技巧，在解决客户投诉时含义是多重的，包括“微笑、理解、同情”。

如果一位客户不分青红皂白地冲你发火，而你自始至终是面带微笑并以同情、理解的心态来对待他，他很难拒你于千里之外。“主动”是从眼神、话语中流露出来的真情。

（2）耐心倾听客户投诉的内容

作为导购员，对客户的投诉应耐心倾听，让客户把话说完，越具体越好。重要的是导购员要用心揣摩客户的话，找出其不满的原因。对客户的投诉，不管是面谈还是电话交谈，如果能站在客户的立场，专心倾听，让客户说完抱怨，静心倾听客户愤怒的言辞，这样做可达到以下效果：

①让客户一吐为快，觉得安慰，其愤怒程度会有所减轻。

②在认真聆听抱怨的过程中，可寻找客户申诉问题的实质和其真实意图，并从中找到解决问题的办法。

③明确与客户的合作态度，使客户平息愤怒。

④听完所有诉怨，要本着关心的态度，没有偏见地对问题加以记录，让客户对该服务产生信任。

⑤在倾听时，导购员还要适当运用一些肢体语言，表达自己对客户的关注与同情，如目光平视客户，表情严肃地点头，使客户充分意识到你在默认他的问题。

⑥同情和理解客户投诉的动机。

（3）在感情上对对方表示理解和支持

顾客的愤怒带有强烈的感情因素，因此如果能够首先在感情上对对方表示理解和支持，那将成为最终圆满解决问题的良好开端。使客户意识到企业或导购员非常重视自己，他的问题对企业来说很重要，企业导购员乃至管理人员都将全力以赴来解决问题。

表达理解和同情要充分利用各种方式：以眼神来表示同情；以诚心诚意、认真的表情来表示理解；以适当的身体语言表示赞同，如点头表示同意等；在电话处理时，可以用说话的方式（包括语调、音量等）来表示认同感。

客户的愤怒常常是企业在处理投诉时的最大障碍。在情绪激愤状态之下，很难与其进行理性积极的商谈，而这恰恰是问题圆满解决所必需的过程。

以同情和理解的态度正确看待客户的愤怒。客户之所以“愤怒”，是因为从他们的立场来看，受到了损失和不公平的待遇，以愤怒来要求得到自己的权利，要求企业为此做出合理的解释，采取恰当的解决措施。这时企业绝不可以愤怒对愤怒，否则会使双方的立场越离越远，越是不可能使双方的意见达成一致，即得不到满意的解决。因此，要以同情、理解客户的态度来帮助对方，让客户把真正的问题说出来，以便掌握客户的实际困难与需求。

漠视客户的痛苦是处理客户投诉的大忌。导购员必须站在客户的立场上将心比心，诚心诚意地表示理解和同情，承认过失。因此，对所有客户投诉的处理，无论已经被证实还是没有被证实的，都不是先分清责任，而是先表示道歉，这才是最重要的。

（4）合理判断客户投诉的最终目的

倾听客户抱怨，弄清客户所要表达的内容，合理判断客户投诉的目的，这是处理客户投诉的前提。首先需要理性倾听对方的陈述，尽力了解其中的原委，如通过询问，向客户了解你所需要的一切信息，有助于帮你了解客户的真实意图，同时也能让客户明白你对他们的重视。在询问时，最好选择一些开放性的问题，如:“这产品哪里出问题了?”“您是怎么使用的呢?”等，让客户详细、清楚地表达他们的意思，而不是仅让他们回答“是”或者“不是”。只有这样，才能了解问题的症结所在，合理判断客户投诉的最终目的。只有目的明确了，才能围绕主题进行协商，尽快解决问题。

（5）巧妙宣传相关法律、法规及店内规定的相关条款

随着社会的发展，市场经济逐步完善，商品销售关系也越来越规范化、法制化。近年来，我国关于商业的几部法律相继出台，就是商业买卖关系法律化的表现。导购员必须熟知和掌握这些相关法律法规知识，才能减少和处理好客户的投诉。尤其在遇到客户恶意投诉时，法律、法规就是最好的武器。在处理投诉时，要讲求法律根据，这时如果能适时、巧妙地将相关法律、法规以及店内的相关条款向客户宣传，让其明白企业处理客户投诉要以法律、法规为基础，同时，考虑店规、企业文化及社会观念等要素有弹性地处理，才能保障消费者的合法权益，并尽可能为其挽回损失，这样才会得到客户的理解。

（6）提出解决投诉的几种方案供客户选择

客户的投诉是多种多样的。要提出解决投诉的办法必须了解引起客户抱怨、投诉的真正原因。针对原因提出的多种解决方案，才能让客户感到有选择的余地，让其感到你是真心实意帮助解决问题。这样既有助于平息客户的愤怒情绪，又不会导致客户的误解。

（7）保全客户面子，给其留退路

在处理客户投诉时，能让客户满意，处理过程中还存在态度和方法的正确运用问题。

适时地给客户摆明一些相关法律、法规条款及店内相应的规定。

当对方在得知这一切时仍在说一些与你背道而驰的理由时，不要急于去纠正，给客户留有余地，不在你面前出现难堪且无后路可退，否则结果会更糟。

适当让步，会让对方了解你的诚意，感受到你的宽容，这样有利于双方保全面子，才能更好地协调解决问题。

（8）投诉处理结束时，与客户热情话别

在投诉处理结束时，对客户能选择自己的店前来购物，又对店内的商品及服务反映了一定的问题或提出了好的建议，作为导购员要心存感激，并在表示歉意的同时，以期待对方再次光临的心情，温馨而热情地与客户告别。

（9）认真总结经验，做好投诉记录

要把客户投诉作为衡量企业服务质量的一面镜子，作为总结经验、找出差距、提高服务质量的动力。对客户的每一次投诉和抱怨，都应该专门登记备案，并定期分析，检查产生客户投诉的原因，并从客户投诉中寻找到有价值的信息。投诉记录应该包括以下内容（表3-14）。

表 3-14 客户投诉记录表

日期	编号	客户姓名	商品名称	购货日期	投诉内容	责任部门	处理方式					损失/元
							退货	换货	折扣	维修	其他	

7. 投诉地点及处理方式

（1）现场投诉处理

现场处理面谈以卖场专用的会客室或投诉室为宜，参与处理的人不要过多，以2～3人比较适合。对于预约面谈的情形，不要忘记询问是否有媒体人士同往，根据不同的情况做准备。做好现场处理，尽量迅速解决问题，使顾客离开卖场时有所收获。

（2）上门面谈处理

在上门之前，要慎选参与人员，并提前做充分准备。最好不要个人前往，以2～3人为宜。预先的调查要收集对方的兴趣爱好等各方面的信息，有利于与对方有效沟通。当进入实质性面谈时，心态放轻松，情绪不要过于紧张。登门拜访前，一定要全面考虑问题，预先为顾客准备一个以上的解决方案，供顾客选择，让其看到企业方面慎重、负责的态度，这对于问题的解决具有至关重要的作用。无论什么时候，都不要盲目、仓促上门拜访。

（3）电话处理

电话处理投诉时要特别谨慎，注意说话的方法、音量、语调等，做到明确、有礼。必须站在对方立场着想，考虑如果我在对方同样的状态下，会有怎样的心情。无论对方怎样感情用事，都要重视对方，不要有有失礼貌的举动。注意避免周围的其他声音（如谈话声和笑声）传入电话里。

思考与练习

1. 家居销售场所有哪些？各自有什么特点？
2. 制作促销活动策划方案时应该注意哪些内容？
3. 如何策划一次开业庆典活动？
4. 家居卖场日常客户管理有哪些内容？

项目四

家居卖场安全管理

知识目标

1 掌握家居卖场环境安全管理知识；

2 掌握家居卖场营运安全管理知识；

3 掌握家居卖场突发紧急事件处理方法；

4 掌握家居卖场消防设施使用方法、火灾逃生注意事项。

能力目标

1 能够排查家居卖场的治安及火灾隐患；

2 能够快速处理消防危险；

3 能够引导顾客快速疏散；

4 能够快速判断治安事件；

5 能够应对顾客突发疾病处理。

素质目标

1 培养团队合作与沟通协调能力、创新意识、服务意识；

2 培养个人职业素养、责任意识；

3 锻炼随机应变的能力；

4 培养学生具备良好的领导力、执行力。

思政目标

1 具备安全意识，在家居卖场安全管理中注意排查安全隐患；

2 具备法律意识，熟悉家居卖场管理过程中的相关法律知识，如消费者权益保护法等；

3 处理家居卖场突发紧急事件时具备随机应变能力。

安全管理是管理科学的一个重要分支，是为实现安全目标而进行的有关决策、计划、组织和控制等方面的活动；主要运用现代安全管理原理、方法和手段，分析和研究各种不安全因素，从技术上、组织上和管理上采取有力措施，解决和消除各种不安全因素，防止事故的发生。

作为卖场管理人员，既要负责卖场内的各项经营管理工作，又要兼顾卖场的安全管理工作。卖场安全管理工作是卖场顺利经营的基础，卖场的业绩再好，也是需要建立在卖场内的环境安全和保障顾客及工作人员人身安全的基础上，如果卖场无法保证安全经营，一旦发生安全事故，就难免影响营运，如果不幸发生人员伤亡，则更需要承担相应的赔偿和善后。

商场安全常识

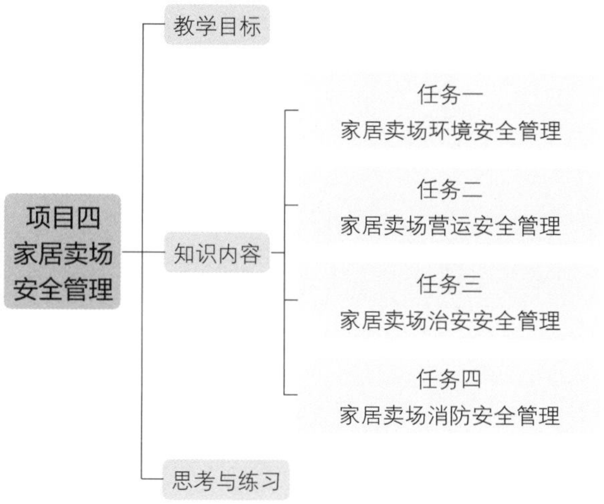

任务一　家居卖场环境安全管理

家居卖场从建设之初，多数已经有了明确的用途，因此在建筑设计阶段，就应根据相关的建筑和消防法规、条例等规范要求进行相关安全设施的布置和修建，如安全出口和疏散通道、防护栏和扶手、消防喷淋和防火卷帘门以及消火栓等。在卖场营业前期装修时，也要充分考虑电气设备和建筑装饰材料的安全性、防火性等，这些安全设备和设施算是“前人栽树”，在卖场进入营运阶段后，卖场的管理人员也不能只顾着“乘凉”，要保障设施和设备的有效使用和正常运转，才能使其发挥其应有的作用。

此外，在卖场开始营运后，仍然会出现许多安全隐患，需要管理人员细心发现，及时排除，避免安全事故的发生。具体来说，卖场环境安全管理可以分为以下几项。

一、电气设备安全管理

大型卖场内要满足消防、水电、排风、供暖等多方面需求，需要布置非常复杂的管线设备网络，这些虽然是建筑和装饰过程中需要完成的工程，但在卖场营运过程中，依然需要进行有效的安全管理，这些故障的出现轻则造成卖场无法正常营运，从而导致顾客对卖场形象产生怀疑，重则导致极其恶劣的灾害发生，如火灾和其他人身伤害，不容忽视。

1. 电气设备维护

对电气设备的安全管理可以保障设备的正常使用，避免因设备年久失修导致老化而出现安全隐患，或在需要某些设备的时候无法发挥作用。

卖场应设置专业部门负责留存各管线设备安装的图纸及维护说明，包括电路、照明、空调、通信等，确认每个安装节点的位置、安装情况、维修周期、检查和验收方法，并由专人负责定期检查和维护，做好查验记录，发生故障要及时维修，维修后要尽快将外观恢复原貌。此外，各店面装修时要配合接电和电路铺装的监管，并做好日常的用电管理。

2. 大型机械维护

卖场内的大型机械主要指扶梯、直梯，以及中央空调、给排水设备等，保障设备正常运行的同时要注意使用安全，不需要客户直接使用的设备和大型设备的控制室可以放置在地下或楼顶等隐蔽位置并进行管理，防止无关人员误入、误操作发生危险，更要防止别有用心的人伺机作乱。与客户直接接触的设备包括直梯、扶梯，要注意定期的安全检查，保障人员安全及正常使用；如出现故障必须马上停止使用并维修，维修期间要设置明显且有效的防护栏和标识，提醒人员远离；即使设备故障无法马上维修，也要先将维修部位恢复原貌并将所用工具收好，避免因维修造成安全事故。惨痛的教训告诉我们，安全无小事，一个小小的疏忽可能会酿成悲剧，尤其是大型设备的维护和管理。作为管理人员，一定要落实安全组责任，按规程操作、检修，不可马虎和掉以轻心。

二、交通动线安全管理

动线的规划和设计是在建筑设计阶段完成的，通常要求人流量较大的大型公共场所的动线设计要直接、不迂回，通道、楼梯、安全出口的位置要明显易于辨认。

1. 平面交通

平面交通动线主要指同一楼层上的通道、走廊、安全出入口，其设置数量和宽度要与卖场面积和设计承载的最大人流量相适应，安全出口（图4-1）和安全通道（图4-2）的位置要易于识别和通行，还要有明显的标识指示，并在墙面距地面500mm高度处或在地面上设置明显的消防指示灯和反光条指示出口方向。大中型卖场还需要设置符合消防规定面积的疏散场所，如门厅、中庭等。

2. 垂直交通动线

卖场楼层超过2层（含2层）时，需要同时设置电动直梯、电动扶梯和楼梯，同一楼层地面出现高度差需要设置坡道。其中，楼梯作为主要的垂直安全通道，应设置于靠近安全出入口且较为明显的位置或有明显指示标志（图4-3），楼梯的坡度、每级台阶踏步的进深宽度、台阶高度都要一致并符合相关要求；坡道的坡度不宜大于1：8，并在坡道地面设置防滑

图4-1 安全出口标识

图4-2 安全通道标识

图4-3 安全楼梯指示标识

装置；楼梯和坡道都要设置扶手和护栏，保障使用者安全和使用方便。

在卖场日常的营运中，要注意时刻保持消防通道和安全出口的通畅，不能在消防通道上堆放货物、摆放货架或设置临时促销摊位；如有顾客在消防通道长时间逗留，卖场管理人员应尽快疏散人群；交通动线上还要做到平整、清洁、干燥，保障人员顺利通行；安全通道和出口也要设置无障碍通道（图4-4），保障特殊人群通行的需求。

三、防护设施安全管理

安全防护设施主要指卖场内所有护栏、扶手、防护网等为防止危险发生而设置的防护设施。防护要做到能防尽防，无死角、无漏洞，日常运营要按期检查防护设施的牢固性和安全性，比如护栏、扶手是否出现松动、摇晃的迹象，护栏高度是否在110cm以上，护栏、扶手的结构是否易攀爬，栏杆间隔是否超过11cm，是否有部分栏杆断裂、脱落的情况；如果是玻璃护栏，还要注意玻璃是否有裂痕或脱落的迹象；不要在护栏、扶手边摆放可攀爬的商品、装饰品等，防止顾客尤其是儿童登高跌落（图4-5）。

此外，如卖场内有大的中庭，各楼层的护栏和扶梯扶手外侧应考虑设置防护网，防止顾客的物品脱手掉落。

四、店面装饰安全管理

家居卖场虽然在建造之初已经完成了基础设施的建设和装饰，但卖场本身就是由若干家居品牌租赁场地进行销售活动的，家居企业为展示企业形象、提升产品档次、保障优质服务，通常会对本企业店面范围进行再次的店面装饰，以美化环境、营造氛围，店面装饰在安全管理层面需要注意的问题主要体现在装饰材料的选择、装饰造型的设计和施工安全的管理。

1. 管线材料

卖场虽然提供了基本的照明、空调等电气设施，但店面仍需要根据不同的展示需求进一步对店内的灯光进行布置，这就需要进行电路的铺设。电路铺设首先要由卖场的主要负责部门提供接电，禁止私拉电线；所有电线材料要选择符合国家标准的合格产品，型号要求足够承载公共场所的用电量荷载，零线、火线、接地线分别用不同颜色的电线进行区分；所有电线必须全部进行穿管保护（图4-6），防止

图4-4 卖场内的无障碍通道

图4-5 卖场内的安全防护栏

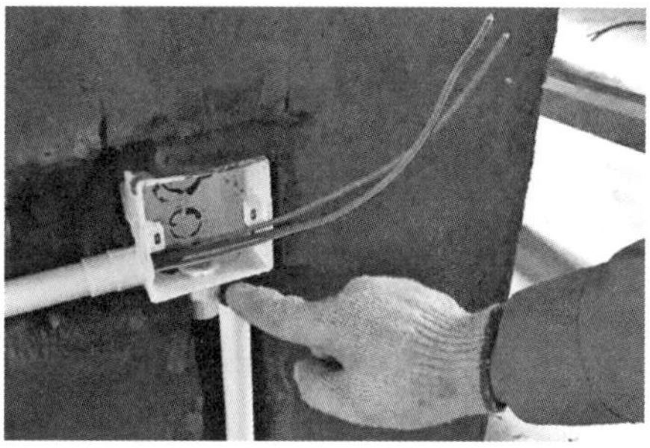

图4-6 电线区分颜色并进行穿管保护

电线外面的绝缘胶皮裸露受潮老化、被老鼠咬伤或被尖锐物品损伤。线管要选择符合国标的PVC管，也可选择304不锈钢或301不锈钢金属管，注意金属管一定要做好绝缘处理才可以使用，接口处要做钝化处理，以免划伤电线；电线不允许裸露在外或将电线穿管后放置于地面上，以免年久管线破裂导致漏电、短路，进而引发火灾。

2. 地面装饰安全

目前绝大多数卖场内地面主要运用人造石材进行铺设，需要注意材质的密度均匀，强度较高，防止被重物压碎、压裂，甚至脱落，影响地面的平整，导致人员被绊倒或扭伤（图4-7）；家具店面内有时为营造住宅的氛围，也会使用高强度耐磨的复合地板，地板要注意防止受潮导致鼓翘，影响地面的平整，导致人员绊倒（图4-8）；地面材质还要考虑其防滑性能，并在日常注意保持地面干燥，防止地面湿滑形成安全隐患。

有时店面内的地面会在卖场整体地面的基础上向上浮铺，其店高度会高出卖场2~5cm，此时要注意处理好地面高度差，可以用金属板条对高度差进行覆盖过渡，并用明显标识进行提示，避免人员因地面高度差出现绊倒、扭伤情况。

3. 墙面装饰安全

卖场隔墙、造型等构造必须保证稳固性和耐久性，可使用与造型面积、材质重量相匹配的钢结构框架或采用轻质隔墙板材，框架底部要和楼板结构紧密结合；墙面的饰面材料可采用人造石材、复合板材或玻璃材质，需注意材质如不能牢固地固定在墙面上，一旦发生脱落一则影响美观，二则可能会砸伤、碰伤卖场内的人员，造成人身伤害（图4-9）。人造石材墙面装饰应选择厚度较小、质量较轻的规格型号，如需装饰石材的墙面面积小、高度低，可将石材牢固地粘贴在墙面上，如墙面面积较大，墙体较高，则需要采用干挂法进行安装固定，保证石材不会脱落；板材通常用粘贴的方式固定，材质本身质量较轻，不容易脱落，但也要注意板材和胶黏剂的环保性能，避免释放出超标的有毒气体；玻璃材质要选择防爆性能好、强度高的钢化玻璃、夹丝玻璃等，避免因撞击导致玻璃碎裂成尖锐的碎片划伤人员（图4-10）。

墙面造型的设计要注意避免出现尖锐的凸起或锋利的边缘，尤其是在1.8m以下的区域内，防止尖角或边缘绊倒、扎伤、划伤他人；避免具有可攀爬性的造型导致儿童

图4-7 地砖开裂导致人员被绊倒或扭伤

图4-8 复合地板鼓翘容易导致人员绊倒

图4-9 防止墙面块材脱落砸伤人员

图4-10 钢化玻璃不易碎裂

攀爬摔伤；隔墙及造型务必牢靠，不要因日常的冲撞、依靠而导致倒塌，砸伤他人。

4. 顶面装饰安全

门店顶面通常需要制作造型，遮挡卖场上方的管线设备，同时也能配合灯光的布置，提升展示空间的美感。顶面装饰需要选择低重量、高强度的材料，选择轻钢龙骨（图4-11）、钢丝等作为吊顶的结构层，饰面层可选用金属格栅、扣板吊顶、石膏板等；要注意材质务必固定在建筑结构上并确保牢固；如需在卖场内悬挂较重的广告牌、装饰、灯具等设施时，也务必要在顶棚建筑结构上进行吊挂设备的安装，并保证能够承受所悬挂物品的重量，不能直接悬挂在轻钢龙骨或板材上，以免发生脱落。

卖场内吊顶的造型要注意留出空调出风口、烟雾探测器、消防喷淋口、检修口等，不能影响管线设备的正常工作；吊顶的板材最好选择可反复拆卸的材质，便于对顶面管线设备进行检查和维护，施工时注意不要损伤顶面管线设备，顶面施工过程中要进行现场封闭管理，防止闲杂人等进入现场，以免造成伤害。

五、商品陈设安全管理

家居卖场通常用商品展示与体验相结合的销售模式，因此在卖场内需要陈设大量商品以及辅助销售的装饰品。此外，还有卖场日常运营所需的柜台、展柜、存包柜、座椅、卖场景观、宣传栏、服务台等设施，这些物品也与卖场的安全息息相关。

卖场陈设的物品要做到高的牢、矮的圆、重的在下、轻的不碎。高的牢，指一些较高的陈设，如大的穿衣镜、立柜等，一定要放置平稳，防止外力撞击或儿童攀爬导致倾倒（图4-12）。矮的圆，指卖场内一切低矮的陈设都要避免尖锐、锋利的边角，包括卖场内的建筑小品、展示品、植物等，尽量选择圆润、光滑、没有棱角、没有尖刺的进行陈设，如有不可避免的边缘或尖角，可以用防护条、防护角等进行保护处理或将其用防护栏等进行围挡，避免卖场内因人群拥挤或人员打闹造成冲撞伤害（图4-13）。重的在下，指不要将重物放置在高处，比如有些人习惯将不常用的重物放置在柜子上，或将一些较重的展示品摆放在较高的展示架上，这样一旦地面发生摇晃或柜、架倾倒，上面放置的重物会对人员造成较重的伤害，

图4-11　轻钢龙骨做结构层

图4-12　高大物品要放置牢靠且不可攀爬

图4-13　有尖锐边角或带有尖刺的物品

图4-14　高处不要摆放花盆等重物

卖场人员要尽量做到高处不放物品，或者只放轻软的物品。轻的不碎，指那些容易被接触到或容易被移动的陈设要具有不易碎裂、不易损坏的特性，避免物品损坏导致人员受伤（图4-14）。

任务二　家居卖场营运安全管理

卖场的营运安全指卖场在营运过程中从商品进场到安装、展示、销售以及在这一系列工作过程中商品的补充、调换、仓库存储，还有员工的日常生活、工作以及卖场保洁工作等方面的一些安全事项的管理。这些工作主要针对卖场工作人员的人身安全，也能尽可能地减少卖场和企业的物力消耗，是一种科学、合理又能保障安全的操作规程，要求管理人员和员工能够在日常工作中遵守操作规程和在出现安全隐患后快速、合理地应对、解决。

一、物流安全管理

家具卖场由于所销售的商品体量较大，较为贵重，进出卖场的程序和方式比较烦琐，卖场人员应当按照规范进行搬运，否则不但可能损伤家具，导致家具无法正常销售，甚至还可能使工作人员受到人身伤害，后果非常严重。

家具卖场通常会设置专门进出货物的物流通道，包括停放运输车辆的停车位、专用进货通道和专用货梯，货物运输还可以使用大型手推车等，尽量利用工具代替人力劳动，节省人力成本的同时也能更好地保护工作人员免受伤害；在开展搬运工作前首先做好劳动保护，比如穿好工装、戴好防护手套，由于家具通常比较沉重，搬运人员可以提前活动一下，以免突然用力导致受伤。

卖场通常规定各店在闭店后进行商品的运输和摆放，以免影响顾客浏览商品，甚至碰伤顾客，尤其是在人流密集的情况下，更要避免搬运货物或其他体量较大的物品穿行在人群中。

二、机要物品安全管理

卖场内一些重要财物（如公章、管理名章、重要文件）或重点区域（如财务室、保险柜、设备控制室、档案室等）的钥匙进行特殊管理，要求此类物品要实行专人负责制，谁保管谁负责，平时要将重要物品和文件整理并收纳好，钥匙要统一放置于钥匙柜内并上锁，不要随身携带，以免掉落或被窃取；有关部门或人员需要取用物品或钥匙时，应履行规定程序，进行申请、记录、存档后，由专人负责执行或用后尽快归还。

三、员工安全管理

涉及员工安全的事项包括收银安全、员工与顾客纠纷的调节等方面。

1. 安保人员管理

大中型卖场必须拥有专职治安保卫管理人员，且必须接受专业培训，培训内容包括法律知识、治安保卫业务、技能知识。培训后，所有人员必须考试，及格后才能取得上岗资格。

卖场安保人员除在各出入口值守，定时换岗，每个楼层也都应设有安保岗位，定期巡逻和协助各店面解决治安问题。此外，大中型商场还要配备夜间巡逻人员，每班次最低不得少于2人。

2. 收银安全管理

卖场收银安全主要指预防有不法分子趁乱抢夺财物、使用假钞拒不承认等扰乱收银工作正常进行的行为。预防类似事件的发生，将危险降到最低，需要同时健全环境保护机制和收银员安全教育机制。

收银台尽量设置在卖场或门店中心视野开阔的区域，既容易寻找，又能方便各个方向的顾客前来交款，最重要的是这些区域人流量大又方便监控，不法分子很难找到可乘之机；收银台可设计出两个高度的台面垂直布置，外侧台面高度通常设置为1.35m以上，方便顾客完成签名、清点钞票的动作；内侧的台面为收银员的工作台，放置电脑、收银设备、名章等物品，此种结构的收银台既能同时满足顾客和收银员的操作需求，又能起到屏障的作用（图4-15）；在收银员触手可及的桌台下面或地面的隐蔽位置还要设置报警按钮，收银员可以在危险发生的第一时间报警且不被发觉，最大程度保障收银人员的人身安全。

收银人员在上岗前要进行安全培训，明确收银工作的操作规程并在日常严格执行。收银人员在遇到危险时，先保持冷静，在保护好自身安全的前提下，想办法报警和稳定不法分子的情绪，必要时可配合不法分子交出现金，时刻把人身安全放在第一位。

3. 员工安全管理

店内员工在日常工作中需要谨防不法分子趁人多作乱窃取财物，或趁人少纠缠、胁迫、伤害店内员工或抢劫店内财物，有时一些情绪激动的顾客也会有过激行为，导致员工受到伤害。因此，在日常工作中要提高安全防范意识，居安思危，把危险消灭在萌芽状态。

营业前员工要对店面进行安全检查，包括电路系统是否正常工作、监控系统是否全部开启等，还要对店内物品进行清点，包括家具、贵重的配饰品以及前台财物。

营业时，员工尽量不要同时离开店面或去整理货物、统计客户名单等，店内至少保证2名员工同时在前场接待顾客，当客人较少的时候，要适当留意形迹可疑的人员，比如反复进店却不仔细看家具，而是四处张望，或提出一些与家具销售无关的问题的人；当店内人流量较大的时候，则要在接待顾客的同时，留意有没有形迹可疑的人，可主动上前询问，进一步确认此人的目的，但如无真凭实据，千万不可贸然怀疑顾客；如发现店内物品丢

图4-15　收银台结构示意

失，应立即通知卖场安保部门。

当顾客情绪激动时，导购员要保持冷静，不要被顾客的情绪感染，要尝试让客户尽快冷静下来，不要激化矛盾，否则会导致顾客做出过激行为。如顾客故意寻衅滋事或别有用心，导购员可请上级领导出面协助解决或寻求安保人员帮助；导购员要时刻保持理智，以保障人身安全为前提，尽力保护卖场财物安全；时刻把安全意识放在首要位置。

四、保洁安全管理

在大型卖场内，保洁工作也是由专职部门负责的，保洁工作看似简单，但实则工作量是非常繁重的。保洁工作涉及安全方面的问题主要有清洁机具的使用和管理、安全通道的卫生维护、对病毒细菌的防治等。

目前大型卖场多使用机械化的保洁设备进行卖场的日常清洁，如可驾驶洗地机（图4-16）、吸尘吸水机（图4-17）等。在驾驶洗地机或使用其他清洁设备时，要尽量避开人群密集的时段，清洁时要注意避让人群，尤其是行动不便的老年人和防范意识薄弱的儿童，清洁车要慢速行进，确保能及时刹车，途中保洁员不要离开清洁车或清洁设备，清洁完毕迅速将清洁器具收好，避免无关人士触碰清洁器具。

安全通道的卫生维护主要确保通道上无杂物堆放影响交通，如室外降雨或有积雪，则要及时将室内地面顾客带进来的水渍擦干，以免顾客因地面湿滑而摔倒发生安全事故。此外，如有顾客弄洒饮料或地面被其他污染物弄脏，也需要立即清洁并快速将地面擦干，地面湿滑未干时设置临时隔离带，避免顾客踏入未干区域滑倒。

卖场内的营业区域人流量大，通常不会出现卫生死角，而在卖场内的一些员工通道、安全通道等位置平时人流少，可能会在走廊尽头、楼梯拐角、地下停车场的角落等位置出现卫生死角，这些卫生死角如不定期清理不仅会滋生大量的细菌，甚至还会有蟑螂、老鼠等出没，严重影响卖场的公共卫生，甚至会影响卖场人员的身体健康。

人群密集的公共场所，必须做好日常的病毒消杀工作（图4-18），在每日卖场营业前和闭店后，或按卫生部门要求定时、按时对卖场进行全面的消杀，尤其是卖场内一些相对封闭的空间，如直梯、卫生间等，和人群经常接触到的部位，如扶梯扶手及护栏、楼梯扶手、门把手、电梯按键、寄存柜等，都要进行重点、反复的消杀。卖场消杀工作应由专人负责，要将消杀工作作为一项日常工作认真执行，为卖场人员的生命安全和身体健康负责。

图4-16　可驾驶洗地机

图4-17　吸尘吸水机

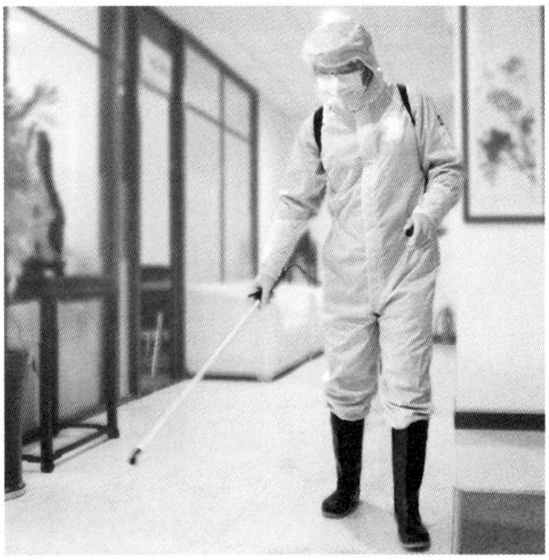
图4-18　日常消杀工作

任务三 家居卖场治安安全管理

家居卖场通常面积较大，人来人往也是常态，以至于卖场内难免会有不同身份、不同目的的人出入，导致一些治安案件的发生；在卖场经年累月的营运过程中，也不排除会发生一些突发性的自然灾害或重大治安事件。这些治安案件或突发事件，发生的可能性虽小，但一旦发生却势必会在很大程度上威胁卖场内的人员及财务安全，也为卖场的社会形象带了非常恶劣的影响，因此，卖场必须认真应对治安事件和突发事件，建立专业的安保部门和管理部门，并向附近的警察局申请治安巡逻，以保障卖场人员的人身和财物安全。

一、日常治安事件处理

卖场内由于人流量大、人群密集，因此也常成为治安案件的高发地带，比如扒窃、诈骗、抢劫等，预防此类治安案件的发生，可以从环境设施、安保等方面着手。

卖场在装修时可以尽量提高卖场的透明度（图4-19），比如尽量大面积使用玻璃材质作为围挡结构，既有利于采光和店内商品的展示，又能使卖场内视线更加通透，有效防止罪案发生；在卖场内各出入口、交通通道、收银台四周、店面内各个方位安装监控摄像，不但能记录当天发生的事件、人员来往的依据、人员流动的方向，还能起到震慑不法分子的作用。

安保人员除在各出入口值守，每个楼层也都应设有安保岗位，定期巡逻和协助各店面、顾客解决治安问题；卖场如有可能发生失窃事件的迹象，安保人员则需要加强巡逻，并提醒员工及顾客保管好随身携带的财物，贵重的配饰品最好采用封闭展示的方法，避免给不法分子可乘之机；一旦发生失窃事件，安保人员则应积极配合失主处理事故或报警。

家居卖场的治安与防盗

图4-19 提高卖场透明度

二、突发紧急事件处理

突发紧急事件指不在预料之内，突然发生、难以预防，且容易造成较大影响的事件，包括自然灾害对卖场的影响和发生在卖场的重大治安事件。

1. 自然灾害的处理

自然灾害包括台风、强降雨、洪水、地震等，卖场面积大、人流密集，在遇到自然灾害性事件时，首先考虑保证卖场内所有人员的安全，尽量将财物的损失降到最低；灾害发生前如有预警提示，如台风或暴雨预警，则应将建筑物外侧的建筑配件进行牢固度的检修，室外悬挂的广告牌等临时装置要拆除；检修排水系统是否淤堵，防止形成倒灌；检修电路，避免出现断电的情况；检修自动照明设备、临时发电系统，并准备手电筒等临时照明工具，放置在容易拿取的位置。

若灾害发生，管理人员应首先保持镇静，坚守岗位，积极安抚顾客和其他员工，如发生地震，应尽快关闭电源总闸，并组织人员尽快逃离到室外开阔区域，如来不及逃离建筑，尽快选择安全位置如较狭窄的通道墙角、柱子下方、坚固的桌子下面等进行躲避，要保护好头部，尽量贴近墙体逃离，防止被高处坠物砸伤。切忌不可乘坐电梯逃离；如积水灌入卖场，则应快速切断地面电源设备，安排人员尽量往高处转移，切不可贪恋财物去地下停车场寻找车辆；如灾害导致卖场大面积断电，需要尽快安抚顾客情绪，并将顾客组织到安全区域；灾害发生时，如有人员受伤，应尽快将伤者转移到安全区域，等待救援。

灾害结束后，管理人员应尽快组织人员分组处理善后事宜，包括查看是否有人员的伤亡、失散、惊吓等事故需要处理；查看电路系统是否受损，是否能够正常供电；检查大型设备是否受损，是否出现运行安全隐患；统计是否有财物损失，损失程度如何；敦促保洁部门对卖场进行卫生清理，尽快将卖场恢复原貌。

2. 重大治安案件的处理

制订突发治安事件的应急预案，每个导购员都要接受卖场的治安防范培训，具备一定的卖场安全保卫工作常识，能够尽快辨别出一些行为异常人员，并上报安保部门留意。能在发生案件时保持冷静，做好自我防护的同时尽可能保护顾客和卖场的财物；预案要求卖场必须全员动员，每个人都有确定的职责。

定期进行防爆、防踩踏和疏散演练，通常要求每半年演练一次，演练内容包括突然发现爆炸物、客流达到极值、有效防止踩踏事故等。

防爆毯、防爆围栏、安全头盔、玻璃破碎报警器都必须成为卖场的必备设施。

卖场管理人员要有强烈的忧患意识和岗位责任感，做到居安思危，未雨绸缪。

任务四　家居卖场消防安全管理

卖场的消防安全是安全管理的重要内容之一，火灾很容易造成毁灭性的伤害。人类积累了对火灾的防控和救灾经验，为了降低火灾的发生率和减少火灾带来的损失，消防法规问世并应用，为保障人民生命财产安全做出了重大贡献。

家居卖场通常是大体量、高人流量的公共场所，火灾隐患非常多，比如卖场内部陈列的家具绝大多数属于易燃品（图4-20），再加上很多家居品牌为追求展示效果会使用大量易燃的布艺、塑料、竹木制品、纸制品等软装饰品（图4-21）。此外，卖场内部广布庞大的照明系统和其他电气设施，一旦出现电路问题，极易引发火灾；使用电焊进行维修等，也极可能引发火灾。

一旦发生火灾，卖场面积大、楼层多，又遍布易燃物，非常容易形成火势的蔓延；如果在人流密集的情况下，则容易导致人员疏散困难，人员向外逃散也会阻挡消防人员进入火场，为火情的控制带来更大的困难，加之火灾产生的浓烟对火场人员造成致命伤害的同时，也会影响消防员对火势的判断，从而为火情的扑灭带来更大的困难。可见，不进行严格的消防管理后果将不堪设想，家居卖场安全工作必须把预防火灾放在首位，从根本上避免火灾危害。

在预防的同时，还必须在意识上和物质上做好充分的灭火准备工作，一旦发生火灾就要开展有效扑救。导购员应该掌握灭火常识和灭火的基本方法，在起火初期和商场其他员工一起将火扑灭或者控制住，避免更大的损失发生。

图4-20　卖场内家具陈设

图4-21　卖场内软装饰品

一、预防为主

卖场从开始规划、设计、建造、安装，到投入使用的一系列阶段，都经过了严格的消防监督和检查，需要规划和安装各种消防系统，包括火灾自动报警系统，消防控制中心，室内外消火栓系统和自动喷水灭火系统，防烟排烟系统，火灾应急照明、应急广播、灯光疏散指示标志，防火门、防火卷帘等防火分隔系统的联动控制，以及各种灭火器。当卖场进入营运阶段，这些基础的消防设施虽然已经安置妥当，但仍需要日常的检查、维护、调试，消防部门会定期进行走访调查。

（一）消防设施的使用方法

1. 火灾报警系统

火灾报警系统应能准确报警，消防控制中心值班人员要熟悉消防设备的操作，熟练掌握消防控制设备的功能。消防控制设备的功能应符合《火灾自动报警系统设计规范》的规定。

2. 室内消火栓和自动喷水灭火系统

消防主、备泵能自动互投，动力配电柜的主、备电源能自动切换。室内消火栓泵应能在消火栓箱处和消防控制室远程启动；喷淋泵能够按系统功能要求在消防控制室远程启动和自动启动。自动喷淋系统应有稳压（增压）设施，如屋顶水箱，系统末端应设放水阀和压力表，自动喷水系统的湿式报警阀及水力警铃要保持正常的报警功能，消火栓系统要满足充实水柱的要求。

3. 防排烟系统

采用自然排烟时，开窗、开口面积应符合要求，以满足排烟的需要。采用机械加压送风防烟设施应保证楼梯间压力40~50Pa，前室或合用前室25~30Pa。采用机械排烟系统，其排烟口平时应处于关闭状态，排烟口应有手动和自动开启装置，当任一排烟口开启时，排烟风机自行启动；在排烟支管上、排烟风机入口处，应设有当烟气温度超过280℃时能自动关闭的排烟防火阀。

4. 常闭式防火门和防火卷帘门

常闭式防火门（图4-22）处不可有阻碍防火门关闭的障碍物，有火情时应能自动关闭。防火卷帘门（图4-23）应能自动启动和手动启动，防火卷帘下部不能摆设柜台、堆放货物，否则影响卷帘门的降落。设在疏散通道的防火卷帘，应具有在降落时有短时间停滞以及能从两侧自动、手动和机械控制的功能。楼梯间及其前室不可用卷帘门代替疏散门。

（二）最大程度消除隐患

卖场内除配备足够的消防设施外，还要最大限度地消除火灾隐患。卖场的客流量大，应禁止吸烟，并设置禁止吸烟标示牌（图4-24）。导购员在卖场中看到有吸烟的顾客应该立即提醒并阻止。

卖场在设备安装、检修、柜台改造过程中，营业区与装修区之间应进行防火分隔，动用电气焊割作业时，应在作业动火前履行用火审批制度。现场必须有人监护，备有消防器材。

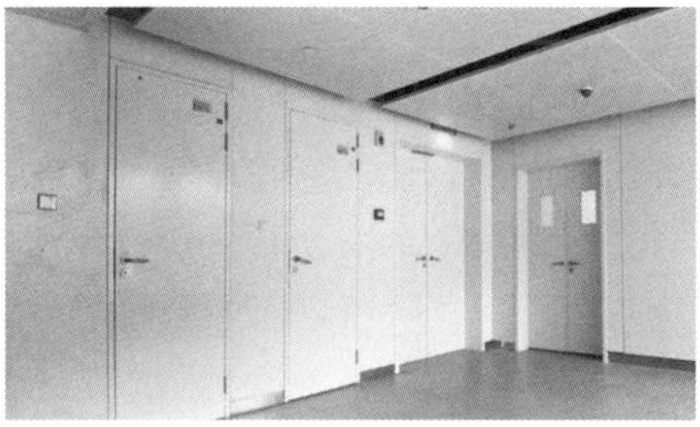

图4-22 常闭式防火门

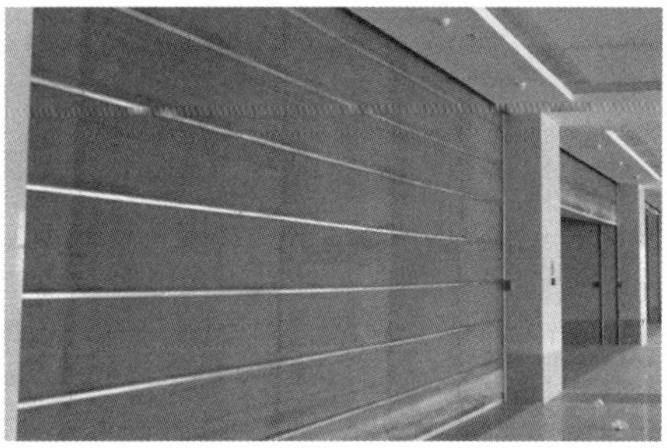

图4-23 防火卷帘门

图4-24 禁止吸烟标志

二、消防疏散

1. 安全疏散设施

家居卖场是人员集中的公共场所之一，安全疏散必须符合国家有关消防技术规范的要求，卖场要有足够数量的安全出口，并多方位均匀设置。不可设置影响人员安全疏散的旋转门、侧拉门等。卖场楼梯、走道、疏散外门等的疏散宽度，应符合有关消防技术规范的规定。安全出口、疏散用门、楼梯等通道，应设置灯光疏散指示标志和应急照明设备。

导购员必须记住离自己最近的安全出口，发生火情时能迅速引导顾客撤离。如果发现安全出口上锁、疏散通道阻塞，要及时上报卖场安全人员处理。

2. 火场逃生时的注意事项

①不要因为惊慌而忘记报警。

②保持镇静，先判断起火位置，再确定逃生方案。

③不贪恋财物，不入险地，不要带着财物逃生。

④不要盲目从窗口往下跳。

⑤不能乘普通电梯逃生，要走安全疏散通道，切忌慌张摔倒，引发踩踏。

⑥不能在浓烟弥漫时直立行走，要用湿毛巾捂住口鼻弯腰逃生。

⑦卖场人员应该主动引导顾客大步快走到最近的安全出口。

三、灭火和报警

当火灾发生时，卖场人员应首先判断火情，如遇初期火灾，火势不大，则应该先考虑扑灭，避免更大的财物损失。不要见到小火就惊慌失措，延误了最佳的救灾时机，最终导致火势蔓延，形成火灾；当火势较大产生浓烟，而周围又找不到可用的灭火设备时，则应迅速逃离火场，为逃生争取宝贵时间。

卖场内的灭火设施应设置在明显位置，且有明显标识指示（图4-25），卖场人员在日常工作中要熟记。

（一）灭火的方法

根据卖场面积、店面数量等配备移动式灭火器，只多不少。平时应将灭火器放置在店面内容易拿取到的位置，并熟记消火栓的具体位置。当有火情时，第一时间取出灭火器进行灭火，如灭火器不能及时扑灭，则可考虑使用消火栓进行灭火。

1. 灭火器的使用方法

灭火器（图4-26）是一种可移动的轻便灭火器具，其种类繁多，适用范围也不同。按其移动方式可分为手提式和推车式；按驱动灭火剂的动力来源可分为储气瓶式、储压式、化学反应式；按所充装的灭火剂则又可分为泡沫、干粉、卤代烷、二氧化碳、酸碱、清水等。

（1）干粉灭火器

干粉灭火器也是目前使用最多的一种可扑救易燃液体、可燃液体、带电设备等初起火情，手提式干粉灭火器有储压式和储气瓶式两种，一般用的是储气瓶式，

图4-25 灭火器、消火栓标识

图4-26 灭火器

储气瓶式干粉灭火器则将加压气体压缩装入气瓶内，需要时破坏掉储气瓶的密封，使气体释放出来，进而搅动干粉，形成气粉混合流，再经出粉管、喷射胶管及喷嘴喷出。

干粉灭火器的使用方法：右手握着压把，左手托着灭火器的底部，在距离燃烧处5m左右，轻轻地放下灭火器；先撕掉小铅块，拔出保险销；左手握着喷管，右手提着把手，继续接近燃烧处；在距火焰2m的地方，左手拿着喷管，对准火焰根部喷射干粉；随着火焰减小，要逐渐接近燃烧区，以提高灭火效果。在使用灭火器时，一只手应始终压下压把，不能放开，否则会中断喷射。灭火器都有保质期，通常为一年，要定期检查、更换。

（2）泡沫灭火器

泡沫灭火器是泡沫灭火剂通过与水混溶，在驱动器压力下采用机械方法产生泡沫灭火的灭火器，灭火原理是喷射出大量二氧化碳及泡沫黏附在可燃物上，吸收热量并使可燃物与空气隔绝，达到灭火的目的。适用于扑灭一般固体物质和非水溶性易燃、可燃液体的火灾；泡沫灭火器分为：手提式泡沫灭火器，推车式泡沫灭火器和空气式泡沫灭火器。

使用方法与手提式式干粉灭火器的方法一样，但要注意喷射泡沫时应经过一定缓冲后使泡沫流动堆积在燃烧区灭火。

泡沫灭火器存放应选择干燥、阴凉、通风并取用方便之处，不可靠近高温或可能受到曝晒的地方，以防止碳酸分解而失效；冬季要采取防冻措施，防止冻结；应经常擦除灰尘、疏通喷嘴，使之保持通畅。

（3）室内消火栓的使用方法

消火栓是连接高压水路的灭火设施（图4-27）。具体操作方法：拉开消火栓门，取出水带和水枪；先将水枪、水带与消火栓出水口接好，然后按逆时针方向转动消火栓手柄，同时按下报警按钮，即可出水灭火。检查水带和接头是否良好，如有破损，禁止使用；向火场方向铺设水带，注意避免扭折；将水带与消火栓连接，将连接扣准确插入滑槽，并按顺时针方向拧紧；连接完毕后，至少有2名操作者紧握水枪，对准火源（严禁对人，避免高压伤人），另外1名操作者缓慢打开消火栓阀门至最大，对准火焰根部喷射，进行灭火，直至将火完全扑灭。

切记灭火前需要判断起火原因，如家具等物品起火，火势不大，如果方便可使用水灭火或使用灭火器灭火，但如果是电路起火，务必要先切断电源，然后快速用灭火器进行灭火，不可用水浇灭。

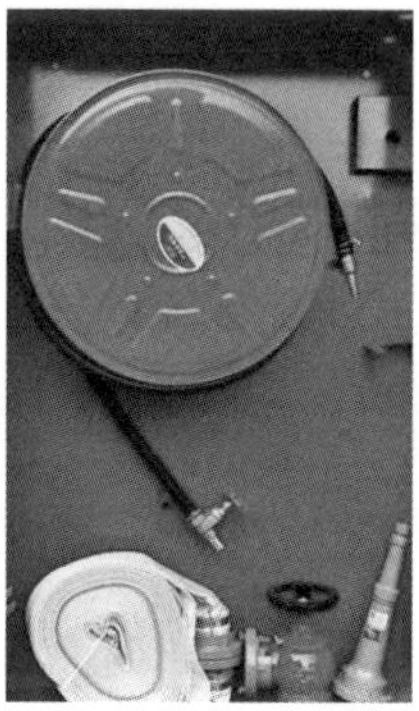

图4-27 消火栓

（二）拨打报警电话

发生火情不要惊慌失措，要保持镇静。

报警及注意事项：

①第一时间拨打火警电话119。

②火警电话打通后，首先讲清楚卖场名称和详细地址。

③配合接线员询问讲清楚起火原因和火势情况。

④报警人讲清楚自己的姓名、电话号码。

⑤报警后找到卖场安全人员，派专人到道路口等候消防车到来，引导消防车迅速、准确到达起火地点。

⑥如拨打火警电话后，火被扑灭，应及时向警方报告具体情况。

思考与练习

1. 家居卖场环境安全管理包括哪些内容？
2. 家居卖场环境营运管理包括哪些内容？
3. 在日常销售过程中，65岁女顾客突然晕倒，怎么办？
4. 火场逃生时应该注意什么？

参 考 文 献

[1] 罗春丽．家居卖场管理[M]．哈尔滨：东北林业大学出版社，2013.

[2] 白继洲．卖场管理实务[M]．广州：广东经济出版社，2002.

[3] 肖建中．王牌店长——经理十项全能训练[M]．北京：北京大学出版社，2006.

[4] 张屹．家具制造业专卖店管理实务大全[M]．北京：经济管理出版社，2005.

[5] 刘军，曹海灵，郭奇．卖场管理手册[M]．北京：中国发展出版社，2011.

[6] 曹海灵，刘军．店长管理手册[M]．北京：中国发展出版社，2011.

[7] 陈待忠，陈咏雪．顶尖店长这样当[M]．北京：北京联合出版公司，2014.

[8] 许尤佳，裴剑平，赵夏明．客户关系管理实务[M]．杭州：浙江大学出版社，2015.

[9] 苏海．活动策划实战宝典[M]．北京：清华大学出版社，2017.

[10] 刘芳．人力资源管理：理论与实务[M]．合肥：合肥工业大学出版社，2010.

[11] 段烨．培训师21项技能修炼（下）：精彩课堂呈现[M]．北京：北京联合出版公司，2021.

[12] 陈建华，张昊．如何成功设计卖场[M]．北京：中国经济出版社，2010.

[13] 贺清君．招聘管理从入门到精通[M]．北京：清华大学出版社，2015.